教員採用試験対策

ステップアップ問題集❼

専門教科 中学・高校 音楽

基礎から実践へ段階的に得点力を付ける！
合格レベルまでステップアップできる！
教員採用試験必携の問題集

東京アカデミー 編

東京アカデミー七賢出版

はじめに

教員採用試験は，自治体ごとに実施され，その出題傾向は多種多様です。そのため，受験生にとっては対策を立てる上で大変困難を極めます。また，近年の試験では，人物試験を重視する傾向にあり，その対策にも多くの時間が必要となります。これらの状況を考えると，筆記試験においては，限られた時間の中でより的確かつ効率よく学習を進めていくことが求められます。

このオープンセサミシリーズは，全国に拠点をもつ東京アカデミーのネットワークを最大限に活かして過去の教員採用試験を徹底的に分析し，より効率よく，かつ合理的に，合格に必要な知識を身に付けることができるよう編集されたものです。

多くの受験生が見事合格を勝ちとり，晴れて教師としてご活躍されますよう，ご健闘を心からお祈り申し上げます。

本書が，受験生の皆さまの合格の一助となりましたら幸いです。

東京アカデミー編集部スタッフ一同

■本書の特徴と構成

本書は，教員採用試験の出題傾向を子細に研究・分析したうえで，頻出項目ごとにテーマ別に編集し，基礎・基本の知識整理から，実践的・即応的な合格力まで，段階的に実力がステップアップできるように構成しています。

▶STEP　1

各章に，頻出テーマの基礎事項を整理するための“要点整理”と，その定着を図るための“例題”を掲載しています。

▶STEP　2

章末には，同章で学んだ知識を確認・反復するために“演習問題”を掲載しています。

▶STEP　3

巻末には，各章で学んだテーマを横断的に扱った問題や，発展的な論点をカバーした問題などを，総合問題形式で“実践問題”として掲載しています。

※　演習問題・実践問題は一部を除き，過去問題（及びその改題）を精選して掲載しています。

●表示説明：演習問題および実践問題に表示されている★印は，各問題の難度を示します。

★☆☆　普通　　★★☆　やや難しい　　★★★　難しい

Contents　中学・高校 音楽

1 学習指導要領

傾向と対策

新学習指導要領は，中学校が平成29年３月，高等学校が平成30年３月にそれぞれ告示された。中学校では，従前と同様に教科の目標や各学年の目標に関する問題を中心に，各分野からまんべんなく出題される傾向にある。高等学校も中学校と同じく，芸術科の目標や各科目の目標に関する問題を中心に，全体の分野を網羅した出題が多い傾向にある。また，今回は中学校・高等学校ともに大幅な改訂となっているため，改訂の趣旨に沿った観点を問う問題も多い。各目標を正確に暗記し，今回の改訂の趣旨に関わるキーワードや各項目の構成，新設事項等についてよく把握し，理解しておこう。

なお，自治体によっては，『学習指導要領解説』からの出題や，実際の授業を想定した指導案の作成等が出題されることもある。受験する自治体の傾向を分析した上で計画を立て，それに基づき学習していこう。

1 中学校

例題１　教科の目標

平成29年告示中学校学習指導要領「音楽科」の目標について，次の各問いに答えよ。

⑴　平成29年告示中学校学習指導要領「音楽科」の教科の目標に示されている「音楽的な見方・考え方」とはどのようなことか述べよ。

⑵　中学校音楽科の教科の目標の内容ではないものを，次のア～ウから選び，記号で答えよ。

ア．多様な音楽表現の豊かさや美しさを感じ取り，基礎的な表現の技能を身に付け，創意工夫して表現する能力を育てる。

イ．音楽表現を創意工夫することや，音楽のよさや美しさを味わって聴くことができるようにする。

ウ．音楽活動の楽しさを体験することを通して，音楽を愛好する心情を育むとともに，音楽に対する感性を豊かにし，音楽に親しんでいく態度を養い，豊かな情操を培う。

解答　(1)　音楽に対する感性を働かせ，音や音楽を，音楽を形づくっている要素とその働きの視点で捉え，自己のイメージや感情，生活や社会，伝統や文化などと関連付けること。

(2)　ア

解説　(1)　音楽的な見方・考え方を働かせて学習をすることによって，実感を伴った理解による「知識」の習得，必要性の実感を伴う「技能」の習得，質の高い「思考力，判断力，表現力等」の育成，人生や社会において学びを生かそうとする意識をもった「学びに向かう力，人間性等」の涵養が実現する。今回の改訂は，音楽的な見方・考え方を働かせることにより，音楽科における深い学びの視点から授業改善の一層の工夫がなされることを期待するものである。

(2)　音楽科の教科の目標は，従前同様，表現及び鑑賞の幅広い活動を通して学習が行われることを前提とし，音楽的な見方・考え方を働かせた学習活動によって，生活や社会の中の音や音楽，音楽文化と豊かに関わる資質・能力を育成することを目指すことである。その上で，育成を目指す資質・能力として(1)に「知識及び技能」の習得，(2)に「思考力，判断力，表現力等」の育成，(3)に「学びに向かう力，人間性等」の涵養に関することを示すことによって構成されている。

アは，従前の学習指導要領（平成20年告示）の第１学年の目標(2)である。

例題２　各学年の内容

中学校学習指導要領解説 音楽編（平成29年７月）の第３章　各学年の目標及び内容　２　内容　(2)　Ｂ鑑賞　(1)イ(ア)にある「曲想と音楽の構造との関わり」について次の問いに答えよ。

(1)　「曲想」とは何か。

(2)　「音楽の構造」とは何か。次の文の空欄に適当な語句を入れよ。

音楽の構造とは，音楽を形づくっている要素そのものや要素同士の（　Ａ　）及び音楽全体がどのように成り立っているかなど，音や要素の表れ方や（　Ｂ　），音楽の（　Ｃ　）や（　Ｄ　）の有り様などである。

(3)　第２及び第３学年における指導の際に，配慮することは何か。

解答　(1)　その音楽固有の雰囲気や表情，味わいなどのこと。

(2)　Ａ．関わり方　　Ｂ．関係性　　Ｃ．構成　　Ｄ．展開

(3)　第１学年の学習より，更に詳細に音楽を捉える視点をもって，音楽の構造についてより深く理解できるようにする。

解説　鑑賞教材として取り扱う音楽について，感じ取った曲想と，その音楽の構造

との関わりを理解することは，その音楽の特徴を捉える上で重要なことである。

⑴⑵　第３章　第１節　第１学年の目標と内容　２　内容　⑵　Ｂ鑑賞　⑴イ㋐に示されている。

例題３　内容の取扱いと指導上の配慮事項

平成29年告示中学校学習指導要領「音楽科」第３　指導計画の作成と内容の取扱い　２　⑵における「Ａ表現」の教材の取扱いについて，次の問いに答えよ。

ア　歌唱教材は，次に示すものを取り扱うこと。

㋑　民謡，（　　　）などの我が国の伝統的な歌唱のうち，生徒や学校，地域の実態を考慮して，伝統的な声や歌い方の特徴を感じ取れるもの。

⑴　空欄に適当な語句を答えよ。

⑵　上の文のような歌唱教材を取り扱う指導に当たっての配慮事項は何か。

解答　⑴　長唄

⑵　その表現活動を通して，生徒が我が国や郷土の伝統音楽のよさを味わい，愛着をもつことができるよう工夫すること。

解説　⑴　我が国の伝統的な歌唱のうち，生徒や学校，地域の実態を考慮して，伝統的な声や歌い方の特徴を感じ取れるものを，歌唱教材として選択することを示している。このことについて従前は，「第２　各学年の目標及び内容」の「Ａ表現」の⑷に，「民謡，長唄などの我が国の伝統的な歌唱のうち，地域や学校，生徒の実態を考慮して，伝統的な声の特徴を感じ取れるもの」として示していた。今回の改訂では，第２に育成を目指す資質・能力を整理して示すこととし，教材の選択については，資質・能力を育成する際の配慮事項として，「第３　指導計画の作成と内容の取扱い」に示している。

⑵　今回の改訂において新たに示された部分である。指導に当たっては，声の音色や装飾的な節回しなどの旋律の特徴に焦点を当てて，比較して聴いたり実際に声を出したりして，これらの特徴を生徒一人一人が感じ取り，伝統的な歌唱における声や歌い方の特徴に興味・関心をもつことができるように工夫することが大切である。またそのことによって，生徒が我が国や郷土の伝統音楽のよさを味わい，愛着をもつことができるよう工夫することが大切である。

例題 4　内容の取扱いと指導上の配慮事項

次の文は，平成29年告示中学校学習指導要領「音楽科」第３　指導計画の作成と内容の取扱いの一部抜粋である。次の問いに答えよ。

自己や他者の著作物及びそれらの著作者の創造性を（　A　）態度の形成を図るとともに，必要に応じて，音楽に関する（　B　）について触れるようにすること。また，こうした態度の形成が，（　C　），発展，創造を支えていることへの理解につながるよう配慮すること。

(1)　空欄に適当な語句を入れよ。

(2)　学校における音楽科の授業で特に関わりが深いのは，著作権法の第何条第何項か。

解答　(1)　A．尊重する　　B．知的財産権　　C．音楽文化の継承

(2)　第35条第１項

解説　ここでは，著作物及びそれらの著作者の創造性を尊重する態度の形成と，音楽に関する知的財産の保護と活用に関して配慮することを示している。従前は「音楽に関する知的財産権について，必要に応じて触れるようにすること」と示していたが，今回の改訂では，その目的を一層明確にして示している。

知的財産権とは，知的な創作活動によって何かをつくり出した人に対して付与される他人に無断で利用されない権利である。この中の一つに著作権があり，著作権には，著作物を保護する著作者の権利，実演等を保護する著作隣接権がある。

著作権法では，教育現場での著作物の利用を円滑にするため，著作権者の了解を得ずに著作物を利用できる例外措置が示されている。その中には，著作権者の了解なしに利用できるいくつかの条件が定められているため，これらについては一層正しく理解される必要がある。著作権法上の学校における例外措置はいくつかあるが，音楽科の授業の場合，著作権法第35条第１項が，特に関わりが深い。

また，インターネットを通じて配信されている音楽についても，著作権が存在するということについての認識が十分でない現状も見られるので留意する必要がある。

指導に当たっては，授業の中で表現したり鑑賞したりする多くの曲について，それを創作した著作者がいることや著作物であること，この著作物が知的財産であること，その知的財産を教材として活用することで表現や鑑賞の幅広い活動が行えることなどを生徒が意識できるようにし，必要に応じて音楽に関する知的財産権に触れることが大切である。

例題5　指導計画の作成と内容の取扱い

平成29年告示中学校学習指導要領第2章　第5節　音楽　第3　指導計画の作成と内容の取扱いについて，次の各問いに答えよ。

(1)　第3　指導計画の作成と内容の取扱いにおいて，共通教材として示された歌唱教材に含まれないものを，次のア～オから選び，記号で答えよ。

ア.「花」

イ.「夏の思い出」

ウ.「まきばの朝」

エ.「荒城の月」

オ.「赤とんぼ」

(2)　第3　指導計画の作成と内容の取扱いには，各学年の〔共通事項〕の「音楽を形づくっている要素」にあたるものが示されている。音色，リズム，速度，旋律，強弱，形式の他に，もう2つ答えよ。

解答　(1)　ウ

(2)　テクスチュア，構成（順不同）

解説　(1)　歌唱教材については，従前のものと同様，我が国で長く歌われ親しまれている歌曲のうち，我が国の自然や四季の美しさを感じ取れるもの又は我が国の文化や日本語のもつ美しさを味わえるものを選択することが示されている。「まきばの朝」は小学校第4学年の歌唱共通教材である。

(2)　音楽を形づくっている要素について，従前は，〔共通事項〕として「音色，リズム，速度，旋律，テクスチュア，強弱，形式，構成など」と示されていたが，今回の改訂では，これらを「音楽を形づくっている要素」としてまとめ，具体例については「第3　指導計画の作成と内容の取扱い」の2の(9)において，配慮事項として示されている。

すなわち，「音楽を形づくっている要素」については，声や楽器などから生まれる様々な音の質のことを「**音色**」，音楽の時間的なまとまりをつくったり，区分したりするものを「**リズム**」，基準となる拍が繰り返される速さのことを「**速度**」，種々の音高と音価をもった音を音楽的な表現意図のもとに連ねてできた音の線的つながりのことを「**旋律**」，音楽における音や声部の多様な関わり合いのことを「**テクスチュア**」，（相対的に捉えられる）音量の大小のことを「**強弱**」，定型化された構成法のことであり，音楽としてのまとまりのある形が一般化されたものを「**形式**」，音楽の組み立て方のことを「**構成**」とし，これらなどを指導のねらいに応じて，適切に選択したり関連付けたりして指導すること，とされている。

2 高等学校

例題1　芸術科の目標・音楽Ⅰの目標

次の文は，平成30年告示高等学校学習指導要領「芸術」と「音楽Ⅰ」の目標である。文の空欄に当てはまる語句を答えよ。

〔芸術科〕

芸術の幅広い活動を通して，各科目における（　A　）を働かせ，生活や社会の中の芸術や芸術文化と豊かに関わる（　B　）を次のとおり育成することを目指す。

(1) 芸術に関する各科目の特質について理解するとともに，意図に基づいて表現するための技能を身に付けるようにする。

(2) （　C　）な表現を工夫したり，芸術のよさや美しさを深く味わったりすることができるようにする。

(3) （　D　）芸術を愛好する（　E　）を育むとともに，（　F　）を高め，心豊かな生活や社会を創造していく（　G　）を養い，（　H　）を培う。

〔音楽Ⅰ〕

音楽の幅広い活動を通して，音楽的な（　A　）を働かせ，生活や社会の中の音や音楽，（　I　）と幅広く関わる（　B　）を次のとおり育成することを目指す。

(1) （　J　）と音楽の構造や文化的・（　K　）背景などとの関わり及び音楽の多様性について理解するとともに，創意工夫を生かした音楽表現をするために必要な技能を身に付けるようにする。

(2) 自己の（　L　）をもって音楽表現を創意工夫することや，音楽を評価しながらよさや美しさを自ら味わって聴くことができるようにする。

(3) 主体的・（　M　）に音楽の幅広い活動に取り組み，（　D　）音楽を愛好する（　E　）を育むとともに，（　F　）を高め，（　I　）に親しみ，音楽によって生活や社会を明るく豊かなものにしていく（　G　）を養う。

解答　A．見方・考え方　B．資質・能力　C．創造的　D．生涯にわたり
E．心情　F．感性　G．態度　H．豊かな情操
I．音楽文化　J．曲想　K．歴史的　L．イメージ
M．協働的

解説　芸術科の目標は，従前同様，生徒一人一人がそれぞれの興味や関心，個性を生かして，芸術と幅広く，かつ主体的に関わることを重視し，各科目における

見方・考え方を働かせて，生活や社会の中の芸術や芸術文化と豊かに関わる資質・能力を育成することを目指している。その上で，具体的に育成を目指す資質・能力が(1)「知識及び技能」，(2)「思考力，判断力，表現力等」，(3)「学びに向かう力，人間性等」の三つの柱で整理されている。

「音楽Ⅰ」の目標は，従前同様，音楽の幅広い活動を通して学習が行われることを前提とし，音楽的な見方・考え方を働かせた学習活動によって，生活や社会の中の音や音楽，音楽文化と幅広く関わる資質・能力を育成することを目指している。その上で，育成を目指す資質・能力として，(1)に「知識及び技能」の習得に関すること，(2)に「思考力，判断力，表現力等」の育成に関すること，(3)に「学びに向かう力，人間性」の涵《かん》養に関することを示すことによって構成されている。

例題2　**音楽Ⅰ　内容　A表現**

次の文は，平成30年告示高等学校学習指導要領「音楽Ⅰ」における2　内容　A表現の一部である。次の各問いに答えよ。

表現に関する資質・能力を次のとおり育成する。

(1)　歌唱

歌唱に関する次の事項を身に付けることができるよう指導する。

ア　歌唱表現に関わる知識や技能を得たり生かしたりしながら，(　A　)をもって歌唱表現を創意工夫すること。

イ　次の(ア)から(ウ)までについて理解すること。

(ア)　(　B　)と音楽の構造や歌詞，文化的・歴史的背景との関わり

(イ)　言葉の特性と曲種に応じた(　C　)との関わり

(ウ)　様々な(　D　)による歌唱表現の特徴

ウ　創意工夫を生かした歌唱表現をするために必要な，次の(ア)から(ウ)までの技能を身に付けること。

(ア)　曲にふさわしい(　C　)，言葉の発音，身体の使い方などの技能

(イ)　他者との調和を意識して歌う技能

(ウ)　(　D　)の特徴を生かして歌う技能

(1)　文中の空欄に当てはまる語句を答えよ。

(2)　下線部の「表現」の分野は，「歌唱」の他に何があるか。全て答えよ。

解答　(1)　A．自己のイメージ　　B．曲想　　C．発声　　D．表現形態

(2)　器楽，創作（順不同）

解説　表現に関する資質・能力については，分野（歌唱・器楽・創作）ごとに，そ

れぞれアとして「思考力，判断力，表現力等」に関する資質・能力，イとして「知識」に関する資質・能力，ウとして「技能」に関する資質・能力を示している。

例題3　**音楽Ⅰ　内容　B鑑賞　内容の取扱い**

次の文は，平成30年告示高等学校学習指導要領「音楽Ⅰ」における「2　内容」の一部である。次の各問いに答えよ。

鑑賞に関する資質・能力を次のとおり育成する。

(1)　鑑賞

鑑賞に関する次の事項を身に付けることができるよう指導する。

ア　鑑賞に関わる知識を得たり生かしたりしながら，次の(ア)から(ウ)までについて考え，音楽のよさや美しさを自ら味わって聴くこと。

(ア)　曲や演奏に対する（　A　）とその（　B　）

(イ)　自分や社会にとっての音楽の意味や（　C　）

(ウ)　音楽表現の共通性や（　D　）

イ　次の(ア)から(ウ)までについて理解すること。

(ア)　曲想や（　E　）と音楽の構造との関わり

(イ)　音楽の特徴と（　F　）背景，他の芸術との関わり

(ウ)　我が国や郷土の（　G　）の種類とそれぞれの特徴

(1)　文の空欄に当てはまる語句を答えよ。

(2)　鑑賞領域の指導に当たって，取り入れるようにするとされている活動は何か。

解答　(1)　A．評価　B．根拠　C．価値　D．固有性　E．表現上の効果　F．文化的・歴史的　G．伝統音楽

(2)　曲や演奏について根拠をもって批評する活動

解説　**鑑賞に関する資質・能力**については，アとして「思考力，判断力，表現力等」に関する資質・能力，イとして「知識」に関する資質・能力を示している。

鑑賞領域の指導に当たって「曲や演奏について根拠をもって批評する活動」などを取り入れることについては，「内容の取扱い」の(8)に示されている。

例題4　音楽Ⅰ　内容の取扱い

次の文は，平成30年告示高等学校学習指導要領「音楽Ⅰ」における「3　内容の取扱い」の一部である。文の空欄に当てはまる語句を答えよ。

⑼　内容の「A表現」及び「B鑑賞」の教材については，（　A　）等を考慮し，我が国や郷土の伝統音楽を含む我が国及び諸外国の様々な音楽から幅広く扱うようにする。また，「B鑑賞」の教材については，（　B　）の諸民族の音楽を含めて扱うようにする。

⑾　自己や他者の著作物及びそれらの著作者の創造性を（　C　）態度の形成を図るとともに，必要に応じて，音楽に関する（　D　）について触れるようにする。また，こうした態度の形成が，（　E　），発展，創造を支えていることへの理解につながるよう配慮する。

解答　A．学校や地域の実態　B．アジア地域　C．尊重する
D．知的財産権　E．音楽文化の継承

解説　⑼にある**我が国及び諸外国の様々な音楽**とは，我が国及び諸外国の民俗音楽やポピュラー音楽などを含む，様々な時代や地域，ジャンル等の音楽を意味し，これらの音楽は，過去から現在に至るまでの間に，国，地域，風土，人々の生活，文化や伝統などの影響を受け，生み出され，育まれてきており，それぞれが固有の価値をもっている。こうした様々な音楽を幅広く扱うことは，生徒が音楽の多様性を理解し，音楽的視野を広げ，音楽文化についての理解を深めていくことになる。

⑾にある**知的財産権**については，p. 5の解説を参照。なお，著作権については，原則として，個人が著作者の著作物の著作権はその没後，法人その他の団体が著作の名義を有する著作物の著作権はその公表後，また著作者に関わらず，映画の著作物の著作権はその公表後それぞれ70年を経過するまでの間，存続する。これらについては，著作権法第51条から第58条を参照し，保護期間の計算方法や特例を含めて，確認しておくことが大切である。

演習問題

1 ★☆☆

平成29年告示の「中学校学習指導要領　第2章　第5節　音楽」の「第1　目標」に示されている以下の内容について，後の問いに答えなさい。

第1　目標

表現及び鑑賞の幅広い活動を通して，音楽的な（　A　）・（　B　）を働かせ，生活や（　C　）の中の音や音楽，音楽文化と豊かに関わる資質・能力を次のとおり育成することを目指す。

(1)（　D　）と音楽の構造や背景などとの関わり及び音楽の（　E　）について理解するとともに，（　F　）を生かした音楽表現をするために必要な（　G　）を身に付けるようにする。

(2) 音楽表現を（　F　）することや，音楽のよさや美しさを味わって聴くことができるようにする。

(3) 音楽活動の（　H　）を体験することを通して，音楽を愛好する心情を育むとともに，音楽に対する感性を豊かにし，音楽に親しんでいく態度を養い，豊かな（　I　）を培う。

(1) A～Iにあてはまる言葉を答えなさい。

(2) 上記「目標」(1)～(3)は，それぞれ次のア～ウのうちどれに相当するか答えなさい。

ア．「学びに向かう力，人間性等」の涵養に関する目標

イ．「思考力，判断力，表現力等」の育成に関する目標

ウ．「知識及び技能」の習得に関する目標

〈福井県改題〉

2 ★☆☆

平成29年告示中学校学習指導要領「音楽科」の教科の目標に示されている「表現及び鑑賞の幅広い活動」とはどのような活動を指すか，説明せよ。

3 ★☆☆

次の文は，平成29年度告示中学校学習指導要領「第5節　音楽科」の「第2　各学年の目標及び内容」の「〔第1学年〕 1　目標」からの抜粋である。次の各問いに答えなさい。

〔第１学年〕

１　目標

⑴　（　A　）と音楽の構造などとの関わり及び音楽の（　B　）について理解するとともに，（　C　）を生かした音楽表現をするために必要な（　D　）の技能を身に付けるようにする。

⑵　音楽表現を（　C　）することや，音楽を自分なりに評価しながらよさや美しさを味わって聴くことができるようにする。

⑶　（　E　）に表現及び鑑賞の学習に取り組み，音楽活動の（　F　）を体験することを通して，音楽文化に親しむとともに，音楽によって生活を明るく豊かなものにしていく（　G　）を養う。

⑴　空欄（　A　）～（　G　）に適する語句を答えなさい。

⑵　第１学年の目標⑵の下線部「自分なりに」の部分は第２学年及び第３学年では示されていないが，なぜか。説明しなさい。

〈京都市改題〉

4　★☆☆

次の文は，平成29年告示中学校学習指導要領「音楽科」の第２学年及び第３学年の表現の内容である。空欄に適当な語句を答えよ。

ア　歌唱表現に関わる知識や（　A　）を（　B　）しながら，（　C　）歌唱表現を（　D　）すること。

イ　次の㋐及び㋑について理解すること。

㋐　曲想と音楽の構造や歌詞の内容及び曲の（　E　）との関わり

㋑　声の音色や響き及び言葉の特性と曲種に応じた発声との関わり

ウ　次の㋐及び㋑の（　A　）を身に付けること。

㋐　（　D　）を生かした表現で歌うために必要な発声，言葉の発音，身体の使い方などの（　A　）

㋑　（　D　）を生かし，全体の響きや各声部の声などを聴きながら他者と合わせて歌う（　A　）

〈香川県改題〉

5　★☆☆

次の文は，平成29年告示中学校学習指導要領「第2章　第5節　音楽　第3　指導計画の作成と内容の取扱い」の一部である。各問いに答えよ。

2　第2の内容の取扱いについては，次の事項に配慮するものとする。

(2)　各学年の「A表現」の(1)の歌唱の指導に当たっては，次のとおり取り扱うこと。

ア　歌唱教材は，次に示すものを取り扱うこと。

(ア)　我が国及び諸外国の様々な音楽のうち，指導のねらいに照らして適切で，生徒にとって親しみがもてたり意欲が高められたり，（　A　）において音楽が（　B　）が感じ取れたりできるもの。

(イ)　民謡，長唄などの我が国の伝統的な歌唱のうち，生徒や学校，地域の実態を考慮して，伝統的な声や歌い方の特徴を感じ取れるもの。なお，これらを取り扱う際は，その表現活動を通して，生徒が我が国や郷土の伝統音楽のよさを味わい，（　C　）ことができるよう工夫すること。

(3)　各学年の「A表現」の(2)の器楽の指導に当たっては，次のとおり取り扱うこと。

ア　器楽教材は，次に示すものを取り扱うこと。

(ア)　我が国及び諸外国の様々な音楽のうち，指導のねらいに照らして適切で，生徒にとって親しみがもてたり意欲が高められたり，（　A　）において音楽が（　B　）が感じ取れたりできるもの。

イ　生徒や学校，地域の実態などを考慮した上で，指導上の必要に応じて和楽器，弦楽器，管楽器，打楽器，鍵盤楽器，電子楽器及び世界の諸民族の楽器を適宜用いること。（中略）その表現活動を通して，生徒が我が国や郷土の伝統音楽のよさを味わい，（　C　）ことができるよう工夫すること。

(1)　文の空欄に当てはまる語句を答えよ。

(2)　下線部について，表現活動を通して，特定の地域や時代に偏ることなく様々な音楽に関わることは，どのようなことにつながるとしているか，記せ。

〈島根県改題〉

6 ★☆☆

次は，平成29年告示中学校学習指導要領「音楽科」における第１学年の鑑賞の内容について述べたものである。空欄に適当な語句を答えよ。

ア　鑑賞に関わる知識を得たり生かしたりしながら，次の(ア)から(ウ)までについて自分なりに考え，音楽のよさや（　A　）を味わって聴くこと。

(ア)　曲や演奏に対する（　B　）とその根拠

(イ)　生活や（　C　）における音楽の意味や役割

(ウ)　音楽表現の（　D　）や固有性

イ　次の(ア)から(ウ)までについて理解すること。

(ア)　曲想と音楽の（　E　）との関わり

(イ)　音楽の特徴とその背景となる（　F　）や歴史，他の（　G　）との関わり

(ウ)　我が国や郷土の（　H　）音楽及びアジア地域の（　I　）の音楽の特徴と，その特徴から生まれる音楽の（　J　）

7 ★☆☆

平成29年告示中学校学習指導要領「音楽科」第３　指導計画の作成と内容の取扱いにおいて，「Ａ表現」及び「Ｂ鑑賞」の指導に当たっては，「音や音楽及び言葉によるコミュニケーションを図り，音楽科の特質に応じた言語活動を適切に位置付けられるよう指導を工夫すること」とある。次の各問いに答えよ。

(1)　音楽活動において「言葉によるコミュニケーション」が必要となるのはどのようなときか。

(2)　このような指導をする際，どのようなことに留意するか。簡潔に述べよ。

8 ★☆☆

次の１～４の中から，著作権法に違反していない事例を１つ選びなさい。

1．中学校の部活動においては，例外として練習用であれば楽譜をコピーすることが認められているので，新入生用に楽譜をコピーした。

2．部活動で使う楽譜を買い足そうと思ったが，楽譜が絶版のため品切れであった。活動に支障がでるため早急に楽譜をコピーして間に合わせた。

3．合唱部で歌っている曲を，校内合唱コンクールでクラス全員が歌うことになった。授業で使うために，楽譜をコピーして全員に配った。

4．今年度，吹奏楽部で入場無料のコンサートを開くことになった。来場者と

一緒に歌うためにプログラムに歌詞を載せた。

〈埼玉県・さいたま市〉

9 ★☆☆

次の文は，平成29年告示中学校学習指導要領「音楽科」の指導計画の作成と内容の取扱いの一部である。空欄に適当な語句を，語群から選び，記号で答えよ。

・変声期及び変声前後の声の変化について気付かせ，変声期の生徒を含む全ての生徒の（　A　）な面についても配慮するとともに，変声期の生徒については適切な声域と声量によって歌わせるようにすること。

・読譜の指導に当たっては，小学校における学習を（　B　），♯や♭の（　C　）としての意味を理解させるとともに，3学年間を通じて，（　D　），（　E　）程度をもった（　C　）の楽譜の視唱や視奏に慣れさせるようにすること。

〔語群〕

ア．身体的	イ．2♯	ウ．1♯	エ．情緒的	オ．3♯
カ．調号	キ．1♭	ク．基に	ケ．踏まえ	コ．3♭
サ．心理的	シ．2♭	ス．記号	セ．用語	ソ．生かし

〈富山県改題〉

10 ★☆☆

我が国の伝統的な歌唱や和楽器の指導において，平成29年告示中学校学習指導要領では口唱歌を適宜用いることと示されているが，口唱歌とはどのようなものか，述べよ。

11 ★★☆

平成29年告示中学校学習指導要領音楽科における「指導計画の作成と内容の取扱い」では，「適宜，自然音や環境音などについても取り扱い，音環境への関心を高めることができるよう指導を工夫すること」とされている。これらの音素材を取り扱うとき，あなたが重視することについて，考えを述べよ。

〈山梨県改題〉

12 ★★☆

中学校音楽科の授業におけるコンピュータの活用方法と活用する際の留意点を答えよ。

〈鳥取県改題〉

13 ★☆☆

平成30年告示高等学校学習指導要領　芸術科において，科目の目標を位置付けている「三つの柱」とは何か。

14 ★☆☆

次の文は，平成30年告示高等学校学習指導要領「音楽Ⅱ」の目標である。文の空欄に当てはまる語句を答えよ。

音楽の（　A　）を通して，音楽的な見方・考え方を働かせ，生活や社会の中の音や音楽，音楽文化と深く関わる（　B　）を次のとおり育成することを目指す。

(1)　曲想と音楽の構造や文化的・歴史的背景などとの関わり及び音楽の多様性について（　C　）とともに，創意工夫を生かした音楽表現をするために必要な技能を身に付けるようにする。

(2)　（　D　）に音楽表現を創意工夫することや，音楽を評価しながらよさや美しさを深く味わって聴くことができるようにする。

(3)　主体的・（　E　）に音楽の（　A　）に取り組み，生涯にわたり音楽を愛好する心情を育むとともに，感性を高め，音楽文化に親しみ，音楽によって生活や社会を明るく豊かなものにしていく態度を養う。

15 ★☆☆

平成30年告示高等学校学習指導要領　第２章　第７節　芸術「第２款　各科目　第１　音楽Ⅰ　２　内容　A表現」において創意工夫を生かした器楽表現をするために必要な技能が３つ示されている。必要な３つの技能を答えよ。

〈滋賀県改題〉

16 ★☆☆

次の文は，平成30年告示高等学校学習指導要領「音楽Ⅰ」における「2　内容〔共通事項〕(1)」である。各問いに答えよ。

(1) 「A表現」及び「B鑑賞」の指導を通して，次の事項を身に付けることができるよう指導する。

ア　音楽を形づくっている要素や要素同士の関連を（　A　）し，それらの働きを（　B　）しながら，（　A　）したことと（　B　）したこととの関わりについて考えること。

イ　音楽を形づくっている要素及び音楽に関する（　C　）などについて，音楽における働きと関わらせて理解すること。

(1)　空欄に当てはまる語句を答えよ。

(2)　下線部「音楽を形づくっている要素」とは何を指しているか。

17 ★☆☆

次の文は，平成30年告示高等学校学習指導要領「音楽Ⅰ」「音楽Ⅱ」及び「音楽Ⅲ」における「3　内容の取扱い」の一部である。各問いに答えよ。

(8) 内容の「A表現」及び「B鑑賞」の指導に当たっては，（　A　）の育成を図るため，音や音楽及び（　B　）によるコミュニケーションを図り，芸術科音楽の特質に応じた（　C　）を適切に位置付けられるよう指導を工夫する。なお，内容の「B鑑賞」の指導に当たっては，曲や演奏について（　D　）批評する活動などを取り入れるようにする。

(1)　空欄に当てはまる語句を答えよ。

(2)　下線部「批評」について，芸術科音楽における「批評」とは，どのようなことか。

演習問題　解答・解説

1

(1)　A．見方　　B．考え方
　　C．社会　　D．曲想
　　E．多様性　　F．創意工夫
　　G．技能　　H．楽しさ
　　I．情操

(2)　目標(1)　ウ
　　目標(2)　イ
　　目標(3)　ア

解説

今回の改訂では，全ての教科等の目標及び内容が「知識及び技能」，「思考力，判断力，表現力等」，「学びに向かう力，人間性等」の三つの柱で再整理されている。

目標(1)は，「知識及び技能」の習得に関する目標を示したものであり，曲想と音楽の構造や背景などとの関わり及び音楽の多様性について理解することが「知識」の習得に関すること，創意工夫を生かした音楽表現をするために必要な技能を身に付けることが「技能」の習得に関することに当たる。目標(2)は，「思考力，判断力，表現力等」の育成に関する目標を示したものであり，音楽表現を創意工夫することは表現領域に関すること，音楽のよさや美しさを味わって聴くことは鑑賞領域に関することを指している。目標(3)は，「学びに向かう力，人間性等」の涵養に関する目標である。

2 〔解答例〕

我が国や郷土の伝統音楽を含む我が国及び諸外国の様々な音楽を教材として扱い，音楽の素材となる音に関心をもったり音楽の多様性を理解したりしながら，生徒一人一人の個性や興味・関心を生かした歌唱，器楽，創作，鑑賞をする活動。

解説

「表現及び鑑賞の幅広い活動」とは，多様な音楽活動を行うことを意味しており，こうした活動を通して学習が行われることを前提としている点は，従前と同様である。

3

(1)　A．曲想　　B．多様性
　　C．創意工夫
　　D．歌唱，器楽，創作
　　E．主体的・協働的
　　F．楽しさ　　G．態度

(2)　第2学年及び第3学年では，自分の解釈や評価のみに留まらず，多くの人が共通に感じ取れるような，その曲固有のよさや特徴などを捉え，他者と共有，共感することが大切であり，より深く味わって聴くことができるようにすることが求められているから。

解説

学年の目標は，従前，「(1)情意面や態度形成などに関する目標」，「(2)表現に関する目標」，「(3)鑑賞に関する目標」の三つで示していたが，今回の改訂では，教科の目標の構造と合わせ，「(1)知識及び技能」の習得に関する目標，「(2)思考力，判断力，表現力等」の育成に関する目標，「(3)学びに向かう力，人間性等」の涵養に関する目標の三つの柱で整理している。

第1学年と第2学年及び第3学年の目標の相違点は，以下のとおり。

目標(1)第1学年：「曲想と音楽の構造など」

第2学年及び第3学年：「曲想と

音楽の構造や背景など」

目標(2)第1学年：「音楽表現を創意工夫」

第2学年及び第3学年：「曲にふさわしい音楽表現を創意工夫」

目標(2)第1学年：「音楽を自分なりに評価しながら」

第2学年及び第3学年：「音楽を評価しながら」

目標(3)第1学年：「音楽によって生活を明るく豊かなものにしていく態度」

第2学年及び第3学年：「音楽によって生活を明るく豊かなものにし，音楽に親しんでいく態度」

4

A．技能

B．得たり生かしたり

C．曲にふさわしい

D．創意工夫　　E．背景

5

(1)　A．生活や社会

B．果たしている役割

C．愛着をもつ

(2)　音楽的視野を広げるとともに，多様な音楽表現の共通点や相違点に気付き，音楽文化についての理解を深めることにもつながっていく。

解説

この配慮事項では，歌唱及び器楽教材の選択において**生活や社会において音楽が果たしている役割が感じ取れるもの**を取り扱うことを新たに示している。これは，教科の目標に新たに示した「生活や社会の中の音や音楽，音楽文化と豊かに関わる資質・能力」を育成する上で，大切な観点である。

(2)　我が国及び諸外国の様々な音楽とは，過去から現在に至るまでの人々の暮らし，地域の風土，文化や歴史などの影響を受け，社会の変化や文化の発展とともに生まれ，育まれてきた音楽のことで，我が国及び諸外国の芸術音楽，民俗音楽，ポピュラー音楽など幅広く捉えて選択することが大切である。

6

A．美しさ　　B．評価

C．社会　　D．共通性

E．構造　　F．文化

G．芸術　　H．伝統

I．諸民族　　J．多様性

7 〔解答例〕

(1)　音楽によって喚起された自己のイメージや感情，思いなどを他者と伝え合ったり，他者がどのようなことを意図しているのかをよく考えて，それに共感したりするとき。

(2)　言葉のやり取りに終始することなく，実際に歌ったり，旋律を聴き返したりするなどして，言葉で表したことと音や音楽との関わりが捉えられるようにする。

8

3

解説

著作権法第35条第1項では，著作権者の了解なしに利用できる例外措置について，「その授業の過程における利用」との条件を付している。

9

A．サ　　B．ケ　　C．カ

D．ウ　　E．キ

解説

従前は，主に変声期の生徒に対する配慮について示していたが，今回の改訂では，変声前後の生徒に対する配慮も含めて示し，より丁寧な指導を求めている。

10 〔解答例〕

器楽の音を，日本語のもつ固有の響きによって表すもので，旋律やリズムだけでなく，その楽器の音色や響き，奏法などをも表すことができるもの。

解説

口唱歌を用いることは，器楽の学習だけでなく，我が国の音楽に固有の音色や旋律，間《ま》などの知覚・感受を促し，鑑賞の学習の質を高めたり創作の学習の際の手段として用いたりするなど，様々な学習に有効である。

11 〔解答例〕

・様々な音素材に関心をもつことや，様々な音素材の違いに関心をもつこと。
・音や声の特性への関心を高めること。
・音や声の響きを注意して聴く態度を育てること。
・同じ素材でも形態や奏し方によって音が違うことがわかること。
・反復・変化・対照・起承転結など，これまでの音楽経験や生活経験から得た構成方法を使って，音を即興的に出しながら試行錯誤的に組み合わせること。

など

12 〔解答例〕

〈活用方法〉

自己の作品を音にして表現したり，楽譜化する。

〈留意点〉

操作することが活動の目的にならないようにし，指導のねらいを明確にして，教師も生徒も，コンピュータや教育機器を効果的に活用できるようにする。

解説

従前は，自然音や環境音などの取扱いと併せて示されていたが，コンピュータや教育機器の活用の広がり，また今後一層の普及や多機能化などの可能性を踏まえ，今回の改訂では，この配慮事項は独立した。

コンピュータや教育機器の活用は，音楽を，聴覚のみではなく，視覚や触覚など，他の様々な感覚と関連付けて音楽への理解を深めたり，生徒が主体的に学習に取り組んだりできるようにすることを目的とする。

13

・知識及び技能
・思考力，判断力，表現力等
・学びに向かう力，人間性等

14

A．諸活動　　B．資質・能力
C．理解を深める　　D．個性豊か
E．協働的

15

・曲にふさわしい奏法，身体の使い方などの技能
・他者との調和を意識して演奏する技能
・表現形態の特徴を生かして演奏する技能

解説

この，創意工夫を生かした器楽表現をするために必要な3つの技能は，A表現の(2)器楽ウに示されている。

創意工夫を生かした器楽表現をするために必要な技能としているのは，技能が，生徒にとって表現意図を表すために必要なも

のとなるよう指導することを求めているからである。したがって，これらの3つの技能に関する指導に当たっては，生徒が表現意図との関わりを捉えられるようにしながら行うことが大切であり，技能に関する指導を単独で行うことに終始することのないよう留意する必要がある。

16

(1)　A．知覚　　B．感受
　　C．用語や記号

(2)　音色，リズム，速度，旋律，テクスチュア，強弱，形式，構成　　など

解説

この〔共通事項〕(1)は，今回の改訂で新たに示された事項である。〔共通事項〕とは，表現及び鑑賞の学習において共通に必要となる資質・能力であり，「A表現」及び「B鑑賞」の各事項の指導と併せて適切に指導する必要がある。

17

(1)　A．思考力，判断力，表現力等
　　B．言葉　　C．言語活動
　　D．根拠をもって

(2)　音楽のよさや美しさなどについて，言葉で表現し他者と伝え合い，論じ合うこと。

解説

鑑賞領域において，評価の根拠をもって批評することは創造的な行為である。批評する活動を取り入れることは，生徒が自ら感性を働かせて，その音楽のよさや美しさなどを一層深く味わって聴くとともに，音楽文化に対する理解を深めていくことにつながっていく。

2 楽 典

傾向と対策

拍子やリズム，音程，音階，調性や関係調，和音，コードネームなど，音楽理論における基礎知識を問われる出題が多い。強弱記号，速度記号など音楽用語に関する出題も多く，発想記号，奏法に関する用語については教科書に記載されていないものも出題されている。また，日本の音楽に関する用語についての出題が増加傾向にある。スコアリーディングに関する出題も多く，オーケストラのスコアから，和音，和声の構造，調性，移調などが問われる。特に移調楽器の音を実音に改めたり，アルト記号やテノール記号の表記を読んだりして，楽曲の解釈や編曲に役立てたりする能力を見る問題が多い。確実に音楽理論を身に付け，あらゆる問題に対応できるようにしておく必要がある。

要点 Check!

1 楽典

▶ 音名

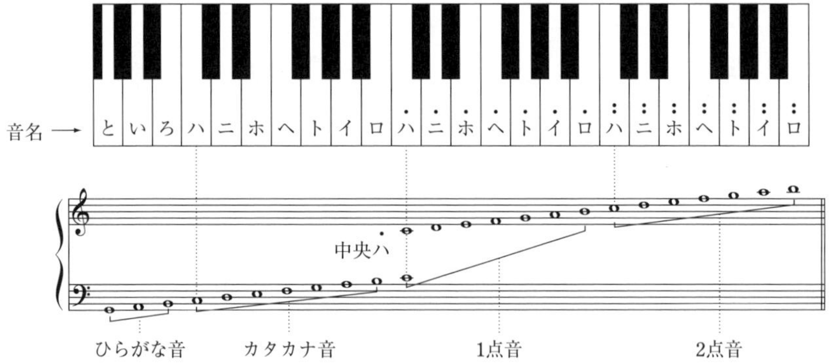

	幹音							派生音													
日本語	ハ	ニ	ホ	ヘ	ト	イ	ロ	嬰ハ	嬰ニ	嬰ホ	嬰ヘ	嬰ト	嬰イ	嬰ロ	変ハ	変ニ	変ホ	変ヘ	変ト	変イ	変ロ
英米語	C	D	E	F	G	A	B	C♯	D♯	E♯	F♯	G♯	A♯	B♯	C♭	D♭	E♭	F♭	G♭	A♭	B♭
独語	C	D	E	F	G	A	H	Cis	Dis	Eis	Fis	Gis	Ais	His	Ces	Des	Es	Fes	Ges	As	B

▶ 音程

2つの音の高さの隔たりを音程といい，度数と，その音程の種類を示す言葉を組み合わせて表す。

⑴　音程の増減の関係

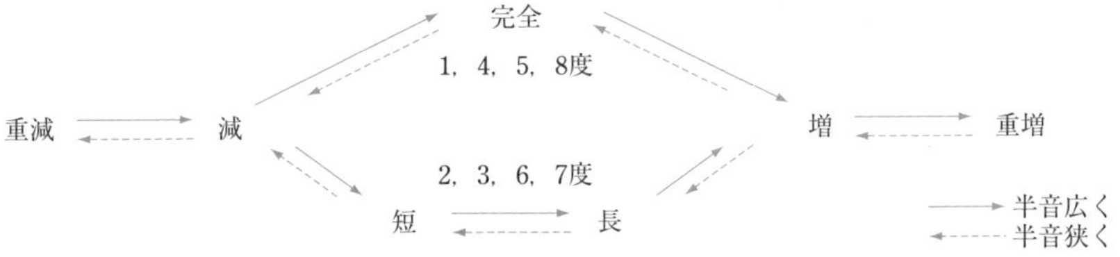

（※1度には減音程は存在しない）

⑵　音程の種類

1．全音階的音程

①　**完全協和音程**：2つの音の振動数の比率がより単純で，よく協和する音程。

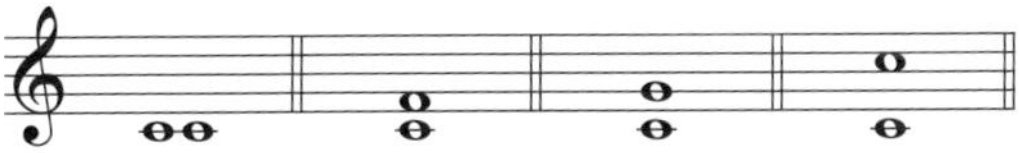

完全1度　完全4度　完全5度　完全8度

②　**不完全協和音程**：2つの音の振動数の比率がやや複雑だが，協和して聴こえる音程。

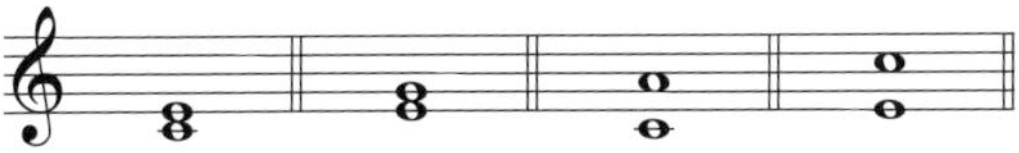

長3度　短3度　長6度　短6度

③　**不協和音程**：2つの音の振動数の比率がより複雑で，協和しない音程。

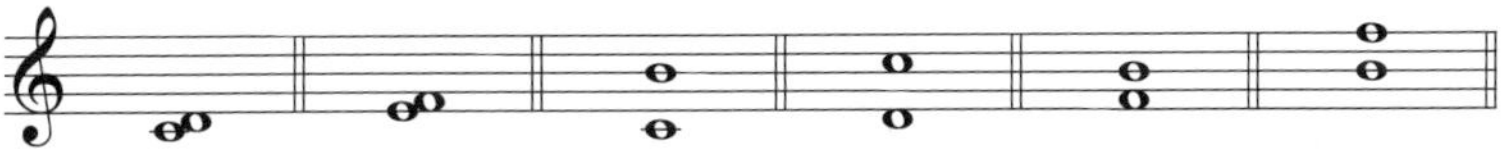

長2度　短2度　長7度　短7度　増4度　減5度

2．半音階的音程（全音階的音程以外のすべての音程）

増1度　増2度　減2度　増3度　減3度　減4度

増5度　増6度　減6度　増7度　減7度　減8度

▶ 拍子

（※分母…１拍となる音符の種類　分子…１小節内の拍数）

拍子の種類	２拍子系		３拍子系		４拍子系	
単純拍子	$\frac{2}{2}$		$\frac{3}{4}$		$\frac{4}{2}$	
	$\frac{2}{4}$		$\frac{3}{8}$		$\frac{4}{4}$	
複合拍子	$\frac{6}{8}$		$\frac{9}{8}$		$\frac{12}{8}$	
混合拍子	５拍子（３拍子＋２拍子など），７拍子（３拍子＋４拍子など）					

▶ 音階と階名

(1) 音階の構成音の名称

主音	音階の基礎になる音。その音が中心となる。
属音	音階上の第５音。主音を安定させる働きをもつ。
下属音	音階上の第４音。属音に次いで重要な働きをもつ。

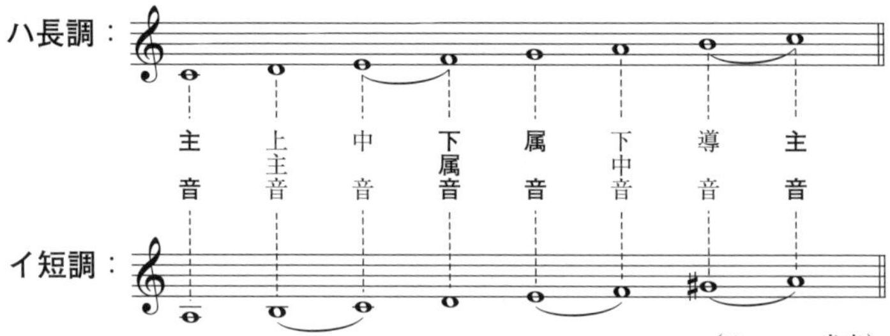

（※ ⌣ …半音）

(2) 調号と主音

1．嬰種調

2．変種調

（※○は長調，●は短調の主音）

(3) 長音階と短音階（※‿…半音）

1．長音階の構成（ハ長調）

2．短音階の種類と構成（イ短調）

①　自然的短音階

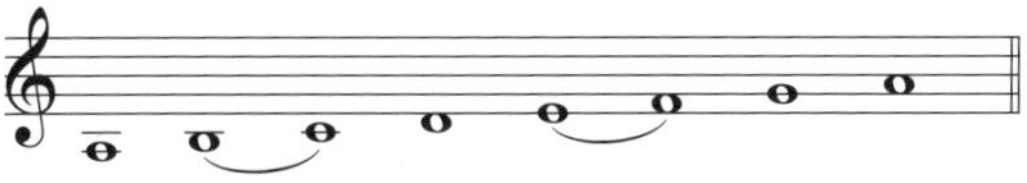

②　和声的短音階

③　旋律的短音階

➤ 関係調（近親調）

(1) 関係調の構成調の種類

属調	主調の音階の属音（第５音）を主音とする調。
下属調	主調の音階の下属音（第４音）を主音とする調。
平行調	主調と同じ調号をもつもう１つの調。主調が長調であれば平行調は短調，主調が短調であれば平行調は長調。
同主調（同名調）	主調と同じ主音をもつもう１つの調。

⑵　関係調

1．長調とその関係調：ハ長調を主調とした場合

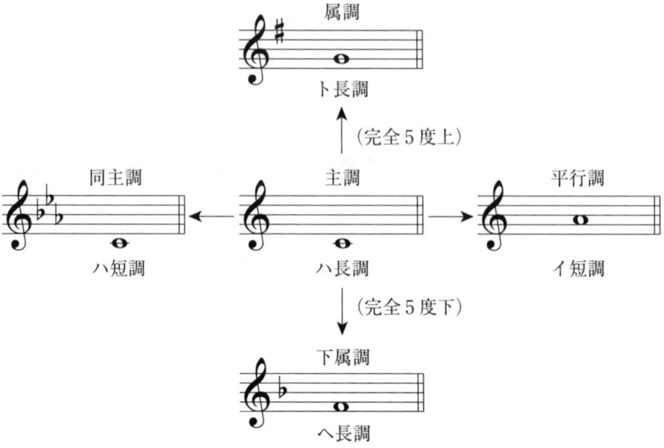

2．短調とその関係調：イ短調を主調とした場合

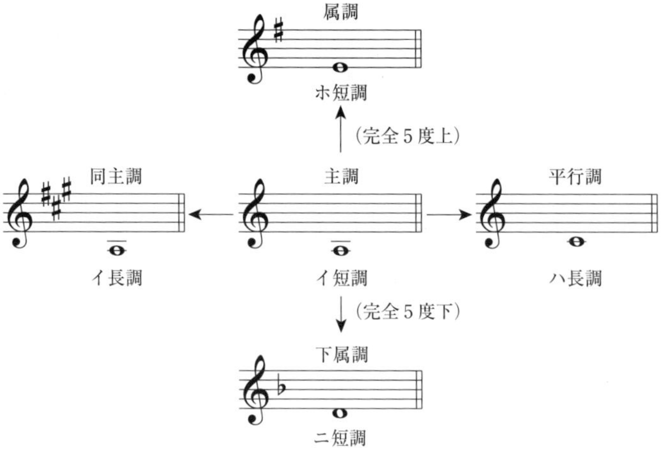

➤ 和音

⑴ **三和音**：ある音の上に２つの音を３度の音程間隔で積み重ねた和音。

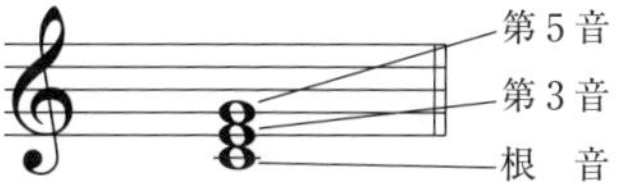

●三和音の種類

長三和音	短三和音
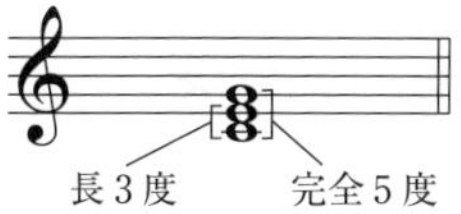	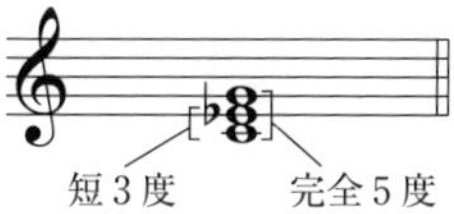
増三和音	**減三和音**
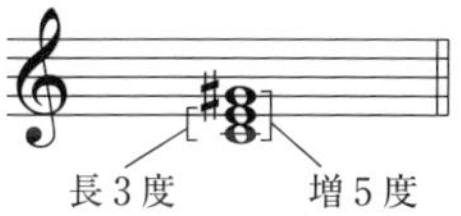	

（※ …主要三和音　…副三和音
Ⅰ・Ⅱ・Ⅲ・Ⅳ・Ⅴ・Ⅵ・Ⅶ…和音記号
長…長三和音　短…短三和音　増…増三和音　減…減三和音）

⑵ **七の和音**：三和音にさらに３度上（根音から７度上）の音を積み重ねた和音。

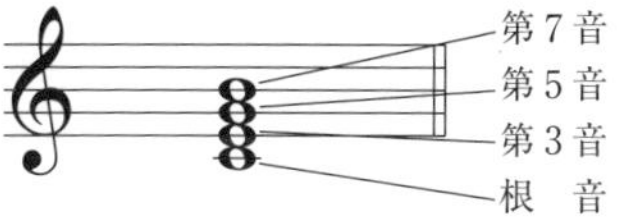

●七の和音の主な種類

属七の和音	短七の和音
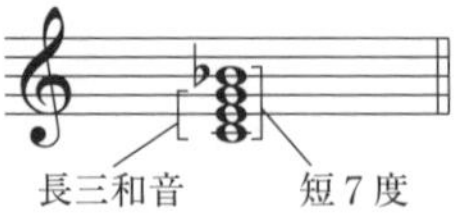	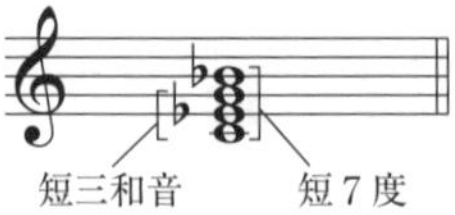
長七の和音	**減七の和音**
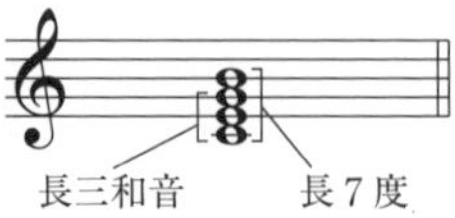	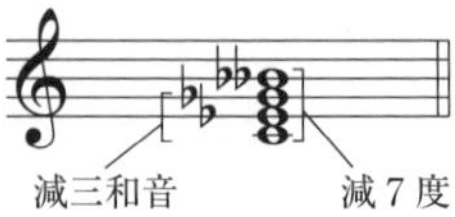

ハ長調：

イ短調：

➤ コードネーム

和音（chord）の構成を記号で示したもので，ポピュラー音楽を中心に多く用いられる。

⑴ **コードネームによる表記法**：音名は英語により表記され，根音は大文字のアルファベットが用いられる。

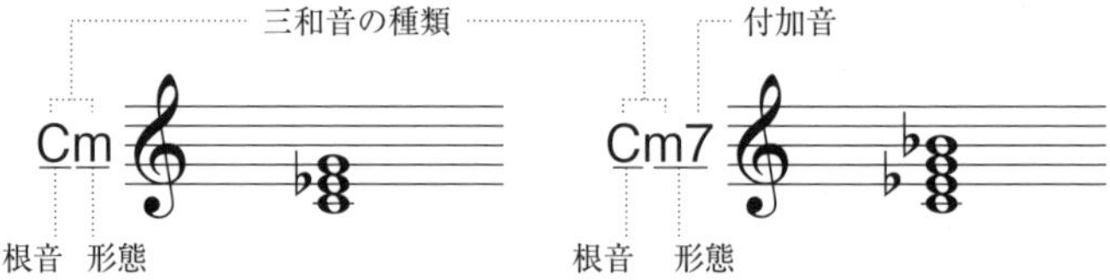

（※コードネームと和音記号の違い

コードネーム…曲の調に関係なく和音そのものに名前を付けたもの。

和音記号…Ｉ度の和音とは調の主音の上にできる三和音であるため，調によって異なる。例えば，ハ長調のＩ度はドミソであるが，ト長調のＩ度はソシレとなる。）

(2) トライアド（三和音）とその形態

種類	コードネーム	音の配列
メイジャー・コード Major chord （長三和音）	シー C	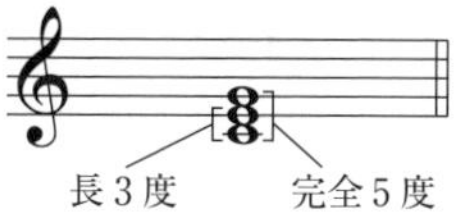
マイナー・コード minor chord （短三和音）	シー・マイナー Cm	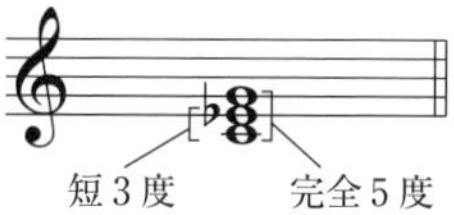
オーグメント・コード augmented chord （増三和音）	シー・オーグメント Caug C+5	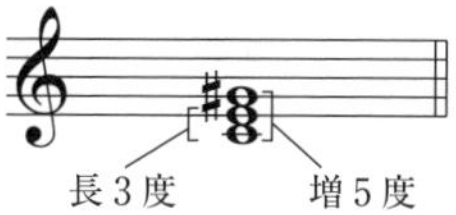
ディミニッシュ・コード diminished chord （減三和音）	シー・ディミニッシュ Cdim C°	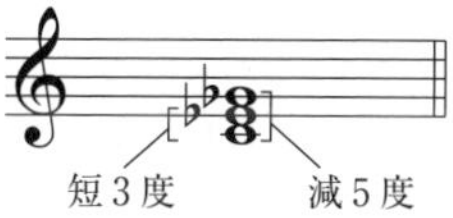

(3) シックスス・コード（六の和音），セブンス・コード（七の和音），ナインス・コード（九の和音）とその形態

① シックスス・コード

種類	コードネーム	音の配列
メイジャー・シックスス・コード Major 6 th chord	シー・シックスス C 6	
マイナー・シックスス・コード minor 6 th chord	シー・マイナー・シックスス Cm 6	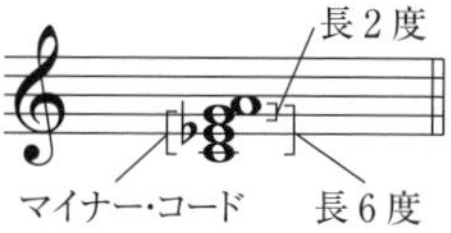

②　セブンス・コード

種類	コードネーム	音の配列
メイジャー・セブンス・コード Major 7 th chord （長七の和音）	シー・メイジャー・セブンス CM 7 C△7	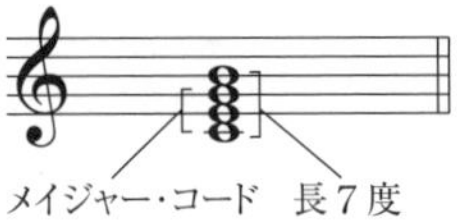
セブンス・コード 7 th chord （属七の和音）	シー・セブンス C 7	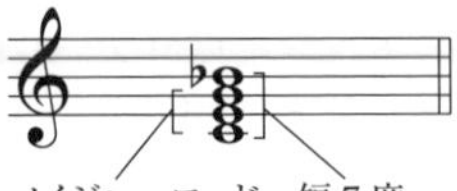
マイナー・セブンス・コード minor 7 th chord （短七の和音）	シー・マイナー・セブンス Cm 7	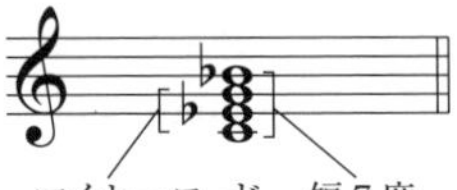
マイナー・セブンス・ フラット・ファイブ・コード minor 7 th♭5 chord または ハーフ・ディミニッシュ・コード＊ half diminished chord （短七の和音五音下行）	シー・マイナー・セブンス・ フラット・ファイブ Cm 7 (♭5) または Cm 7 -5 または Cø	
ディミニッシュ・セブンス・コード diminished 7 th chord （減七の和音＊＊）	シー・ディミニッシュ・セブンス Cdim 7 C°	

（※　＊…本来は dim 系のコードであるが，dim には減七の和音も含まれる。それぞれを区別するための例外的な表記方法である。

＊＊…減三和音と減七の和音は，構成音は違うが実質的な使い方に特に大きな差がないため，同じコードネームを使うことが多い。）

③　ナインス・コード

種類	コードネーム	音の配列
メイジャー・ナインス・コード Major 9 th chord	シー・メイジャー・ナインス CM 9	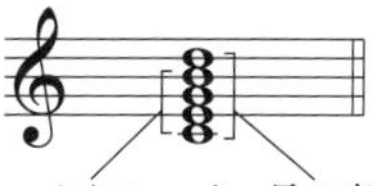
ナインス・コード 9 th chord	シー・ナインス C 9	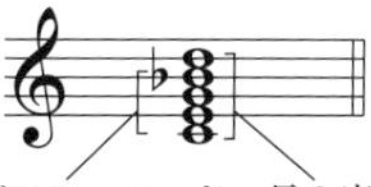

(4)　特殊な形態

①　サスペンデッド・フォース・コード（suspended 4 th chord）

sus は suspended の略で，第3音を2度高め，根音と4度音程をつくること。

シー・サスフォー

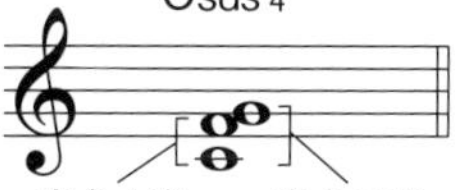

②　アド・ナインス・コード（add 9 th chord）

add は加えるの意味で，トライアドにその根音から9度上の音を加えること。1オクターヴ下げて加えたコードを用いる場合もある。

シー・アド・ナインス

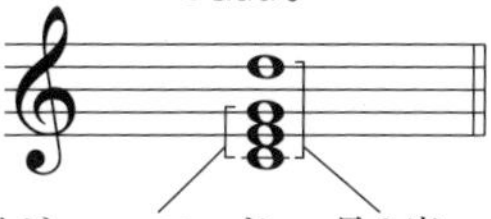

シー・マイナー・アド・ナインス

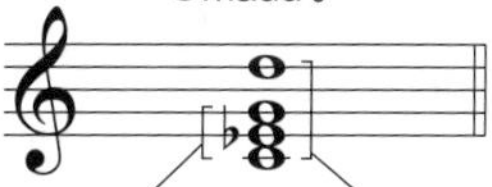

③　分数コード（オン・ベース）

和音の最低音を特に指示する場合に用いられる。ConG，CbassG のように示す場合もある。

シー・オン・ジー

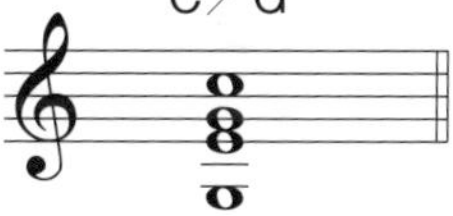

➤ 反復記号

記号	読み方	意味
D.C.（Da Capo）	ダ・カーポ	始めに戻る
D.S.（Dal Segno）	ダル・セーニョ	𝄋（Segno）に戻る
Fine，𝄐	フィーネ	終わり
vide	ヴィーデ	「見よ」の意（vi－deのように分けて書き，viから直ちにdeの場所に移るときに用いる）
𝄌	ヴィーデ	次の𝄌までとばす
Coda	コーダ	結び
bis	ビス	「二度」「再度」の意（指定された箇所を2回くり返して演奏する）

2 主要音楽用語（※主として西洋音楽に関するもの）

➤ 速度用語

(1) 速度を示す用語

用語	読み方	意味
Adagio	アダージョ	ゆるやかに
Allegretto	アレグレット	やや速く
Allegro	アレグロ	速く
Allegro moderato	アレグロ・モデラート	ほどよく速く
Andante	アンダンテ	ゆっくり歩くような速さで
Andantino	アンダンティーノ	アンダンテよりやや速く
animato	アニマート	元気に速く
Grave	グラーヴェ	重々しくゆるやかに
Larghetto	ラルゲット	ラルゴよりやや速く
Largo	ラルゴ	幅広くゆるやかに
Lento	レント	ゆるやかに
Moderato	モデラート	中ぐらいの速さで
Presto	プレスト	急速に

Vivace	ヴィヴァーチェ	活発に速く

(2)　補助的な用語

用語	読み方	意味
assai	アッサイ	非常に
ma	マ	しかし
meno	メーノ	より少なく
molto	モルト	非常に
non tanto	ノン・タント	多くなく
non troppo	ノン・トロッポ	はなはだしくなく
più	ピウ	よりいっそう
poco	ポーコ	少し
poco a poco	ポーコ・ア・ポーコ	少しずつ
quasi	クワジ	ほとんど…のように
sempre	センプレ	常に
subito(sub.)	スービト	急に
tanto	タント	多く
un poco	ウン・ポーコ	やや少し

(3)　速度の変化を示す用語

用語	読み方	意味
accelerando(accel.)	アッチェレランド	だんだん速く
ad libitum(ad lib.)	アド・リビトゥム	自由に
a piacere	ア・ピアチェーレ	任意に
allargando(allarg.)	アッラルガンド	強くしながらだんだん遅く
a tempo	ア・テンポ	もとの速さで
calando	カランド	弱くしながらだんだん遅く
con moto	コン・モート	動きをつけて
meno mosso	メーノ・モッソ	ゆるやかに，今までより遅く
morendo	モレンド	弱くしながらだんだん遅く
perdendosi	ペルデンドシ	弱くしながらだんだん遅く

più lento	ピウ・レント	よりいっそうゆるやかに
più mosso	ピウ・モッソ	今までより速く
rallentando (rall.)	ラレンタンド	だんだんゆるやかに
ritardando (ritard., rit.)	リタルダンド	だんだん遅く
ritenuto (riten.)	リテヌート	すぐに遅く
smorzando	ズモルツァンド	弱くしながらだんだん遅く
stringendo (string.)	ストリンジェンド	だんだんせきこんで
tempo primo (tempo I)	テンポ・プリモ	最初の速さで
tempo rubato	テンポ・ルバート	テンポを柔軟に伸縮させて

(4) その他

用語	読み方	意味
giusto	ジュスト	正確な
L'istesso tempo	リステッソ・テンポ	同じ速さで

➤ 発想用語

(1) 強弱を示す用語・記号

用語・記号	読み方	意味
ppp	ピアノピアニッシモ, ピアニッシッシモ	***pp***よりさらに弱く
pp	ピアニッシモ	とても弱く
p	ピアノ	弱く
mp	メッゾ・ピアノ	少し弱く
mf	メッゾ・フォルテ	少し強く
f	フォルテ	強く
ff	フォルティッシモ	とても強く
fff	フォルテフォルティッシモ, フォルティッシッシモ	***ff***よりさらに強く
crescendo (***cresc.***), <	クレシェンド	だんだん強く
decrescendo (***decresc.***), >	デクレシェンド	だんだん弱く
diminuendo (***dim.***)	ディミヌエンド	だんだん弱く
sf, ***sfz***	スフォルツァンド	特に強く

fz	フォルツァンド	特に強く
fp	フォルテ・ピアノ	強く直ちに弱く
più f	ピウ・フォルテ	もっと強く
più p	ピウ・ピアノ	もっと弱く
poco a poco cresc.	ポーコ・ア・ポーコ・クレシェンド	少しずつ強く
poco a poco dim.	ポーコ・ア・ポーコ・ディミヌエンド	少しずつ弱く
cresc. e dim.，＜ ＞	クレシェンド・エ・ディミヌエンド	だんだん強くそれからだんだん弱く

(2) 発想を示す用語

用語	読み方	意味
agitato	アジタート	激しく
amabile	アマービレ	愛らしく
amoroso	アモローソ	愛情に満ちて
appassionato	アパッショナート	熱情的に
brillante	ブリッランテ	輝かしく，はなやかに
cantabile	カンタービレ	歌うように
capriccioso	カプリッチオーソ	気まぐれに
comodo, commodo	コモド	気楽に，ほどよく
con anima	コン・アニマ	活気をもって
con brio	コン・ブリオ	生き生きと
con calore	コン・カローレ	熱心に
con espressione	コン・エスプレッシオーネ	表情をこめて
con licenza	コン・リチェンツァ	自由に
con fuoco	コン・フォーコ	熱烈に
con grazia	コン・グラーツィア	優雅に，優美に
con malinconia	コン・マリンコニーア	憂うつに
con sentimento	コン・センティメント	感情をこめて
con spirito	コン・スピリト	元気に
con tenerezza	コン・テネレッツァ	優しさをもって
delizioso	デリツィオーソ	甘美に
dolce	ドルチェ	甘くやわらかに

elegiaco	エレジーアコ	悲しく
espressivo (espr.)	エスプレッシーヴォ	表情豊かに
furioso	フリオーソ	荒れ狂って
giocoso	ジョコーソ	おどけて，愉快に
grandioso	グランディオーソ	壮大に
lamentoso	ラメントーソ	悲しく
leggiero, leggero (legg.)	レッジェーロ	軽く
maestoso	マエストーソ	荘厳に
misterioso	ミステリオーソ	神秘的に
marciale	マルチァーレ	行進曲ふうに
mosso	モッソ	活発に，躍動して
nobile	ノビレ	上品に
pastorale	パストラーレ	牧歌ふうに
pesante	ペサンテ	重く
risoluto	リゾルート	決然と，きっぱりと
scherzando	スケルツァンド	おどけて
semplice	センプリチェ	単純に
simile	シーミレ	前と同様に続けて
soave	ソアーヴェ	やわらかに，愛らしく
sostenuto	ソステヌート	音の長さを十分に保って
tranquillo	トランクィッロ	静かに，穏やかに

例題 1　総合（拍子と速度・反復記号・音名・音程・コードネーム・和音・移調記譜）

次の各問いに答えよ。

(1)　次の楽譜の最初の音符の時価を 1 とした場合，最後の音符の時価はいくつになるか答えよ。

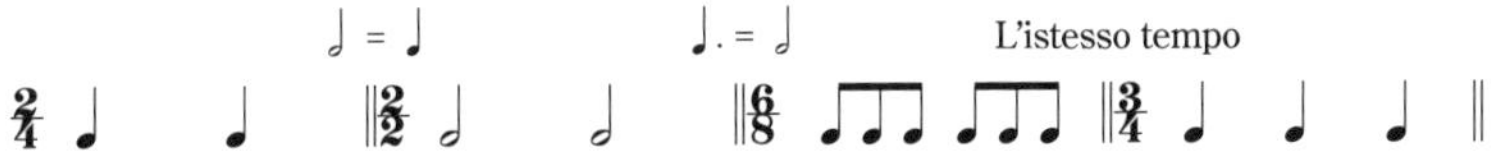

(2)　次の曲を演奏した場合の総小節数を答えよ。

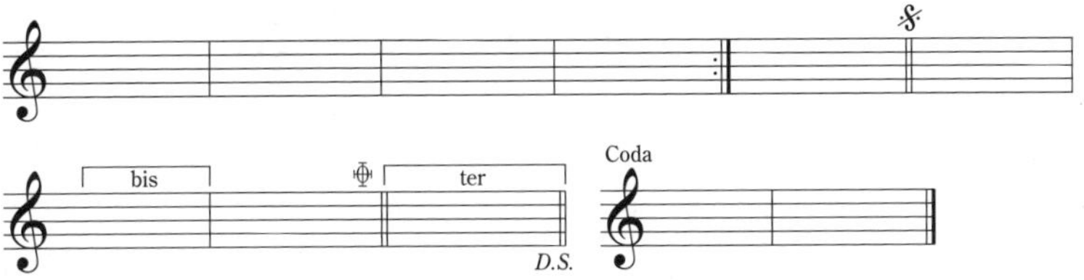

(3)　次の各音を日本語で答えよ。

1.　　2.　　3.

(4)　次に示す 2 音間の音程を答えよ。

1.　　2.　　3.

(5)　次の楽譜を見て，1・2 はコードネームを答え，3・4 は和音を記入せよ。

1.　　2.　　3.　　4.

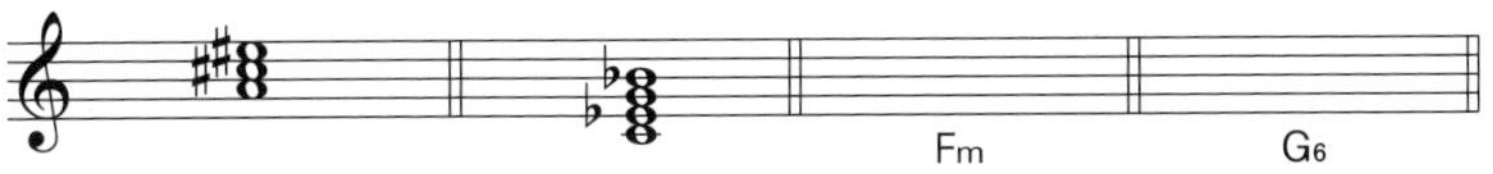

(6)　次の楽譜の実音を演奏するには，アルト・サクソフォーン（E♭）ではどのような楽譜を使うか，五線に書け。

〈長崎県〉

解答

(1) 1

(2) 22小節

(3) 1．嬰イ　　2．重変と　　3．重嬰ヘ

(4) 1．増４度　　2．長６度　　3．短10度

(5) 1．Aaug（A+5）　　2．Cm7

3．

4．
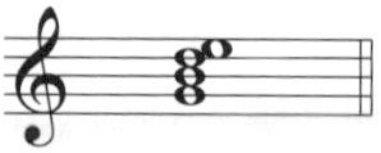

(6)

解説

(1) 曲の途中で拍子が変わったときは，その拍子の速さを指示するのに，楽譜中の𝅗𝅥 = ♩，♩. = 𝅗𝅥，L'istesso tempo などが用いられる。

始めの拍子と変化した拍子の，それぞれの１拍の単位音符を同じ時価にするときには，変化した拍子の始めに，同じ速さ（で）の意味をもつ L'istesso tempo や Lo stesso tempo を置く。または，それぞれの拍子の単位音符を＝で結び，拍子の変わり目の複縦線上に置く。その場合，変化した拍子の単位音符を先に記すこともある。

(2) 指定された箇所を，bis（ビス）は２回，ter（テル）は３回くり返して演奏する。

(6) アルト・サクソフォーン（E♭）は，実音より長６度高く記譜する移調楽器である。従って，変ホ長調の楽譜の実音を演奏するとき，記譜音はハ長調になる。移調楽器については，第６章の8を参照。

例題2　総合（振動数比・音階・関係調・音楽用語）

次の各問いについて，それぞれ適切なものを1つ選び，番号で答えよ。

(1)　完全4度の振動数比を答えよ。

①　3：4　②　4：5　③　1：2　④　5：6　⑤　2：3

(2)　ドイツ音名のBを音階の第Ⅳ音とする短調を答えよ。

①　f moll　②　fis moll　③　es moll　④　g moll　⑤　e moll

(3)　雅楽の呂音階は，何音で構成されているか答えよ。

①　4音　②　5音　③　6音　④　7音　⑤　8音

(4)　d mollの属調の同主調は，Fis durの同主調といかなる関係にあるか答えよ。

①　属調　②　下属調　③　平行調　④　同主調　⑤　属調の平行調

(5)　calandoと同じ意味の用語を答えよ。

①　allargando　②　ritenuto　③　meno mosso　④　perdendosi
⑤　stringendo　⑥　accelerando　⑦　rallentando

〈愛知県〉

解答　(1)　①　(2)　①　(3)　②　(4)　③　(5)　④

解説　(1)　**振動数の比率と音程の関係**

響きにも，美しく響く（よく協和する）音程や，不協和に響く（協和しない）音程がある。高さの違う2つの音は，それぞれ違う振動数をもっている。音の高さは，振動数（空気の振動する速さ）によって決まっており，振動が速いほど音は高く響く。

●協和音程

完全協和音程：2つの音の振動数の比率がより単純な音程。

不完全協和音程：2つの音の振動数の比率がやや複雑な音程。

●不協和音程

2つの音の振動数の比率がより複雑なものを指し，協和音程以外のすべての音程が含まれている。

- 音程
  - 協和音程
    - 完全協和音程
      - 完全1度（1：1）
      - 完全8度（1：2）
      - 完全5度（2：3）
      - 完全4度（3：4）
    - 不完全協和音程
      - 長3度　（4：5）
      - 短3度　（5：6）
      - 長6度　（3：5）
      - 短6度　（5：8）

      （※（　）内…振動数の比率）
  - 不協和音程 — 上記以外の音程すべて
    （短2度，長2度，増4度，減5度，短7度，長7度）

(3)　雅楽の呂《りょ》音階：

五声《ごせい》（宮《きゅう》，商《しょう》，角《かく》，徴《ち》，羽《う》）は，雅楽や声明《しょうみょう》などで用いられる五音音階の階名であり，西洋の階名に相当するものである。宮は主音（トニカ），商はその長2度上，角は長3度上（サブドミナント），徴は完全5度上（ドミナント），羽は長6度上の音に当たる。

演習問題

1　★☆☆

次の２音間の音程を答えよ。

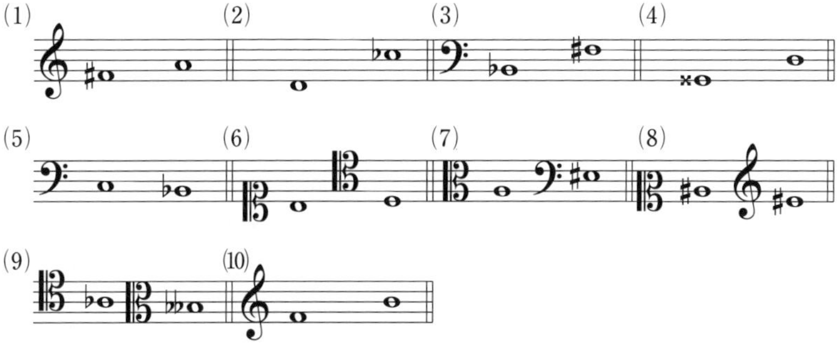

〈岡山県〉

2　★☆☆

音程に関する次の各問いについて，それぞれ適切なものを①～⑤から１つ選び，番号で答えよ。

(1)　次の音程の転回音程

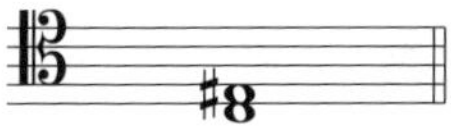

①　重増６度　　②　増６度　　③　長６度　　④　短６度　　⑤　減６度

(2)　次の音程の転回音程

①　増７度　　②　長７度　　③　短７度　　④　減７度　　⑤　重減７度

(3)　次の音程の転回音程

①　増３度　　②　長３度　　③　短３度　　④　減３度　　⑤　重減３度

〈福岡県・福岡市・北九州市〉

3 ★☆☆

次の音を全部含む調名をすべて答えよ。ただし，短調はその種類も答えよ。

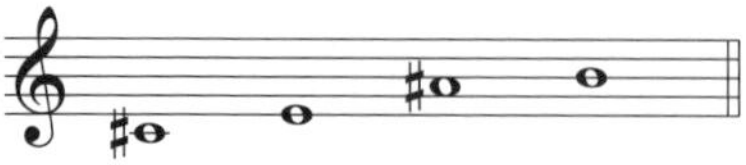

〈岡山県〉

4 ★☆☆

次の旋律を長２度高くすると何調になるか答えよ。また，移調した楽譜を，調号を用いて書け。

〈群馬県〉

5 ★☆☆

近親調に関する次の各問いについて，それぞれ適切なものを①～⑤から１つ選び，番号で答えよ。

⑴　へ短調の平行調の下属調

①　変ホ長調　②　ト長調　③　変ト長調　④　変ニ長調　⑤　ニ長調

⑵　ロ短調の属調の平行調

①　へ長調　②　変ト長調　③　ト長調　④　変イ長調　⑤　イ長調

⑶　ハ長調の音階の導音を音階の上中音とする長調の平行調

①　嬰ハ短調　②　嬰へ短調　③　ロ短調　④　ホ短調　⑤　イ短調

⑷　ニ長調の音階の下中音を音階の下属音とする短調の平行調

①　ホ長調　②　イ長調　③　ト長調　④　ハ長調　⑤　へ長調

〈福岡県・福岡市・北九州市〉

6 ★☆☆

次の関係調を，それぞれ日本語で答えよ。

(1)　ニ短調旋律的短音階上行形の第６音を主音とする長調の属調

(2)　ト長調の導音を第５音とする長調の下属調

(3)　変ニ長調の下属音を主音とする長調の平行調

(4)　嬰ヘ短調和声的短音階の属音を主音とする短調の同主名調（同名調）

〈茨城県〉

7 ★☆☆

次の各問いに答えよ。

(1)　次の文１～３の空欄に当てはまる調名，または，近親関係の名称を日本語で答えよ。

１．変ロ短調の属調の平行調は（　A　）であるが，それは変ホ長調からみると（　B　）の関係になる。

２．（　C　）の平行調の下属調は変ホ短調である。

３．嬰ハ短調和声短音階の第六音を属音とする長調は（　D　）である。

(2)　次の文４～６の空欄に当てはまる音程（長短等も含む）を答えよ。

４．旋律的短音階上行形において，上主音と下中音2音間の音程は（　E　）度である。

５．減三和音の根音を（　F　）度低くすると長三和音になる。

６．三全音とは（　G　）度音程の別名である。

〈香川県〉

8 ★☆☆

次は，関係調を示したものである。空欄に当てはまる調名を答えよ。

g moll			
		A dur	
			cis moll

〈岡山県〉

9 ★☆☆

次の譜表の各音を第3音として，指定された和音をそれぞれ書き入れよ。

(1)　　　　(2)　　　　(3)

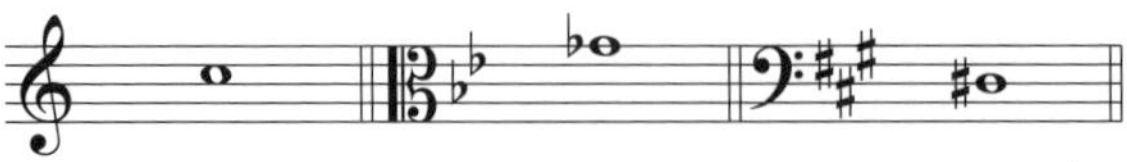

（長三和音）　（短三和音）　（増三和音）

(4)　　　　(5)　　　　(6)

（属七の和音）　（減七の和音）　（長七の和音）

〈香川県〉

10 ★☆☆

次のコードネームの和音を，ト音譜表に全音符で記せ。

(1)　D　(2)　Gm　(3)　Cm7　(4)　AM7　(5)　Csus4

〈富山県〉

11 ★☆☆

次のコードネームに関する各問いについて，それぞれ適切なものを①～⑤から1つ選び，番号で答えよ。

(1)　次の和音を示すコードネーム

①　Cm6　②　C7　③　Caug7　④　Cmaj7　⑤　Cdim

(2)　次の和音を示すコードネーム

①　Fm　②　Faug　③　Fsus4　④　F　⑤　Fdim

(3)　次の和音を示すコードネーム

①　G6　②　Gm7　③　G7sus4　④　Gaug7　⑤　Gdim

〈福岡県・福岡市・北九州市〉

12 ★☆☆

次の(1)〜(3)の和音のコードネームを答えよ。また，(4)〜(6)の音の上に指定された音程を全音符で書き入れよ。

〈茨城県〉

13 ★☆☆

次の楽譜に示した(1)〜(7)の和音に適するコードネームを答えよ。また，(8)にふさわしい和音を書け。

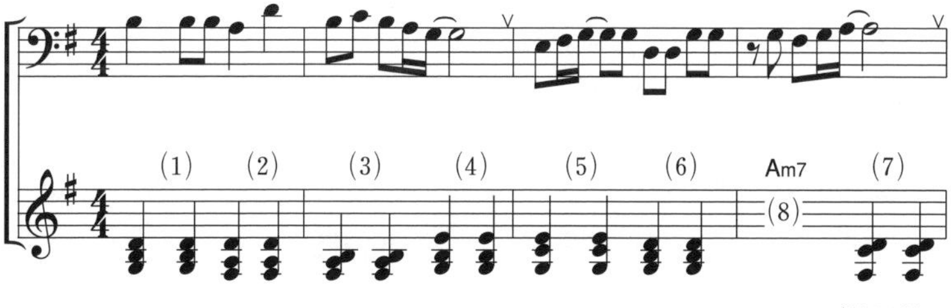

〈静岡県・静岡市〉

14 ★☆☆

次の楽譜について各問いに答えよ。

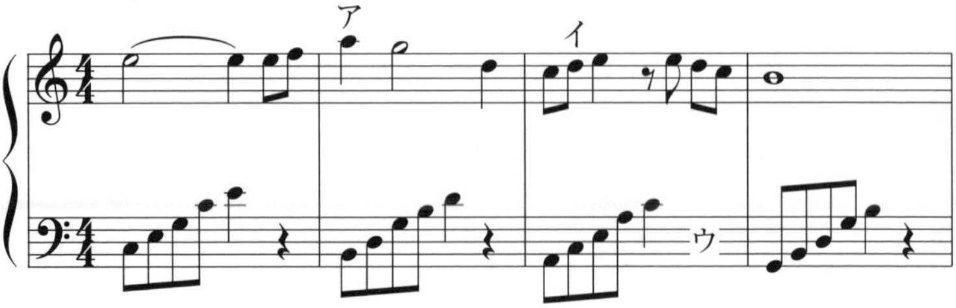

⑴　ア・イの非和声音の名称を答えよ。

⑵　ウの部分に借用和音を入れるとすると，どんな和音が適当か。その和音のコードネームを答えよ。

〈岩手県〉

15 ★☆☆

次の音楽用語の中から，「速度及びその変化」に関する用語を５つ，「曲想」に関する用語を３つ選び，番号で答えよ。

① larghetto	② leggiero	③ diminuendo	④ marcato
⑤ spiccato	⑥ vivace	⑦ morendo	⑧ dolce
⑨ sforzando	⑩ presto	⑪ accento	⑫ legato
⑬ grissando	⑭ brillante	⑮ adagio	

〈富山県改題〉

16 ★☆☆

次の用語の意味を，それぞれ答えよ。

⑴ ad libitum (ad lib.)	⑵ dolce	⑶ espressivo (espr.)
⑷ grandioso	⑸ leggiero	⑹ maestoso
⑺ poco a poco	⑻ simile	⑼ tranquillo

〈鳥取県〉

17 ★☆☆

次の用語の読み方と意味を，それぞれ答えよ。

(1)　string.　　(2)　rall.　　(3)　ten.　　(4)　pizz.

〈愛媛県〉

18 ★☆☆

次の(1)～(6)の唱法・奏法と関係の深いものを，語群からそれぞれ1つずつ選び，記号で答えよ。

(1)　una corda　　(2)　arco　　(3)　sotto voce　　(4)　apoyando
(5)　thumbing　　(6)　rimshot

〔語群〕

ア．リコーダー　　イ．スネア・ドラム　　ウ．ギター　　エ．弦楽器
オ．声楽　　カ．ピアノ

〈北海道・札幌市〉

19 ★☆☆

次の記号は音楽用語の略語である。正式名称をそれぞれ原語で答えよ。

(1)　div.　　(2)　*f*　　(3)　b.c.　　(4)　M.M.　　(5)　cal.
(6)　m.s.　　(7)　anim.　　(8)　V.S.　　(9)　D.S.

〈新潟県〉

20 ★☆☆

次の楽譜は，W.A.モーツァルトが作曲したあるセレナードの一部分である。この楽譜について，各問いに答えよ。

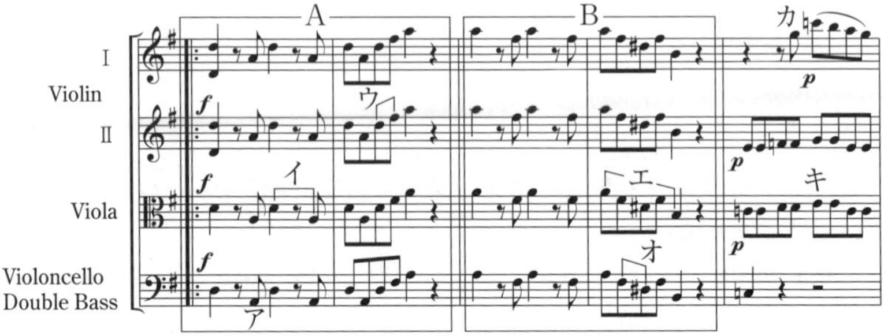

⑴　アの音名を日本語で答えよ。〔記入例　ハ〕

⑵　イ～オの音程のうち，不完全協和音程をすべて選び，記号で答えよ。

⑶　Aの部分（１～２小節）の和音がⅣ度の和音となる調を答えよ。

⑷　A・Bの部分のように，いくつかの声部が同じ旋律を演奏することを何というか，答えよ。

⑸　カの音を下属音とする長調の平行調を答えよ。

⑹　キの音を第６音とする旋律的短音階上行形を調号を用いずに低音部譜表に全音符で記せ。

〈栃木県〉

21 ★☆☆

次の各文に当てはまるものを，それぞれ①～⑤から１つ選び，番号で答えよ。

⑴　affettuoso という用語の意味。

①　悲しそうに　②　愛情をこめて　③　気品をもって
④　感傷的に　⑤　楽天的に

⑵　ritenuto という用語の意味。

①　そこから直ちに遅く　②　だんだんゆっくりと　③　だんだん小さく
④　決然と　⑤　音を保って

⑶　alla breve という用語の意味。

①　行進曲風に　②　イギリス風に　③　大胆に
④　速い２分の２拍子　⑤　だんだん速く

(4)　E♭音を基音（第1倍音）とした場合，第5倍音はどの音になるか。

① C　② B♭　③ A♭　④ E♭　⑤ G

(5)　古典的なソナタ形式において，第1主題がD durの場合，基本的に第2主題は何調になるか。

① d moll　② C dur　③ A dur　④ h moll　⑤ G dur

〈神奈川県・横浜市・川崎市〉

22 ★☆☆

次の楽譜(1)〜(9)について，各問いに答えよ。

(1)　この楽譜は教会旋法の1つである。教会旋法の名称を，次の①〜⑥から選び，番号で答えよ。

① フリギア旋法　② ミクソリディア旋法　③ リディア旋法

④ イオニア旋法　⑤ ドリア旋法　⑥ エオリア旋法

(2)　この5音が含まれる音階を，次の①〜⑥から選び，番号で答えよ。

① b moll 旋律的短音階上行形　② b moll 旋律的短音階下行形

③ b moll 和声的短音階　④ es moll 旋律的短音階上行形

⑤ es moll 旋律的短音階下行形　⑥ es moll 和声的短音階

(3)　この調号をもつ短調の調名を，次の①〜⑤から選び，番号で答えよ。

① as moll　② b moll　③ ces moll　④ des moll　⑤ es moll

(4)　この4つの和音は，長・短・減・増三和音が，どの順に組み合わされているか。次の①〜⑥から選び，番号で答えよ。

① 減・長・短・増　② 減・長・増・短　③ 短・長・減・増

④ 増・短・減・長　⑤ 長・短・減・増　⑥ 短・減・長・増

⑸　この音を主音とする長調の音階の第Ⅳ音を，次の①～⑤から選び，番号で答えよ。

①　Cis　　②　D　　③　E　　④　Fis　　⑤　Gis

⑹　この２音間の音程を，次の①～⑤から選び，番号で答えよ。

①　増５度　　②　増４度　　③　完全５度　　④　完全４度　　⑤　減４度

⑺　この音を音階の第Ⅶ音とする長調の調名を，次の①～⑤から選び，番号で答えよ。

①　Cis dur　　②　Dis dur　　③　Eis dur　　④　Fis dur　　⑤　Gis dur

⑻　この和音のコードネームを，次の①～⑤から選び，番号で答えよ。

①　D♭m7　　②　D♭m6　　③　D♭7　　④　D♭sus4　　⑤　D♭m7-5

⑼　この旋律の調性を，次の①～⑤から選び，番号で答えよ。

①　A dur　　②　D dur　　③　fis moll　　④　h moll　　⑤　e moll

〈愛知県〉

23 ★☆☆

次の各問いに答えよ。

⑴　次に示す音を属音とする長音階を，臨時記号によって高音部譜表上に書け。

⑵　次の旋律に拍子記号・小節線を記入せよ。

⑶　次の音を主音とした和声短音階を，調号を用いずに記せ。

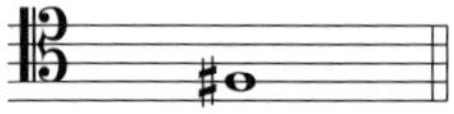

(4) 次の左の図は，C dur を主調に置いた場合の近親調と，それに準ずる調を示したものである。この図と相互関係が等しくなるように，右の図に調名を記せ。

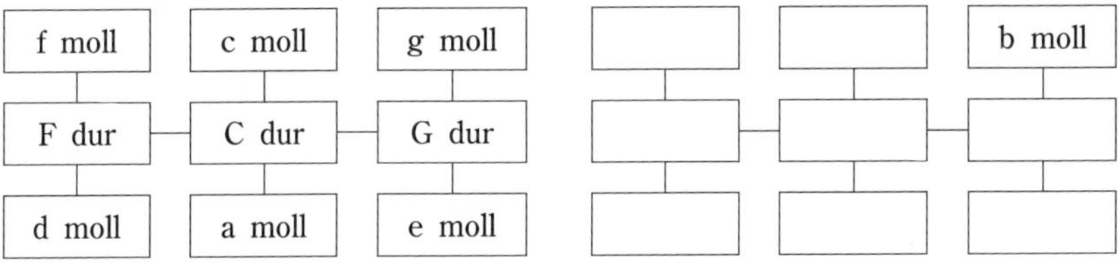

(5) 次の旋律の調性を答えよ。

(6) 次の音を第五音とし，増三和音，減三和音の原形を高音部譜表上に記せ。

(7) 次の旋律はある楽曲を調号を用いずに示したものである。調号を用いて短6度高く移調せよ。

(8) 次の各和音のコードネームを答えよ。

ア　イ

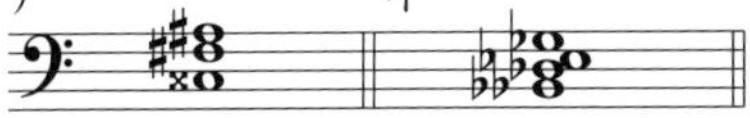

(9) 次の楽譜の上側には，その部分の調が記されている。この曲を全部奏すると，C dur，G dur，e moll の部分は，それぞれ何小節になるか，答えよ。

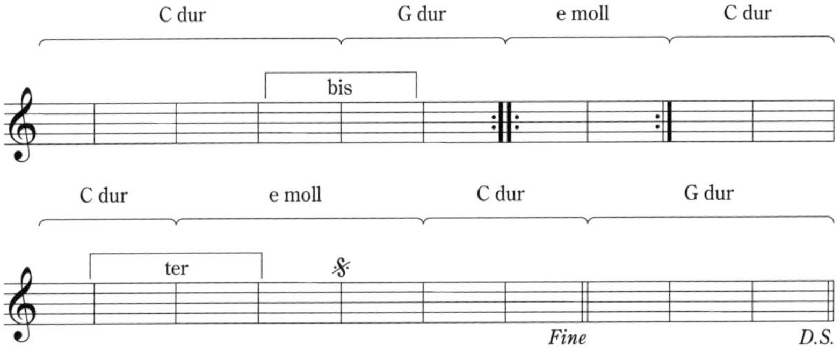

(10) 「威厳をもって・おごそかに」の意味を表す用語をイタリア語で答えよ。

〈愛知県〉

24 ★★☆

次の各問いに答えよ。

⑴　次の記号の意味と同じ意味をもつ別の用語をイタリア語で答えよ。

1．rusticana　　2．soave　　3．cantando

4．lamentoso　　5．con calore

⑵　次の楽譜はホルン（F）の演奏譜（実音ではない）である。これを次の1～4の楽器で全く同じ高さで演奏したい。それぞれの演奏譜を記せ。

1．アルト・サクソフォーン（Es）　　2．バス・クラリネット（B）

3．ピアノ　　4．ヴィオラ（ヴィオラ記号を使用）

⑶　次のコードネームは音符に，音符はコードネームに書き替えよ。

1．D♯m7　　2．F♯dim7　　3．C♯m7-5

4．　　5．　　6．

⑷　次の語句を説明せよ。

1．ソナタ形式　　2．グレゴリオ聖歌　　3．純正調

4．ポリフォニー　　5．ソルフェージュ

〈長野県〉

25 ★☆☆

次の楽譜について，各問いに答えよ。

Over the rainbow

(1) Aの部分で使われている非和声音の名称を答えよ。

(2) ア～ウに当てはまるコードネームを答えよ。

(3) Bの部分にふさわしい伴奏を，その1小節前に倣って書け。

〈岩手県〉

26 ★☆☆

次の楽曲について，各問いに答えよ。

(1)　トロンボーンⅠの一番高い音と，クラリネットの一番低い音との音程として適切なものを，次の①～④から１つ選び，番号で答えよ。

①　長７度　　②　重減７度　　③　重増７度　　④　減７度

(2)　アの部分のコードネームとして適切なものは，次の①～④から１つ選び，番号で答えよ。

①　F　　②　Dm　　③　E　　④　Am

⑶　イの部分のcon　sordinoについて正しく説明しているものを，次の①～④から１つ選び，番号で答えよ。

①　弱音器を付けて

②　弱音ペダルを用いないで

③　ペダルを離して

④　弱音器なしで

⑷　ウの部分の音符を見て，A管のクラリネットで演奏するとき，実音として適切なものを，次の①～④から１つ選び，番号で答えよ。

①

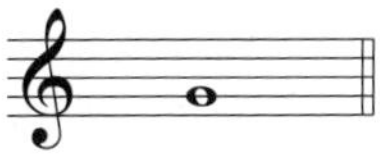

②

③

④

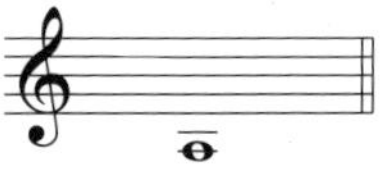

〈東京都〉

27 ★★☆

次の二対の用語の相違をそれぞれ説明せよ。

⑴　複合拍子と混合拍子　　⑵　多調と無調　　⑶　純正律と平均律

〈鳥取県〉

演習問題　解答・解説

1

（1）　短３度　　（2）　減７度
（3）　増５度　　（4）　重減５度
（5）　長２度　　（6）　長６度
（7）　減４度　　（8）　長３度
（9）　短２度　　（10）　増４度

2

（1）　⑤　　（2）　②
（3）　③

解 説

転回音程とは，単音程をなす２つの音の上下関係を入れ替えた音程のことである。
〈解き方の手順例〉

A式：９－原音程の度数＝転回音程の度数
B式：種別…完全⇔完全
長⇔短
増⇔減
重増⇔重減

（1）　上記A式より９－３度＝６度，B式より増→減。よって，増３度の転回音程は減６度となる。

3

・ロ長調（H dur）
・ロ短調（h moll）和声的短音階
・ロ短調（h moll）旋律的短音階上行形
・嬰ト短調（gis moll）自然的短音階
・嬰ト短調（gis moll）和声的短音階
・嬰ト短調（gis moll）旋律的短音階下行形

解 説

音群の調判定の方法には，和音がつくられる場合とつくられない場合がある。楽譜の音群は和音がつくられるため，最初にその和音を含む調をすべて書き出す。楽譜の音群でつくられる和音（Ais－Cis－E）が減三和音なので，この減三和音を含む６つの調を挙げる。

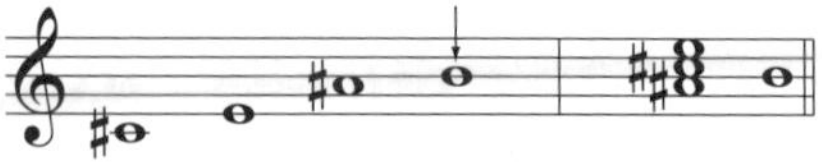

・ロ長調（H dur）
・ロ短調（h moll）和声的短音階
・ロ短調（h moll）旋律的短音階上行形
・嬰ト短調（gis moll）自然的短音階
・嬰ト短調（gis moll）和声的短音階
・嬰ト短調（gis moll）旋律的短音階下行形

次に，和音以外の音が上記で挙げた調に含まれるかを調べる。↓印のH音が上記で挙げたすべての調に含まれるため，最初に挙げた６つの調すべてが解答となる。

4

調：ヘ長調（F dur）
移調楽譜：

解 説

移調とは，曲の音程関係はそのままに他の調に移すことである。
〈移調の手順例〉

1．調号を変更する。
2．音符を移す。
3．臨時記号を付けなおす。

5

（1）　④　　（2）　⑤
（3）　④　　（4）　②

解 説

（3）　上中音とは，第３音のことである。通常は中音というが，第６音の下中音と区別するため，上中音とよぶこともある。

6

(1)　嬰ヘ長調　　(2)　ホ長調
(3)　変ホ短調　　(4)　嬰ハ長調

7

(1)　A．変イ長調
　　B．下属調
　　C．変ニ長調
　　D．ニ長調
(2)　E．完全５
　　F．増１
　　G．増４

解説

(2)　6．三全音とは，３つの全音からなる音程をいい，増４度（減５度）のことである。中世以来「音楽の悪魔」とよばれ，不協和音程の代表的なものとされてきた。

8

P. 62参照

9

(1)

(2)

(3)

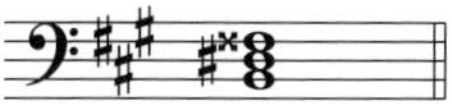

(4)

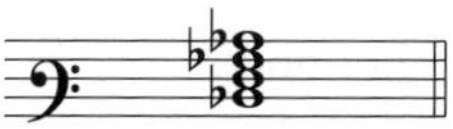

(5)

(6)

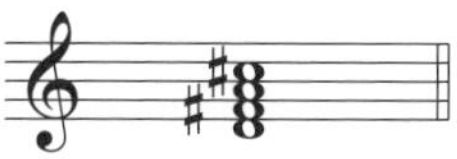

10

(1)

(2)

(3)

(4)

(5)

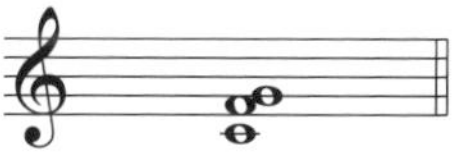

11

(1)　③　　(2)　③
(3)　⑤

12

(1)　Gaug
(2)　Em 6　(C♯m7 -5)
(3)　Fdim
(4)　　(5)　　(6)

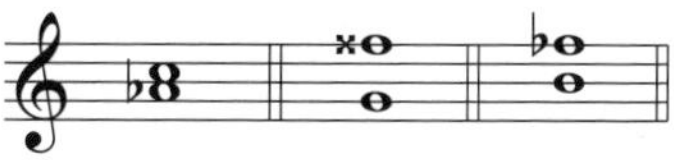

13

(1)　G　　(2)　D
(3)　B 7　　(4)　Em
(5)　C　　(6)　G
(7)　D 7

(8) 

14

(1) ア．倚音（変過音，転過音）

イ．経過音

(2) D7

解説

(1) 非和声音とは，和音の本来の構成音ではない装飾的な旋律で，一時的に不協和状態をおこす音のことである。非和声音の種類には，倚音（変過音，転過音），経過音，刺繍音，先取音，掛留音，逸音などがある。

(2) 借用和音とは，一時的に使用された他調の和音のことである。

15

速度及びその変化：①，⑥，⑦，⑩，⑮

曲想：②，⑧，⑭

解説

その他の音楽用語については次の通りである。

強弱を示す用語：③，⑨，⑪

奏法に関する用語：④，⑤，⑫，⑬

16

(1) 自由に　(2) 甘くやわらかに

(3) 表情豊かに　(4) 壮大に

(5) 軽く　(6) 荘厳に

(7) 少しずつ

(8) 前と同様に続けて

(9) 静かに，穏やかに

17

(1) 読み方：ストリンジェンド

意味：だんだんせきこんで（だんだん速く）

(2) 読み方：ラレンタンド

意味：だんだん遅く

(3) 読み方：テヌート

意味：その音の長さを十分に保って

(4) 読み方：ピッツィカート

意味：弦を指で弾く

18

(1) カ　(2) エ

(3) オ　(4) ウ

(5) ア　(6) イ

解説

(1) 「ピアノの弱音ペダルを用いて」を意味する。una（1）corda（弦）は，古い鍵盤楽器の構造上から生まれた言葉である。

(2) 「弓」を意味する。ヴァイオリンやヴィオラなどの弦楽器において，ピッツィカートなど弓を用いない奏法の後，再び弓を用いる指示である。

(3) 「静かにおさえた声で」を意味する。強弱を表す用語として，声楽の他に器楽曲にも用いられる。

(4) アポヤンドとは，ギターやベースにおいて，弦を指の腹で弾いた直後に次の弦の上で止める右手の奏法である。

(5) サミングとは，リコーダーにおいて，サムホール（裏穴）にわずかな隙間をつくることにより，高音を奏する運指である。

(6) リムショットとは，スネア・ドラムにおいて，スティックで太鼓のふち（rim）を叩く奏法である。

19

(1) divisi　(2) forte

(3) basso continuo

(4) Mälzel's Metronome

(5) calando　(6) mano sinistra

(7) animato　(8) volti subito

(9) Dal Segno

解説

(1)「分けて」を意味する。オーケストラの総譜などで，1つのパートをさらに分けて演奏する指示である。

(3)「通奏低音」を意味する。

(4) Mälzel's Metronomeの略語であり，メトロノームの速度を示す。

(6)「左手」を意味する。

(8)「急いでページをめくれ」を意味する。

20

(1) い

(2) ウ，オ

(3) A dur（イ長調）

(4) ユニゾン（unison）

(5) h moll（ロ短調）

(6)

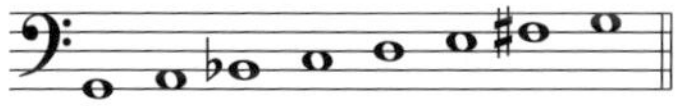

21

(1) ②　(2) ①

(3) ④　(4) ⑤

(5) ③

解説

(3) ¢の記号で示される拍子であり，現代では，2分の2拍子を意味する用語である。また，中世・ルネサンスの音楽においては，他の音符よりも音価の短い音符を示す名称として用いられた。alla breveが2拍子を指すようになったのは，中世後期である。

(4) 複合音（純音以外の音の総称）を構成する部分音（複合音を構成している純音）の中で，基音（最も振動数が少ない音）に対して整数倍の周波数の関係にある音を倍音という。

〈Cを基音とした倍音〉

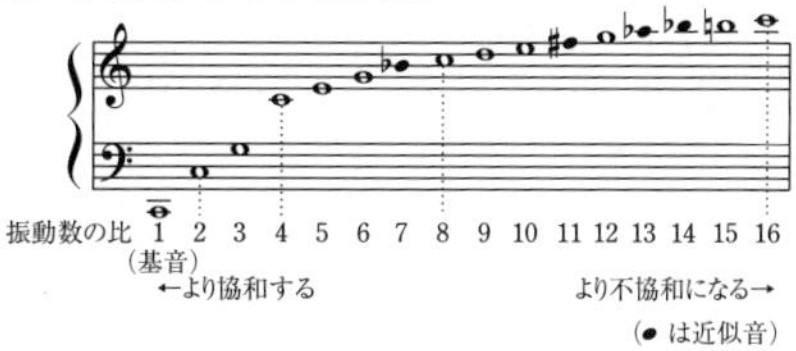

(5) ソナタ形式の提示部において，第2主題は，第1主題が長調であればその属調，短調であれば概ねその平行調が用いられる。

22

(1) ⑤　(2) ①

(3) ②　(4) ⑤

(5) ②　(6) ④

(7) ④　(8) ⑤

(9) ④

解説

(1) 教会旋法は，正格6種と変格6種の計12種ある。変格は，それぞれ対応する正格旋法の完全4度下から始まり，なおかつ終止音が同じ旋法である。

〈教会旋法の種類〉

ドリア旋法（正格第1旋法）

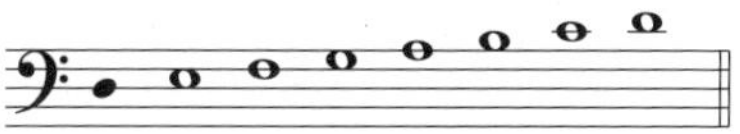

フリギア旋法（正格第2旋法）

リディア旋法（正格第3旋法）

ミクソリディア旋法（正格第4旋法）

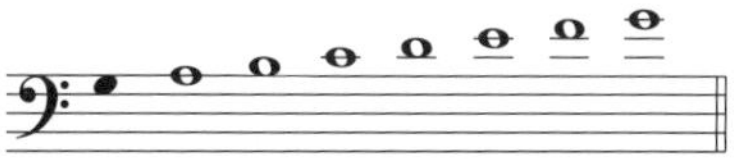

エオリア旋法（正格第5旋法）

イオニア旋法（正格第６旋法）

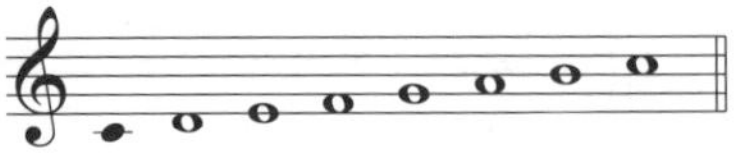

ヒポドリア旋法（変格第１旋法）

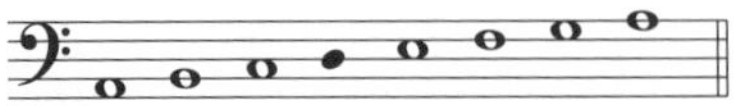

ヒポフリギア旋法（変格第２旋法）

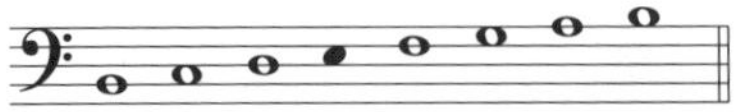

ヒポリディア旋法（変格第３旋法）

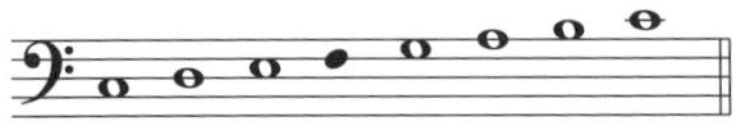

ヒポミクソリディア旋法(変格第４旋法)

ヒポエオリア旋法（変格第５旋法）

ヒポイオニア旋法（変格第６旋法）

（※●…終止音）

23

(1)

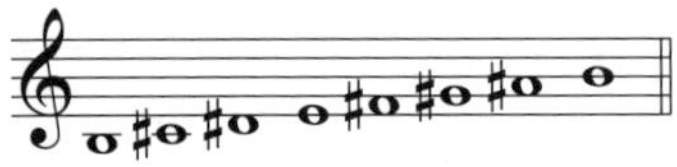

(2)　P. 62参照

(3)

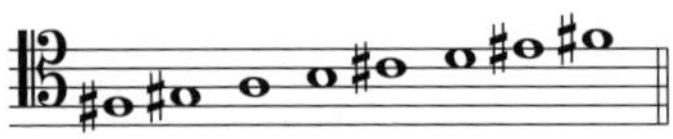

(4)

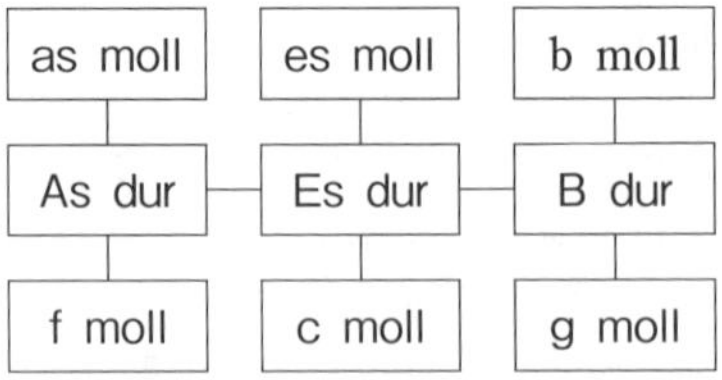

(5)　g moll

(6)　増三和音：

減三和音：

(7)　P. 62参照

(8)　ア．F♯ aug，または，F♯ +5

イ．E♭m 7 -5, または，G♭m 6

(9)　C dur ：20小節

G dur ：９小節

e moll：10小節

(10)　maestoso

24

(1)　1．pastorale

2．dolce，grazioso，con grazia，amabile　など

3．cantabile

4．dolente

5．con fuoco

(2)　P. 62参照

(3)　1．　2．　3．

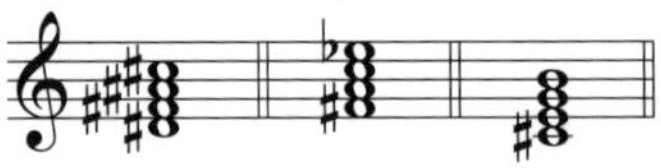

4．GM 7　5．Baug

6．A♭ 7 +5

(4)　1．普通２つの主要主題をもち，提示部，展開部，再現部の３つの部分からできている。

2．ローマ・カトリック教会の礼拝

の儀式に用いる無伴奏の単旋律聖歌。名称は，この聖歌を集大成して普及に貢献したといわれているグレゴリウス１世にちなんで名付けられたと伝承されている。

3．楽音間の音程関係を，数学的に正確に計算した音律のことで，純正律ともいう。

4．多声音楽。複数の独立した声部が対位法的手法によって構成される音楽形態。

5．母音，または，ドレミの階名を用いた歌唱練習及び音楽の総合的な基礎教育（聴音，視唱，楽典などに関わる様々な学習活動）を意味する。

解説

(1)　記号の意味はそれぞれ次の通りである。

1．田舎風に
2．やわらかに，愛らしく
3．歌うように
4．悲しく
5．熱をもって，熱心に

25

(1)　経過音

(2)　ア．Gm　　イ．E♭
ウ．F7

(3)

26

(1)　②　　(2)　③
(3)　①　　(4)　④

27

(1)　複合拍子は，単純拍子の各拍が３個の小単位からなるときにできる拍子。

混合拍子は，単純拍子の混合によりできる拍子で，５拍子，７拍子等が多く使われる。

(2)　多調は，異なった調を同時に使用すること。

無調は，「調をもたない」音楽をいう。

(3)　純正律は，濁りのない響きを，５度音程・４度音程の利用でつくり上げた音律。

平均律は，１オクターヴを12等分してつくり上げた音律で，転調には便利である。

8

g moll	d moll	a moll	e moll
G dur	D dur	A dur	E dur
e moll	h moll	fis moll	cis moll

23

(2)

(7)

24

(2)

1. 

2. 

3. 

4. 

3 音楽史

傾向と対策

中学・高校で取り扱われる指導内容や楽曲と結び付いた問題，鑑賞の問題との関連による出題が多い。

出題形式としては，空欄補充，選択問題，語句の説明，音楽史上における時代区分が大半を占める。

西洋音楽史・日本音楽史ともに音楽史全体の流れを確認し，各時代の特徴，その時代に活躍した代表的な作曲家や著名人物とその功績などについて，しっかり学習しておこう。

要点 Check!

1 西洋音楽史

➤ 古代の音楽

音楽の起源は定かではないが，文明の発祥とともに誕生したといわれている。古代に栄えた都市の遺跡から，楽器やそれらを演奏する人々の姿を描いた壁画などが発見されており，当時の音楽を推測することができる。

古代メソポタミア　紀元前3000年頃シュメール人による都市国家が栄え，大型の楽器が様々な機会に用いられていたことがわかっている。15弦のハープや巨大な太鼓などの発掘，それらを演奏する彫刻から当時の音楽をうかがい知ることができる。その後，新バビロニア王国（紀元前625～紀元前538年）の時代には，竪型ハープが代表的な弦楽器となり，このハープの類は，エジプト，ギリシア，日本へと広まっていった。

エジプト　古代王朝時代（紀元前2778～紀元前2160年）から新王朝時代（紀元前1580～紀元前1090年）を通じて音楽は宗教儀礼，饗宴，戦いの際に用いられていた。当時の演奏の様子や歌詞などが記録として残っており，木製トランペットやリードをもった縦笛が出土している。

古代ギリシア　「ミュージック」という言葉は，ギリシア語の「ムーシケー」に由来する。主に単旋律であった古代ギリシアの音楽は，演劇や舞踊，祭典や競技と一体になっていた。当時の代表的な楽器には，弦楽器のリラやキタラ，管楽器のアウロスがある。また，音楽劇の発達の他，ピュタゴラスによる音程と音律の理論の確立など，古代ギリシアにおける音楽理論の発達は，後世の西洋音楽に大きな影響を与えた。

●セイキロスの碑文

世界最古とされる楽譜。石柱に刻まれたもので，歌詞の上に音高やリズムが記されている。

●キタラとアウロス

キタラは竪琴で，真理と音楽を司るギリシアの神アポロンに，アウロスはオーボエのようなダブル・リードの管楽器で，官能や酒を司るギリシアの神ディオニュソスにささげられた。

●ピュタゴラスの音楽理論

ピュタゴラス派の音楽理論家は，オクターヴ，5度，4度の音程をつくり出す弦の長さが，それぞれ2対1，3対2，4対3の簡単な数比であることを発見した。この数比を宇宙の秩序と考え，この秩序こそが音楽の原理であるとみなした。

➤ 中世の音楽（5・6世紀頃～14世紀）

キリスト教を中心として教会音楽が発達した。単旋律の聖歌を基に多声音楽（ポリフォニー）が現れ，後半になると教会以外の世俗音楽も盛んになり，対位法も発達した。

グレゴリオ聖歌

キリスト教の普及とともに典礼様式が整い，その典礼文を歌う聖歌が生まれた。これらの聖歌はグレゴリオ聖歌とよばれ，それは，6世紀末，数多くつくられた聖歌の整理統合に貢献したとされる教皇グレゴリウス1世の名に由来するとされている。歌詞はラテン語で，基本的に8種の教会旋法を用いる単旋律で斉唱される。現存する最古のグレゴリオ聖歌は，9世紀頃にネウマ譜に書かれたものである。

オルガヌム

最も初期の多声音楽は，9世紀頃に見られる単旋律のグレゴリオ聖歌に，4度または5度の音程で平行に動く新たな声部を加えた平行オルガヌムである。これがノートルダム楽派，アルス・ノヴァの作曲家たちによって発達していった。

ノートル・ダム楽派

12世紀後半から13世紀にかけて，パリのノートル・ダム大聖堂を拠点に活躍した作曲家たち。オルガヌムをはじめとして多声音楽の発展に大きく貢献した。レオニヌス（レオナン），ペロティヌス（ペロタン）などが代表的である。

世俗音楽の興隆

十字軍の遠征などによって諸国間の往来が活発になり，民衆の間では，宗教音楽に対し，自由な感情を歌にした世俗音楽が，吟遊詩人によって歌われるようになった。吟遊詩人とは，12世紀初めの南フランスに現れたトルバドゥール，12世紀末の北フランスに現れたトルヴェール，12世紀のドイツに現れたミンネゼンガーとよばれる騎士階級を中心とした歌人たちをさす。騎士階級の没落に伴い，14世紀には市民階級のマイスタージンガーが活躍するようになった。

記譜法の発達

歌詞の上に記号を付して，音の高低を表すネウマ譜という楽譜が考え出された。13世紀には，音の高低だけでなく，長さを正確に表すことのできる定量記譜法が生まれた。

アルス・ノヴァ

「新しい技法」という意味で，14世紀フランスに生まれた新しい傾向の音楽をさす。ヴィトリやマショーに代表され，教会音楽の他，生き生きとした世俗合唱曲を数多く生み出した。

▶ ルネサンスの音楽（15世紀～16世紀）

ルネサンス（文芸復興）は，14世紀にイタリアでおこり，ヨーロッパ諸国へ広がった。音楽では，15世紀頃からルネサンスの影響がみられ，高度に発達した多声音楽の技法に加え，和音の響きにも関心が向けられた。また，16世紀の宗教改革によって教会音楽の受けた影響も大きい。

フランドル楽派

15世紀から16世紀後半にかけて，イタリアやフランスで活躍したフランドル地方（現在の北フランスから南オランダ一帯）出身の音楽家の一派。オケゲム，ジョスカン・デプレなどが代表的で，均整のとれたルネサンスの音楽様式の完成に貢献した。

ローマ楽派

16世紀にローマで活躍した楽派。代表的な作曲家であるパレストリーナが，対位法と和声法を結び付けた音楽を生み出した。

ヴェネツィア楽派

16世紀後半から17世紀初めにかけて，ヴェネツィアを拠点に活躍した音楽家たち。代表的な作曲家であるG.ガブリエーリが，二重合唱の技法や器楽曲の発展などによって，後のバロック時代に大きな影響を与えた。

印刷楽譜の出版

1501年にヴェネツィアでペトルッチが最初の印刷楽譜を出版して以降，出版活動が盛んになり，音楽の普及範囲が広がっていくことになった。

宗教改革と反宗教改革の音楽

16世紀におこった宗教改革は，音楽にも大きな影響を与えた。ドイツでは，宗教改革を行ったルターが，プロテスタント教会の礼拝用音楽として，コラールをつくった。イタリアでは，反宗教改革派のパレストリーナが，カトリック教会の音楽を理想の形にしようと試み，均整のとれた多声音楽の様式による美しい響きをもつ音楽をつくった。

●コラール

宗教改革による礼拝改革において，礼拝に参加した人が誰でも歌えるようにつくられた賛美歌。新約聖書をドイツ語に訳し，グレゴリオ聖歌や世俗歌曲などの旋律を最上部に置いた簡単な4声体でつくられている。

器楽の発達

ヴィオラ・ダ・ガンバ，リコーダー，リュート，ヴァージナルなどの楽器が用いられ，また，足鍵盤付きの大きなオルガンも，ドイツを中心につくられた。楽曲は，多声音楽の声楽曲を器楽に編曲したり，その様式によるオリジナル曲がつくられ，リチェルカーレ，カンツォーナなどの様式が，フーガや教会ソナタへと熟成していくことになった。

●リュート

アラビアのウードという撥弦楽器に由来し，北アフリカを経て中世ヨーロッパに伝わったとされる。多声音楽の演奏に適していたため，リュートのための名曲が多数つくられるようになった。ルネサンス期には，ヨーロッパのほぼ全域に普及し，家庭音楽の花形楽器として，舞曲や歌曲の伴奏にも用いられた。

●ヴァージナル

チェンバロの一種で箱型の外観をもつ楽器。16世紀にイギリスで流行し，ヴァージナル用の独奏曲が多くつくられた。

▶ バロックの音楽（17世紀～18世紀中頃）

バロック時代の音楽は，教会音楽に加え，絶対王政における君主の保護下で劇場音楽や室内音楽が発達した。そのため，ルネサンスの音楽の特徴である静的な美しさに対して，豊かな感情表現や音量の対比など劇的な表現が特徴である。モノディー様式が広がり，伝統的な対位法も用いられ，17世紀には長調・短調の調性組織が確立された。バロックとは，「いびつな真珠」を表すポルトガル語のBarrocoに由来し，均整美を追求したルネサンス期の芸術観からの逸脱を意味する。

オペラの誕生　16世紀末にイタリアのフィレンツェで行われたギリシア悲劇の研究と復活上演がきっかけになり，オペラが誕生した。イタリアのオペラは，ヴェネツィア楽派のモンテヴェルディによる初期のオペラ興隆への多大な貢献と，ナポリ楽派のA. スカルラッティによるアリアの充実と序曲の形式確立を経て発展した。フランスにおけるオペラは，リュリがその形をつくり上げ，ラモーがそれをさらに発展させた。

●オペラ

独唱・重唱・合唱と管弦楽を中心に，文芸的要素，舞台の美術的要素，舞踊的要素，演劇的要素などを総合し構成される舞台芸術。

オラトリオ　宗教的な題材による大規模な叙事的楽曲。声楽（独唱，重唱，合唱）と管弦楽からなる。

パッション（受難曲）　新約聖書の福音書に記されたキリストの受難の部分を題材にした楽曲。

カンタータ　複数の楽章からなる声楽曲（独唱，重唱，合唱）で，器楽伴奏を伴って演奏される。世俗的な作品も教会の礼拝用の作品もある。

モノディー　ルネサンス期の多声音楽の反動として，イタリアで生まれた伴奏付の単旋律の歌曲。代表作にカッチーニの「アマリッリ」がある。

器楽の発達　チェンバロやオルガンの改良，ヴァイオリン属の完成によって器楽が発達し，ソナタ，組曲，協奏曲など，器楽独自の形式が生まれた。

通奏低音　合奏音楽において，バスの旋律と補充すべき和音を数字で示す独特の略記法，あるいはそうした低音声部のこと。チェンバロやリュートなどが和音を受けもち，チェロやファゴットなどが低音声部を補強する。

独奏ソナタ　一つの独奏楽器と通奏低音による室内楽曲。

トリオ・ソナタ　二つの独奏楽器と通奏低音による室内楽曲。

組曲　舞曲楽章で構成された曲集。

●古典組曲の基本的な楽章構成

曲順	舞曲名	拍子	音楽の特徴
1	**アルマンド**	4拍子	ドイツ起源の穏やかな舞曲。弱起で始まる。
2	**クーラント**	3拍子	フランス起源の急速な舞曲。
3	**サラバンド**	3拍子	スペイン起源（？）の穏やかな舞曲。
4	**ジーグ**	6拍子	イギリス起源の急速な舞曲。

サラバンドに続いて，ブレー，ガヴォット，メヌエットなどの舞曲や，エールのような叙情的緩徐楽章が入ることもある。

ブレー：2拍子。フランス起源の急速な舞曲。

ガヴォット：2拍子。フランス起源の中ぐらいの速さの舞曲。

メヌエット：3拍子。フランス起源の中ぐらいの速さの舞曲。

合奏協奏曲
（コンチェルト・グロッソ）
大きい編成（合奏群）と小さい編成（独奏群）による，音量の対比を特色とする協奏曲。楽章構成は，〔緩－急－緩－急〕の4楽章を基礎としたものと，組曲によるものとの2種がある。**コレッリ**によって形式が確立された。

独奏協奏曲
（ソロ・コンチェルト）
独奏と合奏の対比が行われる協奏曲。〔急－緩－急〕の3楽章からなり，第1楽章と第3楽章にはリトルネッロ形式が用いられた。ヴィヴァルディによって完成され，古典派以降の協奏曲の基礎となった。

調性の確立　通奏低音の普及に伴う**和声音楽（ホモフォニー）**の発展によって，バロック後期には調性組織が確立された。主流となった長調と短調の2種類の音階では，主音に対する属音や下属音の関係が重視され，それによって主要三和音（主和音，属和音，下属和音）がそれぞれ機能を果たすことになった。グレゴリオ聖歌やそれまでの多声音楽などで用いられていた教会旋法に代わるものとなった調性は，20世紀に入り，調性を否定した作品がつくられるまで，西洋音楽の大切な基盤となった。

J．S.バッハとヘンデル　バロック音楽の時代の終わり頃には，Ｊ．Ｓ．バッハがドイツで活躍し，様々な教会音楽や鍵盤楽器のための作品を作曲した。また，Ｊ．Ｓ．バッハと同じ年に同じドイツで生まれたヘンデルは，後にイギリスに渡り，「メサイア」などのオラトリオを作曲して大成功をおさめた。

▶　古典派の音楽（18世紀中頃～19世紀初頭）

18世紀に芽生えた啓蒙思想により，ヨーロッパは絶対主義から近代市民社会へと移行し始めた。合理的・理性的なものを尊ぶ啓蒙主義の影響から，古典派の音楽は調和・均整のとれた形式美を理想とした。また，主要な様式が多声音楽から和声音楽（ホモフォニー）へと発展した。

前古典派　18世紀初頭頃から18世紀末頃にかけて，ウィーン古典派を準備した前段階の時期をさす。この時期の代表的な音楽家は，ハイドン，モーツァルト，ベートーヴェンに多大な影響を与えたC. P. E. バッハ，モーツァルトに華麗な様式を伝えたJ. C. バッハ，管弦楽の響きを豊かにしたマンハイム楽派の作曲家シュターミツ親子である。

マンハイム楽派　ドイツ中部のマンハイムの宮廷に集まっていた音楽家たち。４楽章構成の近代的な交響曲の形の確立など，大きな功績を残した。

ウィーン古典派　18世紀後半から19世紀初頭にかけて，ウィーンを中心に活躍した古典派の音楽家の総称。代表的作曲家はハイドン，モーツァルト，ベートーヴェンである。

ナポリ楽派　18世紀にナポリを中心として主にオペラにおいて活躍した音楽家たちをさす。

ソナタ形式　主題提示部・展開部・再現部からなる形式で，この前後に序奏・結尾部（コーダ）が付くこともある。古典派時代に確立され，独奏曲のためのソナタ，室内楽曲，交響曲，協奏曲など多くの器楽曲が，ソナタ形式を用いてつくられた。

交響曲

ソナタのうち，管弦楽で演奏される代表的な楽曲。古典派の音楽で最も発達したジャンルで，多くは4楽章からなり，一般的なスタイルとして第1楽章にソナタ形式，第2楽章に緩徐楽章，第3楽章にメヌエット，または，スケルツォ，第4楽章にロンド形式やソナタ形式を置く。

オペラの改革

18世紀のイタリア・オペラは，オペラ・セリア，オペラ・ブッファが主流となる。18世紀後半には，オーストリアの作曲家グルックが，劇と音楽の統一を図り，オペラの芸術性を高めた。また，モーツァルトは，ドイツ音楽の要素を強く打ち出した作品をつくり，後のヴェーバーの先駆となった。

●オペラ・セリア

17世紀末から19世紀初頭までのオペラ誕生以来の正統的な悲劇的イタリア・オペラの総称。古代ギリシア神話や伝説的英雄などが題材に用いられる。独唱を重視し，レチタティーヴォとアリアの交代で構成され，多くは3幕構成である。18世紀中頃からは，ドラマと人物描写を重視する立場から様々な改革が試みられた。代表作にモーツァルトの「皇帝ティートの慈悲」などがある。

●オペラ・ブッファ

18世紀から19世紀初頭に誕生した喜劇的イタリア・オペラの総称。オペラ・セリアに対し，喜劇的な内容をもち，庶民生活などを題材に用いられる。語りと対話にレチタティーヴォ・セッコが用いられ，複数の幕をもつ。代表作にモーツァルトの「フィガロの結婚」などがある。

●オペラ・コミック

18世紀に成立したフランス・オペラの様式の一つ。当初は喜歌劇であったが，後に悲劇もつくられるようになった。語りと対話，クープレ，アリエット，重唱で構成されるフランス音楽劇として定着した。19世紀初頭には，レチタティーヴォの代わりに語りと対話を用いるフランス風オペラの総称となる。代表作にビゼーの「カルメン」などがある。

●ジングシュピール

19世紀後半から発達した喜劇的内容をもつ民衆的なドイツ・オペラ。ドイツ語を用い，音楽の間に挟まれたセリフによって劇を進行させるのを特徴とする。代表作にモーツァルトの「魔笛」などがある。

ピアノの誕生　音楽様式の変化に伴って，チェンバロなどによる通奏低音の演奏習慣は次第になくなり，より豊かな音量を得られるピアノが鍵盤楽器の中心となった。1709年に，イタリアの鍵盤楽器製作者，設計者のクリストフォリが，チェンバロを基にピアノ（有鍵打弦楽器）を発明した。

古典派の管弦楽　フルート，オーボエ，クラリネット，ファゴットを各2本ずつ用いた2管編成は，ハイドンによって定型とされるようになった。

▶ ロマン派の音楽（19世紀初頭～後半）

19世紀初頭，理性偏重の啓蒙主義に対する反動から，理性よりも感情を重んじ，幻想的・空想的なものを求め，個性を尊重するロマン主義の風潮がおこった。ロマン主義の傾向は，文学に現れた後に音楽もその影響を大きく受けるようになり，ロマン派の音楽は，文学や他の芸術と結び付いて多彩な表現力をもつようになった。

ドイツ・リート　中世のミンネゼンガーの歌や，古典派以降のピアノ伴奏付きドイツ歌曲を指す。詩と旋律との関連が緊密になり，ピアノの伴奏は詩の内容や背景を表現する。シューベルトによって確立され，シューマンに受け継がれ，ブラームスなどにより発展した。

標題音楽　文学的・絵画的内容を標題にもつ器楽曲。

●交響詩

19世紀中頃に誕生した管弦楽による標題音楽。多くは単一楽章であり，文学的・絵画的な内容を表現する。リストが創始確立した。

●キャラクター・ピース（性格的小品）

主にピアノのために書かれた小品。ロマン派時代には，内面性を表出する楽器としてピアノが特に好まれ，ある一つの雰囲気や情景をよび起こすような標題の付けられた比較的小規模な作品であるキャラクター・ピースが流行した。メンデルスゾーンの「無言歌」，シューベルトの「即興曲」や「楽興の時」が代表的である。他に，シューマンは「子供の情景」や「謝肉祭」など数多くの作品を残し，ショパンは情緒的で民族的なリズム，新しい手法の導入，色彩的な和声法など，他の追随を許さない特色をもつ表現様式を展開した。

●ヴィルトゥオーソ

ヴァイオリニストのパガニーニやピアニストのショパンなど，超絶技巧を誇る演奏家。作曲家のリストも，当時最高のピアニストとして，サロンやコンサートで活躍していた。ヴィルトゥオーソの出現によって，演奏家の卓越した技巧を聴くための演奏会が開催されるようになり，楽器の改良が進んだ。

楽器の改良

工業技術の発達やロマン派の音楽表現の要求を受けて，楽器の改良が進んだ。木製であったピアノのフレームには鉄骨が使用されるようになり，音量が増大した。金管楽器は，ヴァルブ装置の開発により部分的に異なった長さの管へ迂回させることが可能になり，半音階の演奏が容易にできるようになった。また，木管楽器には，キーが取り付けられ，運指の合理化と音程の安定が図られた。

オペラの興隆

バロック時代以来発展を続けてきたオペラは，ロマン派時代に入って一層さかんになり，感情の劇的な表現などが見られるようになった。イタリアでは，ロッシーニが歌手の技術本位なイタリア・オペラの欠点を改め，イタリア・オペラに新風を吹き込み，ヴェルディが伝統的なイタリア・オペラを劇的表現力に富んだオペラへと発展させた。また，マスカーニやプッチーニらは，現実を写実的に描いたヴェリズモ・オペラとよばれる作品もつくった。フランスやウィーンでは，オペレッタが流行した。ドイツでは，ヴェーバーがロマン主義オペラを誕生させ，ワーグナーは楽劇を創始した。

●ヴェリズモ・オペラ

19世紀後半のイタリアにみられる写実主義，現実主義ともよばれるオペラ。現実から遊離したロマン主義への不満から生まれ，庶民の生活や社会問題などを題材とし，現実をありのままに描くことを目的としている。代表作にマスカーニの「カヴァレリア・ルスティカーナ」，レオンカヴァッロの「道化師」，プッチーニの「ボエム」や「トスカ」などがある。イタリア音楽のもつ伝統的な美しい旋律と迫真の劇進行，情景や動作などを音楽と密接に融合させている。

●オペレッタ

オペラ・ブッファやオペラ・コミックの影響を受けて生まれた喜劇的オペラ。小規模なオペラを意味していたが，19世紀に入り，歌や踊りを伴う娯楽的内容のオペラを指すようになった。19世紀中頃にはアメリカにも普及し，ミュージカルの基礎ともなった。代表作にレハールの「メリー・ウィドウ」などがある。

●楽劇

ワーグナーが用いた用語で，音楽と舞踊と詩の総合を理想として創造した総合芸術作品。代表作に「トリスタンとイゾルデ」などがある。

楽曲の統一技法

●固定楽想（イデー・フィクス）

特定のイメージと結び付けられた楽想。標題音楽を創作したベルリオーズが「幻想交響曲」の中心的楽想に対して与えた名称で，後のライトモティーフの原型である。

●ライトモティーフ（示導動機）

人物・場面・想念などを表現する特定の旋律。場面の性格に応じて変形して用い，劇の進行，状態や内容を暗示する。ワーグナーの後期の楽劇に対して用いられて一般化した。

●循環形式

1つまたはいくつかの限られた主題によって全曲を構成する技法。代表的な作品は，フランクの「ヴァイオリン・ソナタ」である。

国民楽派と民族主義

ロシアの五人組（ムソルグスキー，ボロディン，バラキレフ，キュイ，リムスキー・コルサコフ），チェコのスメタナ，ドボルザーク，フィンランドのシベリウス，ノルウェーのグリーグらが国民楽派の代表的作曲家である。民謡や民族舞曲に音楽的着想を得て，民族の伝説や風土，歴史を素材とする作品をつくった。作品の技法上はロマン派に属するが，音楽の民族性が強いゆえに国民楽派とよばれる。

また，同時期に活躍したチャイコフスキーの音楽には，祖国ロシアの民謡を素材としたものなど，魅力的な旋律が豊富に用いられている。しかし，作風は五人組らによる民族主義的なものではなく，ロマン派的であった。

管弦楽の大規模化

楽器の改良や演奏技術の著しい進歩により，作曲家は多彩な管弦楽法を駆使して大編成の管弦楽作品をつくるようになった。マーラーの交響曲第８番（「一千人の交響曲」の名をもつ）は，５管編成（木管楽器各５本ずつ用いる）の管弦楽に，各種打楽器，チェレスタ，ハープ，ピアノ，ハーモニウム，パイプオルガン，マンドリンが加わる他，客席にトランペット４本とトロンボーン３本，８人の独唱者，児童合唱，２組の混声合唱を必要とする作品である。

➤ 20世紀の音楽

音楽史における20世紀は，これまでにみられない複雑な芸術上の理想や美学的な主張が混在する。従来の音楽の伝統が崩壊した新たな技法や様式が探求された。

第１次世界大戦前

近代の音楽とよばれるこの時期には，フランスで象徴派詩人や印象派の画家との結び付きをもった作曲家たちが活躍した。サン・サーンスは国民音楽協会を設立し，フランス近代音楽の基礎を築いた。フォーレは知的で洗練された世界をくり広げ，その特性はドビュッシーやラヴェルらの音楽に引き継がれた。印象主義とよばれたドビュッシーは，過度の感情表現を嫌い，瞬間に息づく自然の印象を直感でとらえ，暗示的に表現することを目指していたが，この姿勢はワーグナーの音楽に対する反発から生まれてきたともいえる。

印象主義

フランスの印象主義絵画や象徴主義の詩人，東洋のガムラン音楽やムソルグスキーの作品などから影響を受けたドビュッシーが，色彩としての音の運動こそが純粋な音楽美の世界として，調性による和音を捨て個々の和音を独立した音響として用いて印象主義の音楽を確立した。

原始主義

エネルギッシュで強烈な表現力をもつ音楽であり，ロシアのストラヴィンスキーやハンガリーのバルトークらは，民俗的な題材を用いて，原始的で激しいリズムと不協和音などを特徴とする音楽をつくり出した。

第１次世界大戦，第２次世界大戦中

新古典主義

反ロマン主義，反印象主義として，形式感の明確性や半音階の多用などが特徴である。新古典主義という明確な理念の下に活動したのは、プーランクやミヨーをはじめとするフランスの六人組である。

表現主義

激しい内面的な感情を表す表現主義の音楽では，オーストリアのシェーンベルクらにより，従来の調性や形式が解体され，無調的傾向が推し進められた。

●十二音音楽

十二音技法（オクターヴに含まれる12の半音すべてを均等に扱い，無調を組織化する技法）による音楽の総称。十二音技法はシェーンベルクにより考案された。

第２次世界大戦後

前衛音楽

●ミュジック・セリエル

セリー（音高，強弱，音色，音価などの要素の一定の配列）が構築的に構成された音楽。ブーレーズにより展開された。

●ミュジック・コンクレート（具体音楽）

フランスの音響技師シェフェールが創始したテープ音楽。外界の様々な音をテープに録音し，変質，合成して音楽を作品に仕上げる。

●電子音楽

電気的な発振音に様々な変調を加えて作るテープ音楽。シュトックハウゼンを中心に展開された。

●トーン・クラスター

２度以下の音程でぶつかり合う多量の音によって特定の音域内を埋め尽くした響き，及びこれを用いた技法。初期にはカウエルのピアノ曲などにみられるが，1960年前後からリゲティ，ペンデレツキによって管弦楽に適用された後，急速に普及した。20世紀後半において最も重要な技法の一つである。

新旋法音楽

●ミニマル・ミュージック

ミニマルは，「最小の，極小の」の意味。1960年代に入って，グラス，ライヒらによって創始された。十二音音楽の複雑さや，美学的に概念が先行する偶然性の音楽に対する反発から生まれた。最小限のモティー

フ（動機）を用いて，限られた響きの中でそれを延々とくり返すことでその位相の変化の妙，反復するリズムのもつ効果などをつくり出した。

推計音楽

●ミュジック・ストカスティック

確率計算によって音の動きを制御する技法。ギリシアの作曲家クセナキスは，持続，速度，強度，ピッチの間隔の決定や，無数の音楽的事象がおこる状態の創出にこの技法を用いた。

多様式主義

ロシア生まれの作曲家シュニトケの，電子音楽を試みたり，マーラーからタンゴまですべての音楽に素材を求める多様式の美学。代表作にバロック音楽と微小音程などを用いたものなどがある。

実験音楽

●偶然性・不確定性の音楽

演奏の場での偶然にまかせたり，不確定な要素を残すなど，従来の音楽観を根本から履するような作品であり，アメリカの作曲家ジョン・ケージたちによって生み出された。ジョン・ケージは，グランドピアノの弦に，ゴム，金属，水などを挟んだり乗せたりして，音色を打楽器的な響きに変えたプリペアド・ピアノを発明した。

2 日本音楽史

▶ 原始日本の音楽（～古墳時代前半）

埴輪や『古事記』，『日本書紀』などの資料によると，古代国家が成立する前には，コト（小型和琴《わごん》）やフエ（土笛，石笛），ツヅミ（丸胴の太鼓）などの楽器や農耕生活と関係の深い歌・踊りがさかんだったと推察される。

▶ 古墳・飛鳥・奈良時代の音楽（5世紀～8世紀）

日本固有の音楽に加え，アジア大陸各地から様々な音楽が伝来した。朝鮮半島からは伎楽《ぎがく》や三韓楽《さんかんがく》（百済楽《くだらがく》，新羅楽《しらぎがく》，高句麗楽《こうくりがく》）が伝来した。中国（唐）からは唐楽《とうがく》，林邑楽《りんゆうがく》，渤海楽《ぼっかいがく》，仏教音楽の声明《しょうみょう》，曲芸や手品の歌舞戯である散楽《さんがく》が伝来した。

雅楽寮

外来音楽と古代日本における音楽や舞踊をつかさどる役所として設置された。大宝律令制定時（701年）には存在していた。

▶ 平安時代の音楽（9～12世紀）

貴族文化の中，外来音楽は整理統合され，日本的な感覚に合わせて消化吸収されていった。宮廷や寺社の雅楽は，左方《さほう》（唐楽など）と右方《うほう》（高麗楽《こまがく》など）に大別され，雅楽寮も楽所《がくそ》に改編された。この他に，新しい声楽として民謡などを芸術化した催馬楽《さいばら》，漢詩を日本語読みにして歌う朗詠《ろうえい》，即興的愛唱歌ともいえる今様《いまよう》なども流行した。また，声明では真言声明と天台声明が発展し，以降，声明の二大系統となった。さらに，外来の梵讃《ぼんさん》・漢讃《かんさん》の日本化が進められた他，日本語による和讃《わさん》，漢文体の講式《こうしき》も誕生し，声明は，後の平曲《へいきょく》や能楽の謡《うたい》などに影響を与えた。

▶ 鎌倉・室町・安土桃山時代の音楽（13～16世紀）

貴族社会の衰退とともに雅楽も衰え，武家階級が勢力をもち，日本独自の音楽様式が生まれてきた。台頭してきた武家の文化として能楽などが花開いた。

平曲 （平家琵琶）	「平家物語」を琵琶の伴奏で語る音楽。室町幕府の保護により発展した。
能楽	能と狂言からなる歌舞芸能。田楽や猿楽を母体に発展し，室町時代に観阿弥《かんあみ》・世阿弥《ぜあみ》父子により演劇・舞踊・音楽を融合した総合芸術として大成された。 ●風姿花伝 世阿弥が著した芸術論集。
楽器	室町時代から安土桃山時代にかけて筑紫箏《つくしごと》が生まれた。室町末期に中国の三弦《さんしぇん》が沖縄の三線《さんしん》を経て本土に伝来し三味線となった。

▶ 江戸時代の音楽（17～19世紀）

長い鎖国により外国との交流が途絶えたため，日本独特の文化が醸成された。雅楽は朝廷（公家）の音楽として，能楽は幕府（武家）の式楽として定着した。

三味線音楽	人形浄瑠璃（文楽）や歌舞伎の発達とともに各種の三味線音楽が隆盛した。三味線音楽には，歌い物（音楽面を重視）と語り物（物語的内容や言葉を重視）があり，棹の太さや大きさも様々な三味線が用いられる。歌い物には，地歌《じうた》，長唄（歌舞伎舞踊の伴奏音楽）などがある。語り物の浄瑠璃には，人形芝居と結び付いて竹本義太夫によって大成された義太夫節や，常磐津節《ときわずぶし》，清元節などがある。
箏曲	八橋検校《やつはしけんぎょう》により確立され，後に生田流と山田流が生まれた。

尺八音楽
禅宗の一派である普化《ふけ》宗の虚無僧《こむそう》専用の宗教音楽として普及した。

▶ 明治時代から現代の音楽（19世紀～）

明治の文明開化とともに，西洋音楽が輸入され伝統音楽にも大きな変化がおこった。また，学制の発布に伴い音楽取調掛《おんがくとりしらべがかり》が設置され，今日の音楽教育の基礎が築かれた。文部省唱歌には東西二洋の音楽を折衷した新曲や，外国曲の歌詞を日本語に訳した歌曲などがあり，その中には現在も愛唱歌として歌われているものがある。こうした動きの中で，従来の伝統音楽は，階級制度の廃止や社会の新しい動きとともに，新曲の創作や新しい調弦法の考案，記譜法の工夫や楽譜の五線譜化などが試みられた。

音楽取調掛
1879（明治12）年に設置された日本初の官立の音楽研究機関（現東京芸術大学音楽学部）。

新日本音楽
大正時代に始まる箏曲家宮城道雄を中心とした，新しい音楽活動及び作品のこと。

近代・現代日本の音楽
滝廉太郎たちによって明治時代に始められた日本語による芸術歌曲の創作は，山田耕筰たちによって受け継がれた。山田耕筰は，日本語を生かした歌曲を数多く作曲した他，日本初の交響楽団の設立にも力を注いだ。また，1930年代には，伊福部昭や早坂文雄のように，西洋音楽に学ぶだけでなく，日本独自の作品をという意識から，民族主義的な管弦楽曲が多くつくられた。続いて，滝廉太郎や山田耕筰に次ぐ世代として，團伊玖磨は，管弦楽曲やオペラといった大作において西洋音楽の手法に習熟した作品を残した。また，芥川也寸志は，西欧の作品を範とする傾向のあった日本の作曲家にあって，西欧よりもストラヴィンスキーやプロコフィエフなど近代ロシアの作曲家に共感した作品を発表した。第２次世界大戦後は，日本の作曲家の作品が海外で認められるようになった他，欧米の前衛音楽の様々な技法が導入された。武満徹の作品である映画『怪談』の音楽は，竹を割る音や尺八の音を録音して電子的に加工したテープ音楽である。一方で，伝統音楽においては民謡・民俗芸能が広く愛好され，古典の伝承とともに，現代感覚を取り入れた新しい創作が活発になっている。日本民謡の掛け声を用いた間宮芳生の「合唱のためのコンポジション第１番」や，お寺の梵鐘の響きを管弦楽で表し，僧侶たちの読経を男声合唱で表した**黛敏郎**の『涅槃交響曲』，琵琶と尺八と管弦楽のための作品として**武満徹**の「ノヴェンバー・ステップス」などがつくられた。

例題1　西洋音楽の歴史と特徴

次の文1～8について，各問いに答えよ。

1．人間性の復活を求めて新しい音楽が民衆の間にも生まれた。多声音楽が発達し五線譜が完成した。

2．新しい響きの印象派の音楽や，十二音音楽や電子音楽など，いろいろな音楽が生まれている。

3．宮廷音楽が盛んになった。器楽が発達し，多声音楽が完成された。

4．人間の思想や感情を自由に表現しようと個性豊かな音楽がつくられた。

5．キリスト教の教会音楽が盛んになった。6世紀末にはグレゴリウス1世がグレゴリオ聖歌を定めた。

6．祭・儀式・呪術の行事などで音楽が演奏されていた。ギリシアでは音楽理論が開発された。

7．管弦楽が発展し，和声音楽が盛んになった。形式美が重視された。

8．自国の民謡や舞曲をもとに民族的な音楽がつくられた。東欧や北欧などで盛んであった。

(1)　文1～8は，音楽における各時代の特徴をまとめた文である。適切なものを次の語群ア～クから選び，記号で答えよ。

〔語群〕

ア．ロマン派　　イ．中世　　ウ．近代・現代　　エ．古典派

オ．ルネサンス　　カ．古代　　キ．国民楽派　　ク．バロック

(2)　文1～8を，時代の古い順に並べ替え，番号で答えよ。

(3)　文3にある「多声音楽」について，具体例を挙げ，生徒にわかりやすいように説明せよ。

〈三重県〉

解答　(1)　1．オ　2．ウ　3．ク　4．ア

5．イ　6．カ　7．エ　8．キ

(2)　6→5→1→3→7→4→8→2

(3)　〔解答例〕

具体例：J．S.バッハ作曲「小フーガ ト短調」など。

説明：多声音楽とは,主題を基に,複数の声部が様々に関わり合って展開していく音楽形態のこと。フーガは多声音楽の代表的な形の1つである。

解説 (3) 多声音楽（ポリフォニー）とは，ギリシア語に由来する名称で，多くの声（声部）を意味する。複数の声部がそれぞれの旋律的独自性を保持しつつ動く音楽形態である。

例題 2 西洋音楽史の歴史と特徴

次の文章を読み，各問いに答えよ。

ルネサンスと古典派にはさまれた1600年から1750年頃までの音楽を$_a$バロック音楽とよんでいる。ルネサンスの等質な声部による$_b$多声音楽にかわって，この時代は最高声部と最低声部に関心が集中した。

バロック音楽の特徴として，（　A　）の使用が挙げられるが，これはアンサンブルなどにおいて，鍵盤奏者が（　B　）部に記された数字をもとに和音を付けたり，装飾や上声部の模倣を行ったりするもので，即興的手腕を必要とする。この習慣は，バロック時代特有のものであり，そのため音楽史上ではこの時代のことを「（　A　）の時代」とよぶことがある。

宮廷では，華々しい音楽が好まれたため，リュートに代わってヴァイオリン属が重要な位置を占めるようになった。また，楽器の名手が活躍するコンチェルト（協奏曲）の様式が確立され，コレッリの『クリスマス』op. 6－8に代表される$_c$コンチェルト・グロッソと，ヴィヴァルディの『調和の霊感』op. 3に代表される（　C　）は，それぞれ協奏曲の発展に貢献した。

(1) 文中の（　A　）～（　C　）に当てはまることばを答えよ。

(2) $_a$バロック音楽の形式に関する①～③の問いに答えよ。

① 16世紀末に古代ギリシアの悲劇の復興を目指して，イタリアのフィレンツェで生まれた表現形式は何か答えよ。また，その形式で書かれた現存する最古の作品名を答えよ。

② ヘンデルが作曲した「メサイア」やハイドンが作曲した「天地創造」などの，16世紀末に生み出された宗教的，道徳的題材を劇的に扱った大規模声楽曲を何とよぶか答えよ。

③ バロック時代には器楽の形式が大きく発展したが，協奏曲・組曲以外に，コレッリの作品１～作品４，全48曲によって様式上の完成にいたったとされる室内楽の形式名を答えよ。

(3) $_b$多声音楽は，中世からルネサンスに特徴的にみられた様式であるが，多声音楽の書法上の技法を何とよぶか答えよ。

(4) $_c$コンチェルト・グロッソは，バロック時代の協奏曲の重要な形式であるが，日本語で一般的に何とよばれているか答えよ。

(5) $_c$コンチェルト・グロッソの特徴を表す下の説明文の（　D　）～

（　F　）に当てはまることばを，下の語群から選び番号で答えよ。

コンチェルト・グロッソは，（　D　）とよばれる独奏楽器群と，リピエーノとよばれるオーケストラ群の（　E　）の対比を特色とする協奏曲で，第1楽章では，（　F　）形式が用いられた。これは，独奏楽器群で演奏する部分とオーケストラ群で演奏する部分が交互にあらわれる形式で，オーケストラ群で演奏する部分の主題は，毎回ほとんどそのままあらわれる。他方，独奏楽器群の部分は毎回異なる旋律があらわれ，独奏者の名人芸が披露される。

〔語群〕

①　アンティフォナ　　②　音量　　③　カデンツァ
④　リトルネッロ　　⑤　ポリフォニー　　⑥　コンチェルティーノ
⑦　エンハーモニック　　⑧　拍子

(6)　バロック音楽で，16世紀末にイタリアのフィレンツェで創出された，リュート等で伴奏される歌曲のような単声音楽一般を表す様式を何とよぶか答えよ。

〈福島県〉

解答　(1)　A．通奏低音　　B．低音　　C．ソロ・コンチェルト（独奏協奏曲）

(2)　①　形式名：オペラ　　作品名：エウリディーチェ
②　オラトリオ
③　トリオ・ソナタ

(3)　対位法

(4)　合奏協奏曲

(5)　D．⑥　　E．②　　F．④

(6)　モノディー様式

解説　(3)　対位法とは，複数の旋律をそれぞれに独立性をもたせながら重ねる作曲技法のことで，対位法によってつくられた音楽が多声音楽である。対位法は，約1100年前にグレゴリオ聖歌を定旋律（旋律を重ねるとき，最初の基本になる旋律）として，これに旋律を重ねた声楽曲に始まり，J．S．バッハのフーガによって集大成された。J．S．バッハ以降も和声音楽の中に含めて用いられ，十二音技法の基礎にもなっている。代表的な対位法楽曲には，J．S．バッハの「平均律クラヴィーア曲集」がある。

例題3　日本音楽の歴史と特徴

次の文1～4は，日本音楽の歴史について述べたものである。古いものから時代順に正しく配列したものを，①～⑤から1つ選び，番号で答えよ。

1．農耕儀礼から発達した田楽，散楽を基にした猿楽などを取り入れ，観阿弥・世阿弥父子が能楽の基礎を大成した。

2．朝鮮半島や中国大陸から様々な音楽が輸入された時期で，伎楽，三韓楽，唐楽などが伝えられた。

3．浄瑠璃は人形劇と結び付いて発達し，大坂では竹本義太夫による義太夫節が現れて，今日の文楽のもとになった。

4．外来の音楽が次第に日本化されるとともに，その影響を受けた新しい創作が行われた時期である。現在までに伝えられている雅楽はこの時期に大成し，宮廷や寺社の行事で行われた。

①　2－4－1－3　②　4－2－3－1　③　2－1－4－3
④　3－4－2－1　⑤　1－2－3－4

〈大阪府・大阪市〉

解答　①

解説　歴史を理解する上で，時代区分は大切な足がかりである。日本音楽の時代区分は，日本史で示される歴史区分と若干のずれがある。さらに，音楽史の時代区分においても研究者によって諸説ある。

例題 4　近代日本の音楽史

次の文章を読んで，（　1　）～（　9　）には適切な語句を，（　A　）～（　G　）には適切な人名を，それぞれ語群から選び記号で答えよ。

西洋音楽が日本に定着するようになるのは明治維新後のことである。それまでキリスト教伝来に伴ってもたらされた西洋音楽（キリシタン音楽）も江戸幕府の鎖国政策により隠れキリシタンの（　1　）を除いてはその姿をみることができなかった。

明治に入ってからは政府により（　2　）及び学校教育に西洋音楽が導入されることになる。

1879（明治12）年に文部省は唱歌教育実施のための調査研究機関として（　3　）を設置し，（　A　）をその長とした。1887（明治20）年に（　3　）は東京音楽学校と改称し，欧米から教師を招聘して音楽家や音楽教員の養成を始めた。

明治後期に入ると西洋音楽の創作的な活動が始まった。1900（明治33）年に（　B　）が《花》を含む組歌《四季》を作曲する。音楽劇上演の試みも始まり，現在の長野県歌《信濃の国》の作曲者でもある（　C　）作曲の《露営の夢》や小松耕輔作曲の《羽衣》などの作品が生まれた。

大正から昭和にかけては西洋音楽の演奏活動もさらに活発化し，一般の西洋音楽に対する認識も深まってきた。一方，北原白秋や野口雨情らの詩人と長野県出身で《カチューシャの唄》を作曲した（　D　）や町田嘉章らの作曲家が協力し，創作活動を行った（　4　）運動や，文部省唱歌を批判し童心童語の歌に近づくことを目的とした新しい子どもの歌の創作運動である（　5　）運動などもおこった。

また，民衆の間では舞踊家の石井漠や歌手の田谷力三らが中心となり，（　6　）の劇場街で行われた喜劇的性格の娯楽的なオペラ活動である，（　6　）オペラが流行した。

管弦楽曲では（　E　）作曲の日本人による初の交響曲《かちどきと平和》が書かれ，1930年代には，西洋音楽に学ぶだけでなく日本独自の作品をという意識から，（　F　）作曲の《日本狂詩曲》や早坂文雄の《古代の舞曲》のように（　7　）的な管弦楽曲が多く書かれた。1960年代以降には西洋の前衛的技法を身につけた作曲家が邦楽器を使った作品を積極的に創作した。（　G　）作曲の《ノヴェンバー・ステップス》はその代表作であるが，この曲は和楽器の（　8　）と（　9　）にオーケストラを組み合わせた記念碑的な作品となっている。

〔語群・語句〕

あ．浅草	い．新宿	う．演劇	え．音楽取調掛
お．軍楽	か．古典主義	き．民族主義	く．尺八
け．三味線	こ．箏	さ．琵琶	し．新歌謡
す．新民謡	せ．童謡	そ．演歌	た．オラシヨ

〔語群・人名〕

ち．伊澤修二	つ．伊福部昭	て．北村季晴	と．滝廉太郎
な．武満徹	に．中山晋平	ぬ．成田為三	ね．山田耕筰

〈長野県改題〉

解答 1．た　2．お　3．え　4．す　5．せ　6．あ　7．き
8．く　9．さ　（8，9順不同）
A．ち　B．と　C．て　D．に　E．ね　F．つ　G．な

解説 日本に西洋音楽が入ってきたのは，16世紀中期のフランシスコ・ザビエルのキリスト教布教に伴う賛美歌・ミサ等の教会音楽が最初であったといわれている。

演習問題

1　★☆☆

次の音楽史に関する文を読み，空欄に適切な語句を語群から選び，記号で答えよ。

古代ギリシアの音楽は英語のミュージックの語源になっている（　1　）という（　2　）と音楽と舞踊の包括的概念として存在していたが，しだいに（　1　）は（　2　）と舞踊の要素が抜けて音楽だけをさすようになっていった。

歴史的には紀元前6世紀に個人の心情を明確に歌い上げる（　3　）が盛んとなる。紀元前5世紀には文芸の中心がアテネに移り，悲劇や喜劇が開花する。これは（　2　）と音楽と舞踊が一体となった総合芸術であり，コンクールの形で競演された。競演が行われた場所は，山の斜面を利用した野外劇場で，観客席の前にある円形の舞踊場を（　4　）とよび，その下半分では（　5　）とよばれる合唱隊が歌い踊り，上半分で俳優が演技をした。合唱の伴奏には管楽器の（　6　）が，また独唱には撥弦楽器の（　7　）が用いられたようである。

また，ピュタゴラスの音律やギリシア旋法など，音楽理論も発達した。

〔語群〕

あ．アウロス　　い．オルケストラ　　う．キタラ　　え．コロス

お．ムーシケー　　か．リラ　　き．詩　　く．叙情詩　　け．叙事詩

〈長野県改題〉

2　★★☆

次の文について，各問いに答えよ。

中世ヨーロッパでは，キリスト教の聖歌が，いわゆる（　A　）聖歌に統一されていった。（　B　）語によるこの聖歌は規則的な（　C　）をもたず，言葉の抑揚に従って歌われる${}_{a}$モノフォニーであり，独特の（　D　）記号による記譜法を用いた。9世紀ごろになると，${}_{b}$ポリフォニーが発展し，宗教音楽，世俗音楽ともに（　E　）期にはその最盛期をむかえた。

(1)　空欄A～Eに当てはまる適切な語句を答えよ。

(2)　下線部a，bについて説明せよ。

〈千葉県・千葉市〉

3 ★☆☆

次の文は，ルネサンスの音楽についての説明である。各問いに答えよ。

ルネサンスとは「再生」という意味で教会中心であった中世の思想に対し，人間中心の考え方を打ち出した芸術運動のことをいう。

音楽では，15世紀になると，ブルゴーニュ楽派と$_{a}$フランドル楽派が国際的な様式の音楽を生み出し，中世に生み出された多声音楽がさらなる発展を見せた。ヨーロッパ大陸とイギリスとの交流も盛んで，様々な地域で優れた音楽文化が花開いた。

宗教音楽の分野では，高度な対位法によって，華麗なミサ曲やミサ通常文以外の宗教的な内容をラテン語で歌う（　A　）が作曲された。16世紀に活躍したローマ楽派の作曲家（　B　）は，代表作である「教皇マルチェルスのミサ」のように対位法と和声法を巧みに結び付けた宗教合唱作品を500曲以上残した。（　C　）に代表されるヴェネツィア楽派の作曲家達は二重合唱の技法や器楽の発展などにより次のバロック時代に大きな影響を与えた。（　C　）の代表的な作品集である「サクラ・シンフォニア」の中の「ピアノとフォルテのソナタ」は，強弱記号やパートごとの楽器名が記入されている歴史上最古の楽譜の１つとして重要な作品である。ドイツでは宗教改革運動によりドイツ語の歌詞と素朴な旋律をもつ（　D　）という宗教歌が生みだされた。一方，世俗音楽では，イタリアのマドリガーレ，フランスの（　E　）のように独自の様式をもつ多声音楽が盛んになった。（　F　）は，16世紀前半において（　E　）の最も代表的な作曲家であり，描写的（　E　）の代表作である「鳥の歌」を作曲した。

器楽の分野でもようやく発展の道を踏み出し，$_{b}$各種鍵盤楽器や家庭楽器の花形としてヨーロッパのほぼ全域に普及したリュートのために，専用の楽曲が書かれるようになった。

(1)　空欄Ａ～Ｆに当てはまる適切な語句・人物名を答えよ。

(2)　前記の説明の他に，この時代には音楽の発展に欠かせない重要な出来事があった。それは何か，次の①～④から選び，番号で答えよ。

①　一人の作曲家によるミサ通常文の通作　　②　計量記譜法が始まる

③　階名唱法の発明　　④　印刷楽譜の出版

(3)　現存する最古の多声レクイエムを作曲した下線部ａの楽派を代表する作曲家の名前を答えよ。

(4)　下線部ｂについて，チェンバロの一種で箱形の外観をもち，16世紀のイギリスで流行し，女王エリザベス１世も愛好したといわれている楽器名を答えよ。

〈福島県〉

4　★☆☆

バロック時代の音楽の特徴の記述として適切なものを，次の①～④から選び，番号で答えよ。

① 12個の音を組織的に平均して用いることによって，調性，または，旋法に基づく音楽とは異なる体系が生まれた。

② 単純，応唱的，交唱的などの詩篇唱で歌われ，なだらかさと荘厳さ，厳粛さのある美しいメロディによる8つの教会旋法からなる。

③ 和声法，音色，形式及びリズム法において伝統をやぶって新しい手段を生み出そうとする中で，標題交響曲や交響詩などが生まれた。

④ モノディー様式のオペラが生まれるとともに，〔急－緩－急〕の3部分からなるシンフォニア（序曲），ダ・カーポ・アリアの形式などが完成された。

〈東京都〉

5　★☆☆

次の文は，ロマン派の音楽に関する説明である。空欄に当てはまる適切な語句を答えよ。

1．歌詞，旋律，ピアノ伴奏の関係をより密接なものとした歌曲は（　A　）とよばれ，600曲以上も作曲した（　B　）によって，高度の芸術性をもった音楽形式にまで高められた。

2．19世紀半頃，作曲家（　C　）によって創始された（　D　）というジャンルは，管弦楽のための標題音楽の一種であり，多くの場合単一楽章からなる。その代表作は，「レ・プレリュード」などである。

3．作曲家ワーグナーは，従来のオペラとは異なる新たな様式のオペラである（　E　）を創造した。これは文学，演劇，音楽などの諸芸術が一体となったもので，総合芸術ともいわれる。

4．ロマン派の時代に，特定の動機（モチーフ）によって全曲を統一する作曲技法が発展した。その技法の例として，ベルリオーズの（　F　）や，ワーグナーの示導動機，フランクの循環形式などがある。

〈栃木県〉

6 ★☆☆

次の文の，空欄に当てはまる適切な語句を，語群から選び，答えよ。

20世紀において，無調音楽の先駆けとして，ウィーン生まれの作曲家（　A　）は（　B　）を考案した。この技法は，オクターヴを構成する12の音を平等に使用し，中心となる音を排除してしまうというものである。12の音すべてを1回ずつ使って（　C　）とよばれる音列を作り，その（　C　）をいろいろ組み合わせることによって音楽をつくり上げていく。フランスの作曲家（　D　）によってリズムやその他の素材による（　C　）が加えられ，さらに発展していく。これらの音楽を（　E　）とよんでいる。第二次世界大戦後は，フランスの作曲家シェフェールにより，日常的な音響をテープで合成して作られる（　F　）（具体音楽）が生まれ，また，ドイツの作曲家（　G　）は「電子音楽」への道を開いた。（　H　）年代のはじめに，アメリカの作曲家ケージによって，（　I　）が生み出された。その他，ギリシアの作曲家クセナキスによって，確率計算によって音の動きを制御する（　J　）（確率音楽）などの新しい技法が提唱された。

〔語群〕

ベルク	1970	バーバー
ストラヴィンスキー	ミュジック・セリエル	ラヴェル
シュトックハウゼン	フーガ	セリー
偶然性の音楽	ミュジック・コンクレート	ブーレーズ
十二音技法	ウェーベルン	フレーズ
印象主義	1950	ホルスト
シェーンベルク	機能和声	平均律
ミュジック・ストカスティック		

〈静岡県・静岡市〉

7 ★☆☆

次の文1～5の空欄に当てはまる適切な語句を答えよ。

1．西洋音楽の記譜法は，西方教会の成立以来，モード・リズム，（　A　）記譜法，黒符定量記譜法，白符定量記譜法などを経て，17世紀以降いわゆる近代五線記譜法が成立した。

2．世界の楽器を今日分類する時一般に用いられるのは，1914年に（　B　）とザックスが提唱した分類法で，発音体の振動原理に基づいて5つに分け，さらに形態や奏法を組み合わせて細分していくものである。

3．ギリシア悲劇は，合唱隊の歌の流れをくんで詩の形態を保ち，とりわけ会話の部分は，紀元前5世紀最盛期には日常会話のリズムに近い（　C　）の韻律を主体としていた。

4．バロック時代のポリフォニー様式に対して，華麗に装飾された単純な構造の上声部に，簡素なホモフォニーの伴奏が付けられた様式を（　D　）という。

5．ロマン主義の和声については，短調の比率が目立って増えるとともに，遠い関係にある調への転調が頻繁におこるようになり，その転調の手段に，半音階的進行と（　E　）的な転調がある。

〈秋田県〉

8　★☆☆

音楽史について，次の各問いに答えよ。

(1)　次の楽曲の作曲家の説明として，適当ではないものはどれか。

①　ソナタ形式を確立し，古典派音楽の基礎を築いた。

②　約25年間ハンガリー貴族の楽長として活躍した。

③　1732年に生まれ，100曲以上の交響曲を作曲した。

④　主要作品に，オラトリオ「復活」，交響曲「驚愕」などがある。

(2)　次の楽曲を，作曲された年代の古い順に並べたものはどれか。

ア．

イ．

ウ．

エ．

① イ－ア－エ－ウ　② イ－エ－ウ－ア
③ エ－イ－ウ－ア　④ エ－イ－ア－ウ

〈神奈川県・横浜市・川崎市・相模原市〉

9 ★☆☆

次の各説明に適した西洋音楽史上における時代名を，それぞれ①～⑤から1つずつ選び，番号で答えよ。

(1) グィードが階名唱法を考え出し，手で音階を示した。
① 中世　② ルネサンス　③ バロック
④ 古典派　⑤ ロマン派・国民楽派

(2) 各声部がそれぞれ対等の価値をもち，互いに旋律要素を模倣し合いながら動いていく通模倣様式が確立された。
① 中世　② ルネサンス　③ バロック
④ 古典派　⑤ ロマン派・国民楽派

〈三重県〉

10 ★☆☆

次の(1)，(2)の問いの答えとして最も適切なものを，下のA～Eの中からそれぞれ1つずつ選び，記号で答えよ。

(1) ディアギレフが率いるロシアバレエ団によって初演された，ロシア原始宗教の大地と太陽神への讃美を題材としたバレエ音楽の作曲者は誰か。
A．チャイコフスキー　B．リムスキー・コルサコフ
C．ハチャトリアン　D．プロコフィエフ
E．ストラヴィンスキー

(2) 楽音の他に自然音などを素材として取り入れ，電気的操作によって加工・構成した電子音楽作品を何とよぶか。
A．ミュジック・セリエル　B．ミュジック・コンクレート
C．サウンド・スケープ　D．ミニマル・ミュージック
E．トーン・クラスター

〈愛媛県改題〉

11 ★☆☆

次の音楽に関する事柄の組合せで，同世紀ではないものはどれか。番号で答えよ。

① 蓄音機の発明 ―――――― 音楽取調掛設置
② グルックの活躍 ――――― 黒沢琴古（初世）の活躍
③ 最初の印刷楽譜の出版 ―― 三味線の伝来
④ ソナタ形式の発展 ――― 観阿弥，世阿弥の活躍

〈神奈川県・横浜市・川崎市・相模原市〉

12 ★☆☆

次の(1)～(5)は，ある作曲家について説明したものである。空欄に適語を記せ。

(1) 1921年にシカゴで初演されたオペラ「三つのオレンジへの恋」などで名高い（ ① ）は，1904年からペテルブルグ音楽院で学んだ後，15年間祖国を離れイギリス，アメリカ，フランスなどで演奏活動・作曲活動に取り組んだ。帰国後，1934年にはロシア的民族旋律を主体とした大衆的な交響組曲「（ ② ）」，1935～36年にはカバレフスキーによって「彼の創造生活と全ソヴィエト芸術にとって特筆すべき事件」とされたバレエ「（ ③ ）」等を作曲し，この時期以後の作風の基本的特徴である感動的な甘美な要素が強まった。

(2) 1440年生まれのフランドルの作曲家（ ④ ）は，ミサ曲約20曲，モテット約100曲等の宗教曲の他，（ ⑤ ）などの世俗的な声楽作品約70曲を作曲した。（ ⑤ ）の中でモテットの様式を採用して高度のポリフォニー技法を駆使し，生き生きとした歌詞の内容表出が行われた。彼の作品「Malheur me bat」のように既成の楽曲から素材を借りて作曲されたミサ曲を（ ⑥ ）といい，この時代の重要な作曲手法とされている。彼は存命中から高い名声を得ており，マルティン・ルターから「彼は音符の主人である」と評された。

(3) （ ⑦ ）はブダペスト音楽アカデミーで学んだ後，国内外でピアニスト・作曲家としての活動を始めた。彼はハンガリーの民族独立の思潮に触れて共鳴し，（ ⑧ ）と共にハンガリー民族音楽の研究，出版に取り組むようになった。1911年に作曲したピアノ曲の「（ ⑨ ）」は原始主義を用いた作品として例に引かれる。また，1923年にブダ区・ペスト区の合併50周年記念として委嘱された「（ ⑩ ）」を作曲した。これは色彩豊かな管弦楽曲であ

る。1940年にアメリカに亡命し，1943年にクーセヴィツキーの依頼による「（　⑪　）」，1944年にメニューインの依頼による「無伴奏ヴァイオリンソナタ」などを作曲した。いずれも初演が成功を収めている。

(4)（　⑫　）は，1824年にオーストリアで生まれた作曲家。1855年リンツ大聖堂のオルガニストとなり，この地で第1番ニ短調，第2番ホ短調，第3番ヘ短調のいわゆる3大（　⑬　）を作曲した。1868年にウィーンに移り住み，交響曲第2番から第9番（未完）までを作曲した。交響曲第7番作曲中に，大きな影響を受けたバイロイトの巨匠（　⑭　）の訃報を耳にし，第2楽章アダージョに鎮魂の意を込めたことが知られている。彼の作品は，彼自身や弟子，その後の研究者によって修正・改訂されているものが多く，原典版，ハース版，ノヴァーク版などの複数の版が存在する作品が少なくない。

(5) 1792年イタリアの小都市ペーザロに生まれた（　⑮　）は，ボローニャに移り住み市立音楽院で学んだ。1812年ミラノ・スカラ座でオペラ・ブッファ「試金石」が成功を収め，翌年の「タンクレディー」「アルジェのイタリア女」でヴェネツィアでも圧倒的人気を巻き起こした。また，ミラノ，ローマ，ナポリなどでたくさんのオペラが成功を収め，ヨーロッパ中に名声がとどろいた。パリで1829年初演されたオペラ「（　⑯　）」は，ウィーンの批評家ハンスリックをして「オペラに新しい時期が画された」といわしめた程であった。このオペラの序曲は現代でも演奏される機会が多い。

〈秋田県〉

13 ★☆☆

次の各問いに答えよ。

(1) 日本古代に成立した宮廷音楽で，現在宮内庁楽部に伝承されている伝統的な音楽の総称を答えよ。

(2) 江戸時代の近世箏曲の開祖で，箏曲段物（「六段」など）を制定し，平調子を考案した箏曲家を答えよ。

(3) 歌舞伎の伴奏音楽として発展し，唄と三味線と鳴物によって演奏される音楽を何というか，答えよ。

〈茨城県〉

14 ★☆☆

次の日本音楽史に関する文を読み，問いに答えよ。

5～8世紀は大陸音楽が輸入された時代である。主なものには朝鮮半島から，寺院屋外で供養として上演された無言仮面舞踏の一種（　1　）や①三韓楽が伝来し，また中国からは大規模な器楽合奏と舞からなる（　2　）や足を踏み鳴らして歌い舞う（　3　），曲芸奇術など様々な内容をもつ雑技で能・狂言の遠祖ともいわれる（　4　）が伝えられた。これら外来楽舞は②701年に設けられた治部省所属の音楽官庁の管轄下に入った。以後も度羅楽や現在のベトナムから渡来した（　5　），中国の東北地方（旧満州）にあった国からは（　6　）が伝来し，制度のなかに組み入れられていく。

⑴　空欄に入る適切な語句を次のア～カから選んで，記号で答えよ。

ア．伎楽　　イ．散楽　　ウ．踏歌　　エ．唐楽　　オ．渤海楽

カ．林邑楽

⑵　下線①に相当する3つの音楽・舞踊の名称を答えよ。

⑶　下線②に相当する機関の名前を漢字で答えよ。

〈長野県〉

15 ★☆☆

次の文は，日本音楽の歴史についての説明である。各問いに答えよ。

古墳時代以降，朝鮮半島や中国から様々な音楽が輸入された。百済の楽人が伝えた仮面劇の（　A　）などの外来音楽は，701年大宝令により設置された（　B　）において教習された。

平安時代になると，しだいに外来の音楽は日本人に合うように改作され，さらに新しい創作が行われた。京都御所には雅楽の伝承機関である楽所が設置され，雅楽はこの時期に大成し，宮廷や寺社の行事で盛んに演奏された。雅楽器を伴奏にした日本語の声楽曲である（　C　）や漢詩の日本語読みによる朗詠などが生み出され，最古の流行歌に位置付けられる（　D　）も平安末期におこり，貴族から庶民までが音楽に親しんだ。また，前代に伝えられた声明では外来のものに対して日本語による和讃がつくられ，後の平曲や能の謡に大きな影響を与えた。

武士階級が台頭すると雅楽は衰えはじめ，新たな音楽が興隆した。室町時代には，観阿弥・世阿弥父子が農耕儀礼から発達した田楽と奈良時代に中国から伝来した散楽が基になった（　E　）を取り入れ，今日の能楽の基礎を大成した。また，この時代の末期におこった筑紫箏は近代箏曲の源流となった。

⑴　空欄A～Eに当てはまる適切な語句を答えよ。

⑵　下線部について，筑紫箏を大成し筑紫流箏曲を始めた人物名を答えよ。

〈福島県〉

16 ★☆☆

次の文は，日本における西洋音楽の受容について述べたものである。各問いに答えよ。

1879年，文部省に後の東京音楽学校となる（　①　）が設置されたことから，本格的な西洋音楽の移入が始まる。ここで学び，組歌「四季」などを作曲した（　②　）は，日本における作曲活動の先駆者となった。また，山田耕筰は，留学したドイツで和声法・対位法などを学び，大正・昭和における楽壇最大の指導者となった。

第二次世界大戦以降になると，a気鋭に溢れた作曲家たちが日本の音楽活動を担うようになり，日本人作曲家の作品も少しずつ海外で認められるようになった。多くの作曲家が，シェーンベルクの創始した十二音音楽，日常的な音響をテープで合成したミュジック・コンクレート（具体音楽），シュトックハウゼンによる電子音楽等，西洋の前衛的な作曲技法を精力的に取り入れていった。一方，（　③　）が作曲した「合唱のためのコンポジション」や，（　④　）が作曲したb「ノヴェンバー・ステップス」など，日本の新たな方法論として自らの伝統に注目した作品も生まれた。

(1)　空欄に当てはまる最も適切な語句を答えよ。

(2)　下線部aについて，次の①～③の３人の作曲家の代表作をア～クから１つずつ選び，記号で答えよ。

①　芥川也寸志　　②　黛敏郎　　③　團伊玖磨

ア．オペラ「夕鶴」

イ．映画音楽「キングコング対ゴジラ」

ウ．合唱組曲「水のいのち」

エ．童声合唱とオーケストラのための「響紋」

オ．管弦楽のための木挽歌

カ．涅槃交響曲

キ．催馬楽によるメタモルフォーゼ

ク．エローラ交響曲

(3)　下線部bは２つの独奏楽器とオーケストラのための楽曲である。２つの独奏楽器名を答えよ。

〈栃木県〉

17 ★☆☆

次の文の空欄に当てはまる適切な語句を答えよ。

大正・昭和期の我が国においては，従来の箏曲や長唄，清元などの種目や流派にとらわれず，また，日本音楽と西洋音楽，和楽器と洋楽器という縄張りを撤廃し，狭い伝統の殻を抜け出して自由に作曲家の個性を表現するようになった。その（　A　）とよばれる活動の代表的な先駆者は，箏曲出身の（　B　）であり，現在の童謡の最初の作曲家であり，また，日本楽器のための最初の協奏曲を作曲するなど，我が国の音楽界に及ぼした影響は大きい。

〈秋田県〉

18 ★☆☆

次の日本の現代音楽の動向１～５を，時代の古い順に，番号で答えよ。

1．山田耕筰が，交響曲「かちどきと平和」を作曲した。
2．黛敏郎が，ミュジック・コンクレート作品「X・Y・Z」を制作，諸井誠と共作で電子音楽「７つのヴァリエーション」を制作した。
3．西村朗が，打楽器アンサンブルのための「ケチャ」を作曲した。
4．滝廉太郎が，歌曲集「四季」，歌曲「荒城の月」を作曲した。
5．武満徹が，琵琶と尺八とオーケストラのための「ノヴェンバー・ステップス」を作曲した。

〈岩手県〉

19 ★☆☆

次の各問いについて，それぞれ適切なものを①～⑤から１つずつ選び，番号で答えよ。

⑴　1952年に初演されたオペラ「夕鶴」の作曲者

①　林光　　②　山田耕筰　　③　水野修孝
④　外山雄三　　⑤　團伊玖磨

⑵　2002年に小澤征爾が音楽監督として就任した歌劇場

①　ドレスデン国立歌劇場　　②　バイエルン国立歌劇場
③　ウィーン国立歌劇場　　④　国立ソフィア歌劇場
⑤　チェコ国立ブルノ歌劇場

〈福岡県・福岡市・北九州市〉

演習問題　解答・解説

1

1．お　2．き　3．く　4．い
5．え　6．あ　7．う

2

(1)　A．グレゴリオ　B．ラテン
C．拍子　D．ネウマ
E．ルネサンス

(2)　a．伴奏のない単旋律の音楽様式。
b．多声音楽。複数の独立した声部が，対位法的手法によって構成される楽曲形態。

解説

(1)　D．ネウマとは，中世の単旋律歌曲の記譜で用いられた記号のことである。旋律の動きや演奏上のニュアンスを視覚的に示そうとしたもので，ネウマを使った記譜法は9世紀頃から現れた。

3

(1)　A．モテット
B．パレストリーナ
C．G.ガブリエーリ
D．コラール
E．シャンソン
F．ジャヌカン

(2)　④

(3)　オケゲム（オケヘム）

(4)　ヴァージナル

解説

(1)　E．13世紀末から16世紀末までの間に展開されたフランス語の多声歌曲である。
F．ジャヌカン（1485頃～1558年以降）はフランスの作曲家である。多様な作曲技法による親しみやすいシャンソンを数多く作曲した。

(2)　①～③は中世においての出来事である。各出来事については次の通りである。
①　マショー（1300頃～77年）の唯一のミサ曲である「ノートル・ダム・ミサ曲」は，ミサ通常文のすべての章を，4声の多声音楽（ポリフォニー）として通作した最古の作品である。
②　音符や休符の形の違いによって音の長さの違いを示すようになった初期の記譜法であり，1250年頃，フランコ（ドイツの音楽教師，理論家）が，計量記譜法の基礎を確立した。
③　ソルフェージュにおいて，それぞれの音を階名（ドレミファ…）で歌う方法である。

4

④

5

A．リート　B．シューベルト
C．リスト　D．交響詩
E．楽劇
F．固定楽想（イデー・フィクス）

6

A．シェーンベルク
B．十二音技法　C．セリー
D．ブーレーズ
E．ミュジック・セリエル
F．ミュジック・コンクレート
G．シュトックハウゼン
H．1950　I．偶然性の音楽
J．ミュジック・ストカスティック

7

A．フランコ式
B．ホルンボステル
C．イアムボス（短長格）
D．ギャラント（様式）
E．エンハーモニック（異名同音）

8

(1)　④　　　　(2)　④

解 説

(1)　楽譜は，ハイドンが作曲した弦楽四重奏曲「ひばり」である。
(2)　各楽曲については次の通りである。
ア．曲名：幻想交響曲
　　作曲者名：ベルリオーズ
　　作曲年：1830年
イ．曲名：クラリネット協奏曲
　　作曲者名：モーツァルト
　　作曲年：1791年
ウ．曲名：バレエ音楽「ボレロ」
　　作曲者名：ラヴェル
　　作曲年：1929年頃
エ．曲名：管弦楽組曲第２番第７曲「バディネリー」
　　作曲者名：J.S.バッハ
　　作曲年：1721年頃

9

(1)　①　　　　(2)　②

解 説

(1)　イタリアの理論家グィード・ダレッツォ（991から２～1033年以降）は，譜線の色付けや記号で音高を区別する記譜法とドレミファの基になった階名唱法の確立に貢献した。中世音楽理論においては「グィードの手」，「グィードの記譜法」などが重要項目とされ，その功績は大きい。
(2)　1500年前後に活躍した，フランドル楽派の最も重要な作曲家である。ジョスカン・デプレ(1450頃～1521年)やイザーク(1450頃～1517年)らにより通模倣様式が確立された。

10

(1)　E　　　　(2)　B

解 説

(1)　ストラヴィンスキーが作曲したバレエ音楽「春の祭典」に関する記述である。

11

④

解 説

④　ソナタ形式の発展は，18世紀中頃から19世紀初頭のことである。観阿弥・世阿弥の活躍は，15世紀のことである。

12

①　プロコフィエフ
②　キージェ中尉
③　ロミオとジュリエット
④　ジョスカン・デプレ
⑤　シャンソン
⑥　パロディ・ミサ
⑦　バルトーク
⑧　コダーイ
⑨　アレグロ・バルバロ
⑩　舞踏組曲
⑪　管弦楽のための協奏曲
⑫　ブルックナー　　⑬　ミサ曲
⑭　ワーグナー　　⑮　ロッシーニ
⑯　ギョーム（ウイリアム）・テル

13

(1)　雅楽　　(2)　八橋検校　　(3)　長唄

解 説

(2)　名と官位を城秀，山住勾当《やまずみこうとう》，上永検校とへて八橋検校（1614～85年）となった。大坂（現大阪）で活躍した後，江戸で筑紫箏を学び，後に京都へ移った。それまでの箏や三味線の音楽を土台としながら調弦法や楽曲形式などを創始し，現在に伝わる箏曲の基礎を確立した。検校とは，当時，目の不自由な音楽家などの最高の職位である。

14

⑴　1．ア　2．エ　3．ウ
　　4．イ　5．カ　6．オ

⑵　百済楽，新羅楽，高句麗楽

⑶　雅楽寮

15

⑴　A．伎楽　B．雅楽寮
　　C．催馬楽　D．今様
　　E．猿楽

⑵　賢順《けんじゅん》

解説

⑵　賢順（1534～1623年）は，７歳で善導寺（九州久留米）の僧となり，筑紫楽を修得した。後に，箏伴奏の歌曲である筑紫箏を創案した。

16

⑴　①　音楽取調掛　②　滝廉太郎
　　③　間宮芳生　④　武満徹

⑵　①　ク　②　カ　③　ア

⑶　尺八，琵琶

解説

⑵　各作品の作曲者は次の通りである。
イ．伊福部昭（1914～2006年）
ウ．高田三郎（1913～2000年）
エ．三善晃（1933～2013年）
オ．小山清茂（1914～2009年）
キ．松平頼則（1907～2001年）

17

A．新日本音楽　B．宮城道雄

18

4→1→2→5→3

解説

1．山田耕筰が，交響曲「かちどきと平和」を作曲したのは1912年である。
2．黛敏郎が，ミュジック・コンクレート作品「X・Y・Z」を創作したのは1953年，諸井誠と共作で電子音楽「７つのヴァリエーション」を制作したのは1956年である。
3．西村朗が，打楽器アンサンブルのための「ケチャ」を作曲したのは1979年である。
4．滝廉太郎が，歌曲集「四季」，歌曲「荒城の月」を作曲したのは1900年である。
5．武満徹が，琵琶と尺八とオーケストラのための「ノヴェンバー・ステップス」を作曲したのは1967年である。

19

⑴　⑤　⑵　③

4 日本の音楽と諸外国の音楽

傾向と対策

日本の伝統音楽に関する出題が多くみられ，出題頻度が高いのは，「雅楽」「能楽」「三味線音楽」「箏曲」「尺八音楽」などである。日本の郷土の音楽においては，日本の民謡から曲名と地名を問う問題が多い。また，諸外国の音楽においては，世界の諸民族の音楽に関する出題の比率が多くなってきた。「ガムラン」「ケチャ」などの出題頻度が高い。日本の音楽と諸外国の音楽ともに，出題形式としては空欄補充，選択問題，語句の読み方と説明などが中心になっている。教科書に記載されている内容について理解しておこう。

要点 Check!

1 日本の伝統音楽

➤ 雅楽

平安時代以来，主に官廷・社寺で伝承されてきた音楽・舞踊。現在，雅楽は次の3種に分けられる。

①国風歌舞《くにぶりのうたまい》	神楽《かぐら》歌（御《み》神楽）・久米歌・東遊《あずまあそび》・大和歌《やまとうた》（倭歌），大直日歌《おおなおびのうた》，大《おお》歌《うた》，誄歌《るいか》などの在来音楽。声楽曲種のうち，皇室系・神道系の儀式的な歌舞の総称。
②外来系楽部	唐楽・高麗楽などの外来音楽。演奏形態によって舞楽《ぶがく》と管絃《かんげん》に分けられる。
③世俗歌曲	催馬楽・朗詠のように，平安時代に創作された器楽伴奏の声楽曲。

(1) **舞楽**

雅楽の中で舞が伴ったもの。

●**左方**（左舞）と**右方**（右舞）の主な違い

	伴奏音楽	装束の色
左方	唐楽（中国系の雅楽）	原則として赤系統
右方	高麗楽（朝鮮半島の雅楽）	原則として緑系統

(2) 管絃

舞を伴わない合奏によるもので，唐楽のみを演奏する。

●**楽器編成**（三管両絃三鼓）

	楽器	主な役割
三管	篳篥《ひちりき》	主旋律を演奏する。
	竜笛《りゅうてき》	やや装飾した主旋律を演奏する。
	笙《しょう》	和音を演奏する。
両絃	楽琵琶《がくびわ》	一定の音形を演奏し，拍を明確にする。
	楽箏《がくそう》	
三鼓	鞨鼓《かっこ》	一定のリズムパターンをくり返し演奏し，速度を決めたり，終わりの合図を出したりして合奏を統率する。
	釣太鼓《つりだいこ》	リズムパターンの区切り目を示す。
	鉦鼓《しょうこ》	

(3) 雅楽の楽曲構成

雅楽の楽曲構成は，序破急で代表され，多楽章から成る舞楽曲ではそれぞれの楽章が序，破，急のいずれかの性格を備えている。

●**序破急の対照**：序，破，急の各々の部分は次表に示すような性格をもち，楽曲が進行するにつれて表現が高揚するように構成されている。

部分	リズム・拍子	舞	舞楽曲例
序	非拍節的な序拍子	雄大	五常楽，蘇莫者《そまくしゃ》
破	八拍子の延《のべ》拍子	優美	五常楽，蘇莫者，迦陵頻《かりょうびん》
急	四拍子の早拍子	軽快	五常楽，太平楽，迦陵頻

➤ 能楽

能，狂言，式三番，風流《ふりゅう》の4種類の芸能の集合体。

能楽では，シテ方，ワキ方など，明確な役割分担がなされており(役籍)，各専門ごとで芸の伝承が行われている。それぞれの役籍にはいくつかの流派があり，独自の表現方法を保持している。

<table>
<tr><th colspan="3">役籍</th><th>現存流派</th><th>職能</th></tr>
<tr><td colspan="3">シテ方</td><td>観世流，宝生流（上掛《かみかが》り）
金春流，金剛流，喜多流（下掛《しもかが》り）</td><td>・能でシテ（主役），ツレ（助演役）に扮する。
・能の地謡を受けもつ。
・子方を演じる。
・つくり物を作製する。</td></tr>
<tr><td rowspan="6">三役</td><td colspan="2">ワキ方</td><td>福王流，高安流，宝生流</td><td>・能でワキ（相手役），ワキツレ（助演役）に扮する。
（※ワキツレはワキヅレともいう。）</td></tr>
<tr><td colspan="2">狂言方</td><td>大蔵流，和泉流</td><td>・能でアイ（物語の進行状況を説明する役）に扮する。
・狂言の諸役に扮する。
・狂言の地謡を受けもつ。</td></tr>
<tr><td rowspan="4">囃子方</td><td>笛方</td><td>一噌《いっそう》流，森田流，藤田流</td><td rowspan="4">・能や狂言の囃子を受けもつ。</td></tr>
<tr><td>小鼓方</td><td>幸流，幸清流，大倉流，観世流</td></tr>
<tr><td>大鼓方</td><td>葛野《かどの》流，高安流，大倉流，石井流，観世流</td></tr>
<tr><td>太鼓方</td><td>観世流，金春流</td></tr>
</table>

(1)　能

演劇・舞踊・音楽などの各要素が渾然一体となった総合舞台芸術。独特の舞台（能舞台）で演じられる。

※能の語は，その舞台芸術全体を指していう他に，部分的演奏形式と対比して，1曲の完全な形の奏演を指していうこともある。

①　種類

●**五番立**：能の各曲を5種類の曲種に分類し，演能の組編成の基準とするもの。

<table>
<tr><th>順番</th><th colspan="2">演目の性格</th><th>構成</th></tr>
<tr><td>初番目物</td><td>脇能，神能</td><td>神に関する物語</td><td>序</td></tr>
<tr><td>二番目物</td><td>修羅能，修羅物</td><td>武士の霊の物語</td><td rowspan="3">破</td></tr>
<tr><td>三番目物</td><td>鬘《かずら》能，鬘物</td><td>女性の霊や草木の精の物語</td></tr>
<tr><td>四番目物</td><td>雑能</td><td>怨霊やその他の物語</td></tr>
<tr><td>五番目物</td><td>切能</td><td>鬼畜や天狗などの物語</td><td>急</td></tr>
</table>

② 舞台

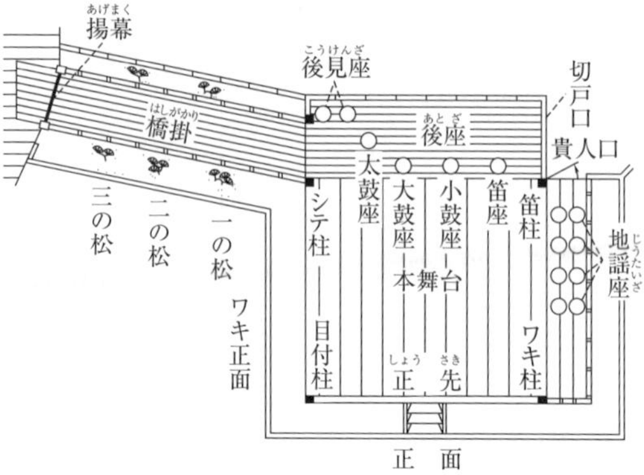

③ 音楽

●謡のリズム

<table>
<tr><th colspan="3">ノリ型</th><th>特徴</th></tr>
<tr><td rowspan="3">拍子合</td><td>不等拍</td><td>平《ひら》ノリ</td><td>・拍唱部分の大部分で用いられる。
・七五調の歌詞を８拍に当てはめるリズム型。</td></tr>
<tr><td rowspan="2">等拍</td><td>中《ちゅう》ノリ</td><td>・修羅，地獄の苦悩，合戦などを表現する場面で用いられる。
・１拍に２音を当てはめるリズム型。</td></tr>
<tr><td>大《おお》ノリ</td><td>・舞踊的な部分，風流的な部分で用いられる。
・１拍に１音を当てはめるリズム型。</td></tr>
<tr><td rowspan="2">拍子不合</td><td colspan="2">サシノリ</td><td>・叙唱的な無拍唱部分の大部分に用いられる。（音楽に節が付いた程度のリズム）</td></tr>
<tr><td colspan="2">詠《えい》ノリ</td><td>・吟唱的な登場の序歌，舞踊の序歌，終歌などに用いられる。（朗唱的に歌うリズム）</td></tr>
</table>

●謡の音階と旋律型

謡の旋律を構成する音階と旋律型を吟《ぎん》型とよぶ。

吟型		表現の場面／音組織
定吟・フシ	ヨワ吟（弱《よわ》吟，柔《じゅう》吟） ※喜多流，金春流では和吟	・悲哀，穏和，優雅などの表現に用いられる。 ・ 下音　中音　中ウキ　上音　上ウキ　クリ
	ツヨ吟（強《つよ》吟，剛《ごう》吟）	・祝賀，勇壮，端厳などの表現に用いられる。 ・ 下音　下の中音　中音　上音　クリ
不定吟，コトバ		・セリフの部分 ・フシのない言葉の部分

●囃子

能楽の囃子は四拍子《しびょうし》とよばれ，小鼓《こつづみ》，大鼓《おおつづみ》（おおかわ），太鼓，能管の四種類の楽器で構成される。

小鼓

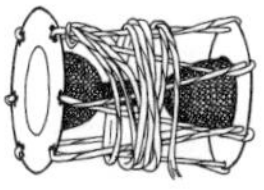

大鼓

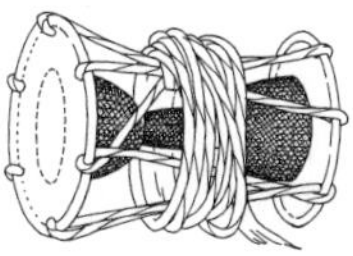

太鼓

能管

(2)　狂言

江戸時代に猿楽として能とともに発達した，セリフ・演技主体の，写実的でユーモラスな演劇。能舞台で能と交互に演じられる。

(3)　式三番

千歳《せんざい》，翁《おきな》，三番叟《さんばそう》から成り，能の公演の最初に演じられる宗教的，儀式的な色彩をもった芸能。

(4)　風流

式三番の特別な演出の際に演じられる寸劇で，大黒《だいこく》や鶴亀などが登場するめでたい内容のもの。

➤ 琵琶楽

琵琶を伴奏楽器とした声楽曲で，盲僧琵琶，平家琵琶，薩摩琵琶，筑前琵琶などがある。平安時代以来，琵琶は語り物音楽の伴奏楽器として重用された。大陸から伝来した琵琶は，宮廷音楽や仏教の法会に用いられる楽器から，大衆に物語を語って聴かせる語り物音楽の伴奏楽器へと用途を広げた。

(1) 音楽

平安時代，鎌倉時代に成立した盲僧琵琶や平家琵琶のように，古い伝統をもつものがある一方，明治維新以後の新しい時代に成立した錦琵琶や筑前琵琶などもある。歌い方やフシ回し，歌と琵琶との合わせ方など，音楽的にもそれぞれ大きな相違が生じており，対照的な表現がみられる。

●琵琶楽の歌唱表現

<table>
<tr><th colspan="2">種目</th><th>語りと伴奏との関係</th><th>リズム</th><th>音階</th></tr>
<tr><td colspan="2">平家琵琶</td><td rowspan="3">・語りの間で琵琶が演奏される。
・歌唱部分の伴奏として琵琶が演奏されることはない。</td><td rowspan="5">・拍節的でないリズムが多い。</td><td rowspan="5">・律音階が多く用いられている。後世のものになると都節音階も用いられるようになる。
・律音階の頻度が高い順は，①平家琵琶，②盲僧琵琶，③筑前琵琶，④薩摩琵琶の順である。</td></tr>
<tr><td rowspan="3">薩摩琵琶</td><td>正派</td></tr>
<tr><td>錦心派</td></tr>
<tr><td>錦琵琶</td><td rowspan="2">・語りの間で琵琶が演奏されるだけでなく，歌唱部分に伴奏を付けることもある。</td></tr>
<tr><td colspan="2">筑前琵琶</td></tr>
</table>

(2) 楽器

楽器はその種目ごとに改良が行われたため，形状，撥，調弦などがそれぞれ異なっている。

種目	楽器
盲僧琵琶	・胴が細く小型で笹琵琶とよばれるものや筑前琵琶の祖型といわれる兵一琵琶など，様々な楽器が用いられている。
平家琵琶	・楽琵琶よりやや小さめ。 ・４弦５柱で，柱は水糊で取り付けられている。 ・撥は大きく広く角張っている。
薩摩琵琶	・古来のものは４弦４柱で柱が大きく高い。 ・錦琵琶は５弦５柱。 ・撥を腹板に叩きつける奏法に適している。 ・撥は薄く先端が扇形に開いている。
筑前琵琶	・薩摩琵琶より小型。 ・４弦５柱または５弦５柱のものがある。５弦のものは大きさに種類がある。

➤ 三味線音楽

三味線を主要な楽器とする音楽である。その１つの地歌は箏曲と関係が深い。一般に声のパートを伴う。

(1) 種類

●**語り物**：内容や歌詞の言葉に重点を置き，音楽的なリズムや拍節にとらわれずに，日常の話し言葉に近い形で物語るもの。内容は一般的に叙事的。

義太夫節	竹本義太夫（1651～1714年）が創始した人形浄瑠璃（現在の文楽）の音楽である。歌舞伎でも用いられる。
清元節	豊後節の系統の１つで，歌舞伎でも重要な役割を担う。

●**歌い物**：旋律やリズムが音楽的に流れることに重点を置いたもの。一般的に叙情詩。

地歌	主として上方を中心に盲人音楽家の専門芸として伝承され，生田流箏曲と結合して発達した。かつては「地唄」と書いた例が多い。
長唄	歌舞伎の伴奏音楽として生まれ，歌舞伎の変遷とともに発展してきた。唄と三味線と鳴物《なりもの》（小鼓《こつづみ》・大鼓《おおつづみ》・太鼓・笛）によって演奏される。

(2) 文楽

義太夫節を伴奏に用い，**太夫《たゆう》**・**三味線**・**人形遣《づか》い**が一体（三業一躰《さんぎょういったい》）となって演じる人形劇。

●**舞台**

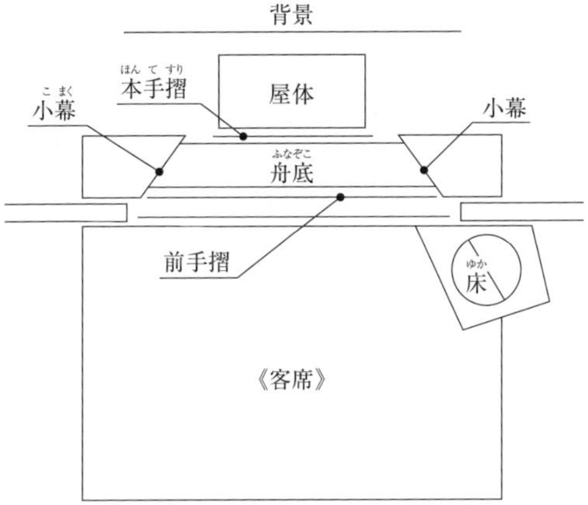

手摺	人形の足が地面や床に接しているように見せるために設置した横長の板。
舟底	前手摺と本手摺の間の床。客席から見やすいように40cmほど低くなっている。
床	太夫と三味線の演奏場所。音の迫力を増すため，客席に張り出している。文楽廻しという回転式の装置がついている。

●音楽

文楽の中心人物である人形の様々な役を一人で演じ分けるのが太夫である。男，女，老人，子供，侍，町人など多くの人物を声で表し，登場人物のセリフや心の中，物語の説明などを語ったり，歌で表現したりする。文楽で演奏される音楽を**義太夫節**といい，腹の底から大きな声を出す発声方法が特徴である。太夫の語りや歌を助ける役割をしているのが三味線で，情景描写や人形の心理描写など，様々なものを表現する。**太棹三味線**が用いられ，間を巧みに取り入れた太夫とのやり取りが魅力的である。

(3) 歌舞伎音楽

歌舞伎の音楽的要素の総称である。歌（音楽）・舞（舞踊）・伎（演技）の3つの要素が一体となって成り立っている。江戸時代に民衆の間から生まれ色彩豊かな化粧や衣装，写実的な舞台装置，三味線音楽などを取り入れた。

① 音楽

舞踊の伴奏には，主に**長唄**が用いられる。舞台上で長唄の1声部として**四**《し》**拍子**《びょうし》（囃子の4種の楽器である小鼓，大鼓，太鼓，能管の総称。笛は能管と篠笛を併用）を加えて演奏する出囃子《でばやし》，出囃子以外の鳴物を黒御簾《くろみす》（舞台下手にある部屋など舞台の陰）で演奏する陰囃子《かげばやし》（下座《げざ》音楽，黒御簾音楽）がある。また，セリフや演技の合間には，芝居の状況を盛り上げたりするために，義太夫節（浄瑠璃）などの音楽が演奏される。

② 舞踊

所作事ともよばれている。

女形（女方）	女性役を演じる男性の役者。
立役	女形，子役以外の男性役。

●隈取

歌舞伎における特殊な化粧法。正義や悪の他，超人的な力をもつ役柄などを強調するために，紅や墨などの色彩で，一定の型に顔面を彩る。

紅隈《べにぐま》	正義感あふれる若者たち。
藍隈《あいぐま》	妖気漂う邪悪な存在。
代赭隈《たいしゃぐま》	土着の妖怪。

●衣装

豊かな彩りと絢爛豪華さがある。

③　演技

●見得

役者が一瞬静止して絵姿のようになり，観客に強い印象を与える歌舞伎の演技上とても重要な型。力感の高まった最高の地点で動きを止めて力を込め，両目をぐっと寄せて，にらんでみせる。「不動の見得」，「元禄の見得」，「石投げの見得」などがある。

④　舞台

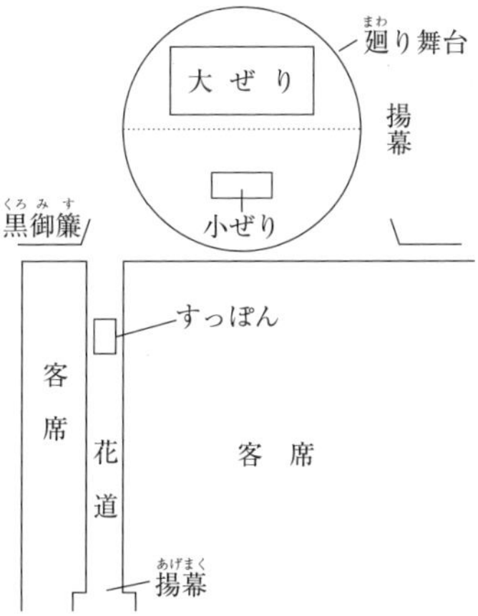

大ぜり	建物のセットなどをそのまま上下させるせり。
小ぜり	役者の登場・退場に用いられるせり。
すっぽん	亡霊や妖怪などの役が登場・退場するせり。
廻り舞台	大道具を載せたまま回転する仕掛け。
花道	揚幕と舞台を結ぶ役者の通路。客席を貫いて観客との一体感を高めている。
揚幕	花道の奥に掛かる幕。役者が登場・退場する。

➤ 箏曲

箏を中心的な楽器とする音楽の総称である。声を含むことが多く，三弦（三味線）の他，胡弓や尺八を伴うことも多い。音楽も用語も地歌との関連が密接である。

●種類（代表する箏曲）

箏組歌	箏伴奏の歌曲で，小編の歌を組み合わせたもの。歌詞の多くは七五調である。代表作に「四季の曲」，「千鳥の曲」がある。
段物・調物	段物は純粋な器楽曲で調物ともよばれる。楽曲はいくつかの段から成り，各段は原則として104拍である。代表作に「六段の調」，「みだれ」がある。
砧物	段物のうちで砧を題材とした楽曲。代表作に「五段砧」がある。
地歌箏曲	三味線伴奏の地歌に箏を加えて演奏するもの。代表作に「四季の眺」がある。
山田流箏曲	河東節や一中節などの浄瑠璃を取り入れて，19世紀初めに成立した新しい箏曲。
生田流箏曲	三味線音楽の地歌を取り入れた箏曲。
明治新曲	明治期に，大阪を中心に新しくつくられた箏曲。
新日本音楽の箏曲	宮城道雄などの作曲家が西洋音楽の要素を取り入れた箏曲を多数生み出した。代表作には，宮城道雄の「春の海」，「水の変態」などがある。

➤ 尺八音楽

尺八を主要楽器として用いる音楽，尺八で奏する音楽であり，尺八楽ともいう。

●種類

本曲：もともと尺八のみで演奏するために作曲されたもの。

古典本曲	普化宗時代から伝承されている古典独奏曲の総称。
近代本曲	都山《とざん》流本曲の出現以降の尺八独奏曲。または，重奏曲。
現代本曲	昭和30年代からの新しい傾向の現代様式による尺八独奏曲。または，重奏曲。

外曲：尺八楽でないものを尺八で奏するもの。または，尺八楽でない音楽に加わって合奏するもの。

●表現

要素	特徴
リズム	・古典音楽などの本曲では，息の長いフレーズを拍節的でないリズム，自由なリズムで演奏する。
旋律	・尺八の音律が半音を含まない民謡音階を基本としているにもかかわらず，実際の楽曲では半音を含む都節音階を基調とする旋律を演奏する。 ・ポルタメント奏法を多用する微小な音程を含む旋律。
音色	・激しい息の音を意識的に用いるムラ息の奏法など，特殊な音色による奏法を多用する。

2 日本の郷土の伝統音楽

➤ 民俗芸能

●種類

神楽	神座を設けて神を呼び寄せ，一夜を神とすごして歌舞を奉納するもの。
田楽	稲作に関する芸能の総称。実際の田植に際して行うもの，予祝行事のもの。
風流	華やかに着飾った人々が囃子や歌に合わせて踊るもの，山鉾や山車などとともに練り歩くもの。
祭囃子	神社の祭礼で奏される囃子。

➤ 民謡

(1)　種類

仕事歌	仕事の気分を盛り上げたり，気持ちを紛らわしたりするためにうたう歌。田植歌，木びき歌，茶摘み歌，牛追い歌など。
祝い歌	祝い事などでうたう歌。長持歌や酒盛歌など。
踊り歌	祭りなどで踊るときにうたう歌。神楽《かぐら》歌《うた》，盆踊り歌など。
子守歌	赤ん坊を寝かせたり，あやしたりする歌。

(2) 特徴

① 日本の音階

●**都節音階**：

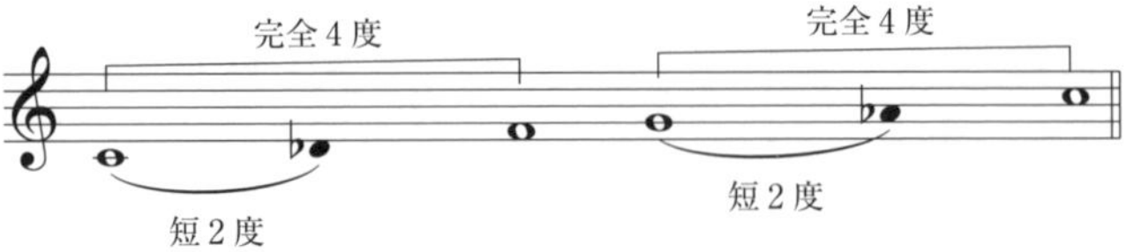

※本来の都節音階は，上行形と下行形が異なる。

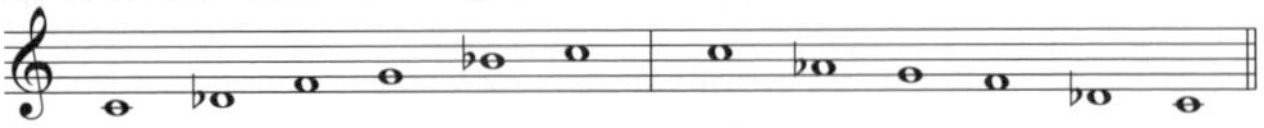

●**律音階**：

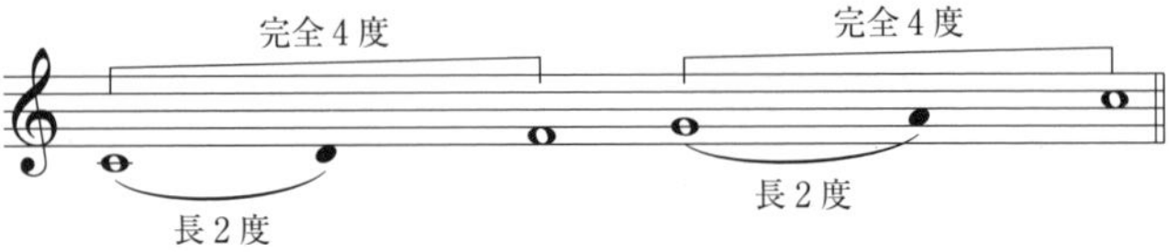

●**民謡音階**：

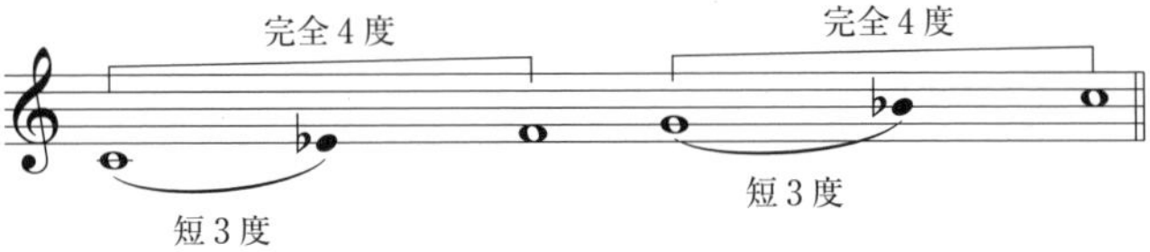

●**沖縄音階**：

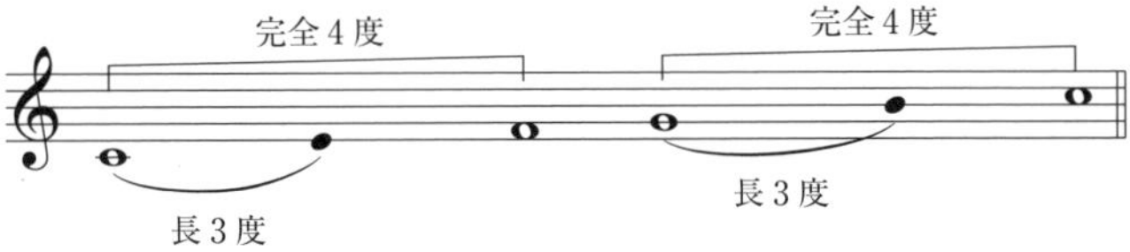

② リズム

拍節的リズム	拍子感が明確。
非拍節的リズム （自由リズム）	何拍子という表記が困難で，拍の長さものび縮みする。

③ 囃しことば

歌の前や後，または歌に合わせて挟み込む掛け声の一種。

④ 音頭一同形式

音頭の者が歌い出し，それに一同が歌い合わせる形式。

⑤ コブシ

細かい装飾的なフシ回しや歌声の技法。

⑥ 産字

歌詞の一部から引きのばされた母音のこと。

⑶　民謡・民俗芸能と地域

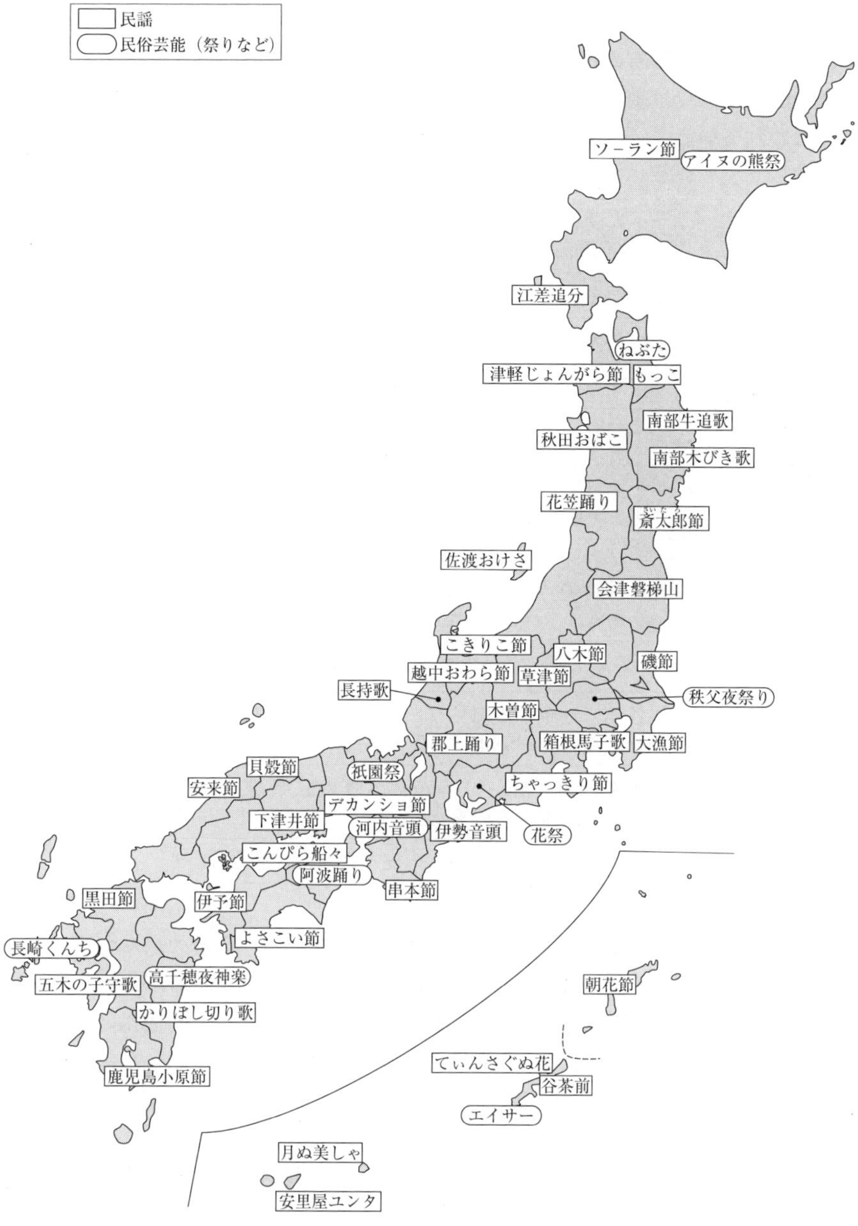
民謡
民俗芸能（祭りなど）
ソーラン節
アイヌの熊祭
江差追分
ねぶた
津軽じょんがら節
もっこ
南部牛追歌
秋田おばこ
南部木びき歌
花笠踊り
斎太郎《さいたろう》節
佐渡おけさ
会津磐梯山
こきりこ節
八木節
磯節
越中おわら節
草津節
長持歌
秩父夜祭り
木曽節
箱根馬子歌
大漁節
郡上踊り
貝殻節
祇園祭
安来節
ちゃっきり節
デカンショ節
下津井節
河内音頭
伊勢音頭
花祭
こんぴら船々
阿波踊り
串本節
黒田節
伊予節
よさこい節
長崎くんち
五木の子守歌
高千穂夜神楽
かりぼし切り歌
朝花節
鹿児島小原節
てぃんさぐぬ花
谷茶前
エイサー
月ぬ美しゃ
安里屋ユンタ

▶ 北海道アイヌの音楽

アイヌの人々は，江戸時代までは北海道から樺太，千島列島に至る広い地域に住んでいた先住民族であり，現在では主に北海道に居住している。明治時代，政府の支配により，固有の慣習や文化の多くが失われたため，現在では少数の長老が伝統的音楽を受け継いでいるにすぎないが，一部では音楽や踊りを伝承する活動も行われている。

⑴ 歌

ユーカラ	人間を主人公とする英雄叙事詩。レプニ（拍子棒）で拍子をとりながら語る。
カムイユーカラ	神を主人公とする叙事的な歌。
ヤイサマ	その時の感情を即興的に歌う叙情歌。
イヨハイチシ	悲しさを歌う叙情歌。
ウポポ	祭りなどで女性が車座となって歌ったり，立って踊りながら歌う。お祝や祭り，酒づくり，杵搗き，ネズミ等，様々な内容が歌われている。※座って歌うことをロクウポポ，踊りながら歌うのをロシキウポポと区別するところもある。
イフンケ	子守歌。子どもをあやすために舌を転がして出すホロルセという独特の音色が特徴。※イヨンノッカ，イヨンルイカというところもある。

⑵ 楽器

ムックリ	世界各地に分布する口琴（ジューズ・ハープ）の一種。竹製で長さが10～15cm，幅が約1cmである。
トンコリ	長さが約1m，幅が約15cmの5弦の弦楽器。楽器によっては弦が3本，または4本のものもある。
カチョ	木の枠に鹿やアザラシなどの皮を張った片面太鼓。

▶ 沖縄の音楽

古典音楽とよばれる琉球王国時代から伝わる宮廷音楽，多数の島々で生まれた多彩な民謡，古い時代の形態を留めるといわれる箏曲などがある。島うたとよばれ親しまれている沖縄の民謡は，三線《さんしん》が主な伴奏楽器である。明治以降に生まれた雑《ぞう》踊りは，宮廷音楽と庶民の芸能が融合したもの。ビートの利いた沖縄独特のリズム感をもつ音楽で踊られ，曲目には「谷茶前《たんちゃめー》」や「花風」などがある。

⑴ 古典音楽

三線伴奏の歌を基本とすることから歌三線ともよばれ，御前風《ごぜんふう》(ぐじんふう)，昔節《むかしぶし》(んかしぶし)，二揚《にあげ》(にあぎ)，口説《くどき》（くどぅち）などに分類される。これらの音楽は，様々な舞踊や歌劇の音楽としても用いられる。

●種類と代表楽曲

御前風	「かぎやで風節（かじゃでぃふうぶし）」,「恩納節（うんなぶし）」
昔節	「ぢゃんな節」,「首里節（しゅいぶし）」
二揚	「散山節（さんやまぶし）」,「子持節（くゎむちゃーぶし）」
口説	「上り口説（ぬぶいくどぅち）」,「前の浜節（めーのはまぶし）」

⑵　島うた

沖縄の島々には，それぞれに多彩な音楽が伝承されている。人々は自分の土地の歌を島うたとよび，守り育てている。

●種類と特徴，代表楽曲

神歌・祝い歌	・ウムイ：古い宗教儀式の歌。 ・アヨー：八重山の収穫の祭であるプーリで歌われる祈りの歌。	「うみしゃぐ」,「すくしきウムイ」
仕事や生活の歌	・ユンタ，ジラバ：日常生活を歌った歌。	「安里屋ユンタ」,「朝端（あさばな）ジラバ」
歌遊びの歌	・歌遊び：三線などを伴奏に即興的に歌をかけ合うもの。沖縄本島のミャークニー，八重山のトゥバラーマ，宮古のトーガニなどがある。	「汀間当節（てまどぶし）」,「トーガニアヤグ」
踊り歌	・ウシデーク：神事の後に行われる芸能で，鼓に合わせて女性が踊り歌う。 ・エイサー：盆踊り。 ・カチャーシー：両手を頭上に挙げ，手首を回しながら左右に振る手踊り。	「高離節（たかはなりぶし）」,「三村節」,「谷茶前」

3　諸外国の音楽

➤　世界の諸民族の音楽

⑴　アジア

●朝鮮半島

サムルノリ	ノンアク（農耕儀礼のときに演じられる，打楽器合奏を中心とした民間芸能）を基に新しく創作された打楽器合奏。チャンゴ（杖鼓），ケンガリ，チン，プクの4つの打楽器が用いられる。
パンソリ	古い伝統をもつ語り物音楽。一人の演者が，プクの伴奏に合わせて物語を演じる。
カヤグム並唱《びょんちゃん》	カヤグム（伽倻琴）という12弦の琴を弾き歌いで演奏し，チャンゴで伴奏する。

●中国

アルフー（二胡）	2弦の胡弓で，細かく音を揺する奏法は，伝統的な中国音楽の特徴である。
ジンジュ（京劇）	歌舞劇。セリフ，歌，器楽，立ち回りからなる。
ピーパー	棹と胴の表面に複数のフレットが付いている4弦の弦楽器。古典音楽の演奏や民族音楽の合奏などに用いられる。

●モンゴル

オルティンドー	民謡のリズム様式。オルティンドーとは「長い歌」という意味があり，自由な拍節で伸び伸びと歌いあげるのが特徴。モリンホール（馬頭琴）の伴奏で歌われることが多い。
ホーミー	特殊な発声法による民謡。ホーミーとは「のど」のことを指し，のどを使って一人の人間が同時に2つの声を出す。

●インドネシア

ガムラン	青銅製の打楽器類を中心とした合奏音楽。マレーシアにも様々なガムランがみられる。
ケチャ	バリ島で演じられている男声合唱による芸能。魔よけの儀式の一部を取り入れて仕立てた「ラーマーヤナ物語」の舞踊劇。

●フィリピン

レゴン	バリ島に伝わる古典舞踊。神話や古典文学を題材にして，ガムラン音楽の演奏を伴って踊られる。

●インド

シタールとタブラーの音楽	シタールは北インドのふくべ（瓢箪《ひょうたん》）を共鳴胴とした撥弦楽器。演奏弦7本の他に多数の共鳴弦をもつ。タブラーは北インドの膜鳴楽器。タブラー(大)とバーヤ(小)の一対の片面太鼓。タブラーのリズムにのってシタールが即興的に旋律をくり出す。
バラタナーティヤム	伝統的な古典舞踊の1つ。女性1人で演じる。手や指の形で様々な単語やことがらを表現し，目の動きや顔の表情を加えて心の動きを表現していく。

●パキスタン他

カッワーリー	パキスタンなどに伝わる宗教的な歌。ハルモニウムという小型のオルガンとタブラーという太鼓が伴奏に用いられる。

●ミャンマー

サウン・ガウ	胴は木をくり抜いてつくられ，大きく曲がった棹は木の根でつくる弦楽器。ミャンマーに伝わる民謡などの演奏が親しまれている。

●トルコ

メヘテルハーネの音楽	メヘテルハーネとは，オスマン朝トルコ時代の伝統的軍隊のこと。ズルナという2枚リードの管楽器が旋律を吹いている。軍楽のことはメヘテルという。
ウード	ウードはアラブ及びトルコの弦楽器。アラビア語で「木」を意味する。西ヨーロッパへ伝わりリュートとなり，シルクロードを通って伝わり中国のピーパー（琵琶）となった。
ウズン・ハワ	トルコに伝わる民謡の一種。恋の歌や死者のための嘆きの歌が多く，拍子のない自由なリズムで歌われるのが特徴。サズという弦楽器で伴奏をすることもある。
セマー	トルコのイスラム教の中でも音楽や踊りを重視する教団で踊られるもので，音楽にのってひたすら旋回する。その音楽では，ネイとよばれる葦のたて笛が重要な役割を果たす。

(2)　アフリカ

●セネガル，マリ，ガンビアなど

グリオの音楽	西アフリカのサバンナ地方の国々では，古くからグリオ（歴史を歌にのせて語り伝えながら各地を巡る人たち。世襲制）が活躍してきた。コラ（胴体が瓢箪《ひょうたん》でできた弦楽器）などを奏でながら，様々な氏族の系譜，歴史，物語などを語り継いでいく。

●ガーナ他

トーキングドラムと太鼓ことば	トーキングドラムは膜鳴楽器。太鼓ことばとは，トーキングドラムの音によって遠くに言語メッセージを伝えるシステム。使われる太鼓には，地方により様々な種類がある。

(3)　ヨーロッパ

●スコットランド・アイルランド・イングランド

バグパイプ	ヨーロッパから中近東，北アフリカなど広範囲に分布する，空気袋（バッグ）にリード付きの管を取り付けた楽器。持続音と細かい装飾音が多用される旋律とを同時に演奏する。

●スイス・オーストリア

ヨーデル	ヨーロッパのアルプス地方やチロル地方で発達した独特な発声法とその音楽。胸に響かせた声と高い裏声を交互に使う。

●オーストリア他

ツィター	中央ヨーロッパのアルプス地方で用いられる弦楽器。メロディー弦が５～６本，伴奏弦が25～30本でつくられている。チロル民謡などの演奏で親しまれている。

●スペイン

フラメンコ	スペイン南部のアンダルシア地方で生まれた音楽と舞踊による民族音楽。カンテ（歌），バイレ（踊り），トケ（ギター）が一体となり，手拍子や掛け声を伴いながら激しく感情を表現する。

⑷ ポリネシア

●タヒチ島他

ヒメネ	キリスト教の賛美歌の影響を受けた合唱のスタイル。キリスト教的な歌詞のものと，伝統的なポリネシアの歌詞のものがある。

⑸ 南北アメリカ

●アンデス地方

フォルクローレ	フォルクローレとは本来「民俗，民俗学，民間伝承」を意味するスペイン語である。中南米では「民謡，民俗音楽」を主に指す言葉としてアンデス高原を中心に広く使われている。旋律は五音音階によるものが多く，独特の哀愁を帯びた雰囲気をもっている。楽器は，ケーナやシーク，ピンキージョ，アルパ，チャランゴなどが用いられている。

●ボリビア他

チャランゴ	複弦（２本一組で同じ音になっている弦）５組の弦楽器。独奏，合奏，歌の伴奏などに幅広く用いられる。

●アメリカ

フープ・ダンス	ネイティヴ・アメリカン（もともとアメリカ大陸に住んでいた人々）が，雨ごいなどの願いを込めて踊っていたもの。多くのフープ（輪）を美しく操りながら踊る。

➤ ポピュラー音楽

(1) アメリカ

●アメリカ起源

ブルース	19世紀後半に，南部でアフリカ系アメリカ人の過酷な生活から生まれた哀愁を帯びた音楽。黒人音楽とカントリーの融合による。
ジャズ	19世紀末から20世紀初頭に，ニューオーリンズのアフリカ系アメリカ人の間で生まれた。4ビートのリズムと即興を重視した演奏が特徴。
ゴスペル	1920年代，聖書に基づくメッセージを伝える歌として生まれた。様々な音楽と互いに影響し合って発展を続けている。迫力ある発声が魅力。

(2) ラテン・アメリカ

●ブラジル

サンバ	アフリカから伝わった合唱と打楽器を伴う輪舞を基に発達したブラジルの黒人系リズムのダンス音楽。基本の2拍子のリズムに多種多様な打楽器が絡み合うポリ・リズムのおもしろさが特徴。
ボサ・ノヴァ	「新しい天性，しゃれた癖」というような意味で，サンバに都会的なジャズの感覚を取り入れ，ジャズ・サンバともいわれる。

●アルゼンチン

タンゴ	ダンス及びその音楽。キューバのハバネラやスペインの舞曲などが混じり合って独特の2拍子のリズムを生んだ。

(3) ヨーロッパ

●フランス

シャンソン	熱烈な恋心や郷愁，感傷を情熱的に歌う歌詞に力点が置かれた音楽。フランス語で歌われ，権威への反発や風刺精神も特徴。

●イタリア

カンツォーネ	ナポリのポピュラー・ソングで，「歌」を意味する。

例題１　能楽

次の文について，各問いに答えよ。

室町時代には，（　A　），（　B　）の父子が能を大成した。能は，（　C　），散楽，$_{a}$曲舞など，様々な先行芸能を取り入れて，演劇，舞踏，音楽，文学，美術が融合した高度に洗練された総合芸術である。（　D　）とよばれる主役を中心に劇が進行し，これをワキ，$_{b}$地謡などが助け，能管，大鼓，小鼓，太鼓の囃子楽器が加わる。能と同時に成立した芸能でこっけいなセリフ劇が（　E　）である。

(1)　空欄Ａ～Ｅに当てはまる最も適切な語句を答えよ。

(2)　下線部ａの読み方を答えよ。また，その説明を簡潔に答えよ。

(3)　下線部ｂの読み方を答えよ。　〈千葉県・千葉市改題〉

解答　(1)　Ａ．観阿弥　Ｂ．世阿弥　Ｃ．田楽　Ｄ．シテ　Ｅ．狂言

（Ａ・Ｂ順不同）

(2)　読み方：くせまい

説明：日本の中世芸能の一種。叙事的な物語を鼓に合わせて歌いながら，簡単な足踏みを主とした舞。

(3)　じうたい

解説　能は，室町時代初期に観阿弥（1333～84年），世阿弥（1363？～1443？年）父子によって大成された舞台芸能である。武家社会の保護の基に栄え，江戸時代には幕府の式楽に定められた。芸術的に極めて洗練された伝統音楽として，今日に伝えられている。現在，能の流派には観世，宝生，金春，金剛，喜多の５つがある。また，主人公が面を付けるのが大きな特徴である。

●役籍

立方	役に扮して舞台に立つ。シテ（主役），ワキ（相手役），ツレ・ワキツレ（助演役），アイ（物語の進行状況を説明する役）など。
地謡方	舞台右手に正座し，謡のうち，立方が謡わない部分（地謡）を６～10人で斉唱する。
囃子方	舞台奥に座り，囃子を担当する。

(2)　鼓にのせて歌い，足拍子を踏む語り舞である。観阿弥は，南北朝時代に流行した曲舞を導入して音楽表現の幅を広げ，劇的な起伏に富んだ作品を残した。

(3)　能・狂言の声楽部分である謡のうち，シテ・ワキなどの立方が謡う役謡に対して，地謡方が裃《かみしも》，または，紋付袴姿で着座して斉唱するものである。

例題２　歌舞伎

次は，歌舞伎「勧進帳」に関連する文である。空欄に当てはまる，適切な語句を答えよ。

⑴　この物語歌舞伎「勧進帳」にでてくる加賀の国，安宅の関所とは現在の（　A　）県にある。

⑵　歌舞伎「勧進帳」では，長唄の部分で，（　B　），能管，大鼓，小鼓の各楽器が使われる。

⑶　歌舞伎の音楽は，長唄や義太夫節など，舞踊の伴奏をしたり物語を語っていく役割をしたりする音楽と，物語の進行を助け，効果音のはたらきをする（　C　）とに大きく分けられる。

⑷　長唄は，江戸時代に上方で流行していた（　D　）音楽が，歌舞伎の舞踊の伴奏音楽として取り入れられたものである。

⑸　歌舞伎は音楽だけでなく舞踊，（　E　），美術など，いろいろな要素をあわせもつ総合芸術である。

〈福島県〉

解答　A．石川　　B．三味線　　C．下座音楽（黒御簾音楽）
D．三味線（地歌，長唄）　　E．劇（演劇）

解説　「勧進帳」は，1840年（天保11年）に能楽「安宅」を基に三世並木《なみき》五瓶《ごへい》が作詞，四世西川扇蔵《にしかわせんぞう》が振り付け，四世杵屋六三郎が作曲したもので，七世市川団十郎（当時は海老蔵）が歌舞伎十八番の１つとして初演した。長唄「勧進帳」は，その音楽の部分だけを綴ったものである。

⑴　歌舞伎「勧進帳」は，一行が加賀の国，安宅の関所（石川県小松市安宅町）にさしかかった時の，弁慶と関守の富樫左衛門との緊張感に満ちた場面を描いたものである。

例題3　文楽

文楽について，次の各問いに答えよ。

(1)　文楽の特徴について「成立した時代」や「表現している内容」を含めて簡潔に記せ。

(2)「三業」について記せ。

(3)　義太夫節で使われる楽器が表現しているものを記せ。

(4)　義太夫節で使われる楽器と長唄「勧進帳」で使われる楽器の違いを記せ。

(5)　義太夫節を始めた人物の名を漢字で答えよ。

〈島根県〉

解答　(1)　江戸時代に発展し，人間のさまざまなドラマを表現した日本の伝統的な人形劇。

(2)　太夫，三味線，人形遣いの3つの役割

(3)　季節や時間，人物の心の動きなどを表現している。

(4)　義太夫節で使われる三味線は太棹を用い，長唄で使われる三味線は細棹を用いる。

(5)　竹本義太夫

解説　文楽は，もともとは人形浄瑠璃というが，明治時代に文楽座という劇場が創設されてからは，文楽というよび方が用いられるようになった。

文楽で，太夫と三味線が演奏する音楽を義太夫節という。義太夫節は，竹本義太夫が大坂（現大阪）で始めた音楽である。作家の近松門左衛門の脚本を用いて，魅力ある声で語った竹本義太夫の音楽は，当時の人々に大流行した。その後も多くの名作が生まれ，歌舞伎で上演されているものもある。

例題 4　日本の民謡

次の文は，日本の民謡について述べたものである。空欄に当てはまる適切な語句を答えよ。

民謡は，（　A　），信仰，娯楽といった民衆の生活の中で生まれ，（　B　）によって歌い継がれてきた音楽である。日本民謡の起源については確かなことは分かっていないが，近世になると，（　C　）という楽器の普及によって民謡は現在の形に近づいた。今日歌われている民謡の多くは，この時期以降につくられたと考えられている。

日本の民謡の種類は，歌う場所や目的によって分類される。田植歌や木びき歌などを（　D　）といい，長持歌や酒盛歌を（　E　）という。

日本の民謡の音階には，大きく分けて次の４種類が用いられている。沖永良部島以南の沖縄地方では沖縄音階が，それ以外の地域では（　F　）と（　G　）の２種類が多く用いられている。律音階はほぼ全国的にみられるが，数はわずかである。

民謡の様式は，音楽的な特徴によって，（　H　）様式と追分様式の２種類に分類することができる。

また，民謡には伴奏楽器が使われるが，管楽器の中では（　I　）が多い。明治以降，追分様式の民謡の伴奏には（　J　）が用いられるようになった。

〈神戸市〉

解答　A．労働　B．口伝え（口承，伝承）　C．三味線　D．仕事歌
E．祝い歌　F．都節音階　G．民謡音階　H．八木節
I．篠笛　J．尺八
（F・G順不同）

解説　民謡の音楽様式は次のように分類される。

●**様式**

	八木節様式	追分様式
リズム	拍節的で明確	不明確なリズムで，はっきりとした拍節をもたない
メリスマ	比較的少ない	多い
音域	一般に狭い	一般に広い
歌唱形態	斉唱が多い	独唱が多い
伴奏楽器	太鼓，三味線	尺八

（※メリスマ…１つの音節を長く引きのばす歌い方）

●「八木節」

●「江差追分」

民謡に用いられる伴奏楽器は次の通り。

●伴奏楽器

弦楽器	伴奏楽器としては，細棹，中棹，太棹などの三味線が多く用いられる。その他に，太棹の津軽三味線（青森県津軽地方），蛇の皮を張った小型の三味線の三線《さんしん》（沖縄諸島・奄美諸島）など，その土地独特の三味線が用いられる。また，胡弓（北陸地方）が多少用いられる。
管楽器	尺八は追分様式の民謡の伴奏に用いられ，篠笛は芸能と結び付いた民謡の伴奏に用いられる。
打楽器	打楽器では太鼓（締太鼓，大太鼓）が最も多く用いられる。金属製の打楽器には銅拍子や摺《す》り鉦《かね》，竹製の打楽器にはこきりこ，びんざさらなどが用いられる。

例題 5　民謡

次の楽譜は，「斎太郎節」（宮城県民謡）の旋律を五線譜で表したものである。各問いに答えよ。

(1)　この旋律に使われている音階の種類名を，次のア～エから１つ選び，記号で答えよ。

ア．都節音階　　イ．沖縄音階　　ウ．律音階　　エ．民謡音階

(2)　我が国の民謡では，旋律中にある音を細かく揺らすような歌い方をする歌唱法がある。このことを何というか答えよ。

〈宮城県・仙台市改題〉

解答　(1)　ア　　(2)　コブシ

解説　民謡は，人々の日常生活の中で歌い継がれてきたうたであり，信仰，労働，娯楽などと結び付いて生まれてきた。そのため，うたが生まれた土地やその生活を背景とした，そのうたならではのリズムやメロディーをもっている。

例題 6　世界の諸民族の音楽

次の文１～４は，世界諸民族の音楽についての説明である。各問いに答えよ。

1．この地域では古代文明からの流れを汲む先住民系の音楽，16世紀に植民してきたヨーロッパ・ラテン系の音楽，黒人がもたらしたアフリカ系の音楽の３つの要素が混じり合い独特の音楽文化を生み出した。

2．この地域一帯では様々な竹製の楽器や金属製の打楽器が分布している。交互に補い合うリズムを基本とした複数のパートを組み合わせ，一定の音型をくり返す音楽的構造がみられ，共同体の連帯意識を高めるために有効であり王族や宗教的な行事でも用いられた。

3．精緻な音楽理論をもつ古典音楽を発達させたことで名高く，全体的に声楽が盛んである。ラーガやターラに基づいた即興演奏を重視し，名人芸を極める独奏や独唱が中心である。

4．半音より狭い微小な音程を聴き分ける独自の音感やマカームなどの理論を発達させた。音を揺らしたり振るわせたりする独自の唱法にもそれがよく表れている。リズム周期も複雑なものが多く独特のリズム感をもっている。

(1)　文１～４の説明に当てはまる地域名を語群Ａから，また，関連の深い語句を語群Ｂからそれぞれ１つずつ選び，記号で答えよ。

〔語群Ａ〕

ア．西アジア・中央アジア　　イ．アフリカ　　ウ．東アジア
エ．東南アジア　　オ．南アジア　　カ．中南米

〔語群Ｂ〕

ａ．パラタナーティヤム　　ｂ．アルゼンチン・タンゴ
ｃ．メヘテルハーネ　　ｄ．ノンアク
ｅ．ジンジュ　　ｆ．ワヤン

(2)　「スレンドロ音階」といった１オクターヴをほぼ等分する独特の音階をもつ音楽のあるのはどの地域か。(1)の語群Ａから１つ選び，記号で答えよ。

〈福島県〉

解答　(1)　1．カ，ｂ　　2．エ，ｆ　　3．オ，ａ　　4．ア，ｃ
(2)　エ

解説　3．ラーガとは旋律の法則で，ドレミ…に当たるサリガという階名を組み合わせてつくられている。ターラとは拍節法で，４つの型を組み合わせて表現するものである。

●例　ラーガ：マラハ́リ

(階名)サ　リ　マ　パ　ダ　サ　　サ　ダ　パ　マ　ガ　リ　サ

ターラ：ルーパカ（片手でひざを打ちながら歌う）

2 + 4 = 6 拍子の数え方（）

本来は  だが

表 裏 表 小指 薬指 中指

↓

普通は  のように数える。

表　表　裏

(○　○　●)

(※手の甲が上…表　手のひらが上…裏)

4．マカームとは，アラブ及びトルコ音楽文化圏における音階，旋法，旋律のこと。

演習問題

1 ★☆☆

日本の雅楽は，それが成長した歴史・系統やその演奏目的などから，国風歌舞，大陸系の楽舞，謡い物の３つに大別することができる。次の各問いに答えよ。

(1) 「国風歌舞」の読み方をひらがなで答えよ。

(2) 大陸系の楽舞は伝来の系統から２つに分類されている。左楽，右楽ともいうが，楽舞の別名を，それぞれ漢字で答えよ。

左楽→（　A　），右楽→（　B　）

(3) 次の文１～３で説明している謡い物に含まれる声楽曲名を，漢字で答えよ。

1．漢詩に非拍節的な節を付けて謡う曲。

2．民謡や童謡などの歌詞に拍節的な節を付けて歌う曲。

3．「現代風」という意味で，「越天楽」の旋律に歌詞を付けた曲もある。

〈京都市〉

2 ★☆☆

次の説明文(1)～(3)に当てはまる，伝統音楽・伝統芸能名を答えよ。

(1) 仏教の儀式などに用いられ，仏教の経文を歌唱する音楽。

(2) 琵琶の伴奏で「平家物語」を語る音楽。

(3) 豊作を祈願する目的で，田で行われた儀礼的な歌舞からおこった芸能。

〈長崎県〉

3 ★☆☆

次の文章を読んで，問いに答えよ。

武士階級が勢力をもつ時代になると，貴族社会で愛好された（　ア　）は衰えはじめ，武士階級の支持を受けた新たな音楽が興隆した。（　イ　）は琵琶の伴奏で平家物語を語る音楽で声明の要素を取り入れて生まれ，室町時代には隆盛を極め，観阿弥・世阿弥父子が今日の$_{a}$<u>能楽</u>の基礎を大成した。能楽を演じる際，受け持つ役のうち，$_{b}$<u>主に演技を受け持つ役</u>を（　ウ　），主に楽器を演奏する役を（　エ　），主に物語的な所を受け持ち斉唱で歌う役を（　オ　）という。

江戸時代になると，幕府の鎖国により外国との交流がとだえた反面，日本的な音楽が発達した。例えば，室町末期に伝来した三味線はさまざまな種目に発展し，$_{c}$三味線音楽は全盛期を迎えた。

$_{d}$長唄は江戸の歌舞伎音楽として発展した歌曲であるが，後に歌舞伎を離れたお座敷長唄もおこった。端唄・小唄は江戸で流行した短い歌曲で，地歌は京阪地方で発達した歌曲である。

(1)　空欄に当てはまることばを答えよ。

(2)　下線部aの能楽の作品の中で，イギリスの作曲家B.ブリテンのオペラ「カーリュー・リヴァー」の原作となった観世元雅の能の作品名を答えよ。

(3)　下線部bに関する次の問いに答えよ。

①　下線部bの役の中で，主役を何というか答えよ。

②　下線部bの役の中で，主役の相手役を何というか答えよ。

(4)　下線部cの三味線音楽で使用される三味線の種類で，主に義太夫節を演奏する際に用いられるものを何というか，答えよ。

(5)　下線部dの長唄は，江戸時代に歌舞伎の伴奏音楽として発展した三味線音楽の一種目で，三味線と鳴物とよばれる楽器を伴った歌曲である。この鳴物とよばれる楽器を，次のア～コからすべて選び記号で答えよ。

ア．琵琶　　イ．能管　　ウ．尺八　　エ．篠笛　　オ．笙
カ．竜笛　　キ．神楽笛　　ク．胡弓　　ケ．小鼓　　コ．箏

〈福島県〉

4　★☆☆

能の謡において，曲の終わりの部分を示すものはどれか。番号で答えよ。

①　ノリ　　②　キリ　　③　サシ　　④　クセ

〈神奈川県・横浜市・川崎市・相模原市〉

5　★☆☆

次の文は，日本の代表的な楽器の音楽についての説明である。空欄に当てはまる適切な語句を，語群から選び，答えよ。

三味線音楽には，物語の内容に重点を置く（　A　）と，音楽そのものに重点を置く（　B　）とがあり，棹の太さ・大きさも様々な三味線が用いられる。（　A　）の浄瑠璃には，人形芝居と結び付いて（　C　）によって大成された（　C　）節や，常磐津節，清元節などがある。

箏曲は，室町時代に北九州で始められた筑紫流箏曲が源流となり，江戸時代

の初めに（　D　）検校が，平調子を考案するなどして（　D　）流箏曲を始めてから非常な勢いで流行していった。その後，（　E　）検校が始めた（　E　）流箏曲と（　F　）検校が始めた（　F　）流箏曲の二派が普及し，現在でも主にこの二派が主流になっている。

尺八音楽は，江戸時代に入って，読経の代わりに尺八を吹く禅宗の一宗派である（　G　）宗ができて以来次第に広まり，その僧を（　H　）と称した。尺八のために創られた曲を（　I　）といい，尺八以外の楽器のために創られた曲を尺八で奏するものを（　J　）といい，区別している。

〔語群〕

歌い物　語り物　義太夫　宮城　山田　八橋　曹洞　浄土真
普化　禅　虚無僧　外曲　三曲　本曲　生田

〈静岡県・静岡市〉

6 ★☆☆

次の文は，歌舞伎の音楽についての記述である。空欄に当てはまる語句を答えよ。

歌舞伎の舞踊の伴奏には，主に（　A　）という種類の音楽が用いられる。この音楽は唄と三味線と（　B　）（笛・小鼓・大鼓・太鼓など）によって演奏される。一方，セリフや演技の合間には，芝居の状況を説明したり，芝居の雰囲気を盛り上げたりするために（　C　）などの音楽が演奏される。さらに，場面の背景に必要な音楽は（　D　）といい，黒御簾とよばれる小部屋の中で演奏される。

〈京都市〉

7 ★☆☆

次の文１～４のうち，我が国の伝統的な音楽である「長唄」について適切に説明しているものを選び，番号で答えよ。

1．琵琶の伴奏で平家物語の詞章を語る声楽曲で，声明の要素を取り入れて生まれた。各曲が，それぞれいくつかの段落からなり，それぞれの段落が内容によって曲節とよばれる，音階，音程，リズムを異にする部分から成り立っている。
2．歌舞伎舞踊の伴奏音楽として発生し，その発展途上で地歌，浄瑠璃，謡曲，狂言，はやり歌などの歌詞や旋律を取り入れた日本音楽を集大成した細棹芸術であり，複雑な旋律やきわめて多様な音楽的演出法をもった歌曲である。

3．劇的な内容の地の文と会話の文とからなる叙事的な表現を基調とする詞章を，太夫とよばれる一人の語り手が，一人の三味線弾きの伴奏によって特有の曲節で語る。やさしく流麗な情緒的表現からダイナミックで劇的な表現まで，豊かな表情をもつ。

4．座敷音楽，家庭音楽として行われてきた三味線音楽である。中棹の三味線や津山撥を用いるのが一般的である。三味線音楽の中では最も器楽的性格が強く，単なる歌の伴奏以上の役割を担う場合が多い。

〈東京都〉

8　★☆☆

我が国や郷土の伝統音楽について，次の各問いに答えよ。

⑴　アイヌの音楽において，祝いや祭りのときなどに集団で座ったり踊ったりして歌われる歌を選び，記号で答えよ。

ア．ユーカラ　　イ．ウポポ　　ウ．シノッチャ　　エ．ヤイサマ
オ．イフンケ

⑵　沖縄地方の伝統的な盆踊りを選び，記号で答えよ。

ア．ユンタ　　イ．カチャーシー　　ウ．アヤグ
エ．トゥバラーマ　　オ．エイサー

〈北海道・札幌市〉

9　★☆☆

次の民謡⑴～⑸と関連するものを，語群から選び，記号で答えよ。

※重複使用可

⑴　越中おわら節
⑵　ソーラン節
⑶　大漁節
⑷　もっこ
⑸　草津節

〔語群〕

ア．仕事歌　　イ．わらべ歌　　ウ．子守歌　　エ．踊り歌
オ．本歌・末歌　　カ．祝い歌

〈青森県〉

10 ★☆☆

次の文中の空欄に当てはまる語句を，①～④から１つ選び，番号で答えよ。

日本の伝統的な音楽の旋律は今日では概ね４つの音階に分けて説明されることが多いが，ド－♭ミ－ファ－ソ－♭シ－ドで表されるものは（　　　）である。

①　民謡音階　　②　律音階　　③　都節音階　　④　沖縄音階

〈神奈川県・横浜市・川崎市〉

11 ★☆☆

次の楽譜(1)～(5)は，日本の郷土の音楽の一部分である。それぞれの曲名を答えよ。また，それぞれどの地域を代表する音楽であるか，都道府県名で答えよ。

(1)

(2)

(3)

(4)

(5)

〈兵庫県〉

12 ★☆☆

次の日本民謡(1)～(8)は，それぞれどの地方の民謡か，都道府県名で答えよ。

(1)　五木の子守歌　(2)　こんぴら船々　(3)　ソーラン節　(4)　南部牛追歌

(5)　木曽節　(6)　よさこい節　(7)　河内音頭　(8)　佐渡おけさ

〈鳥取県〉

13 ★☆☆

郷土の音楽について，次の空欄に当てはまる最も適切な語句を，それぞれ語群から１つずつ選び，記号で答えよ。

民謡やお囃子など，日本各地にある郷土の音楽には，踊りと結びつき郷土の芸能として受け継がれているものもある。越中おわら風の盆は，歌，三味線，太鼓，（　A　）の演奏に合わせて踊るもので，（　B　）に伝えられている。また，沖縄県に伝わる（　C　）は，三線や太鼓などに合わせて踊る盆踊りである。

〔語群〕

A．ア．篠笛　イ．琵琶　ウ．鉦　エ．胡弓

B．ア．島根県　イ．富山県　ウ．徳島県　エ．青森県

C．ア．ねぶた　イ．安来節　ウ．阿波踊り　エ．エイサー

〈栃木県〉

14 ★☆☆

次の(1)〜(4)は，ホルンボステル・ザックス分類法により世界の諸民族の楽器を４つに分類した項目である。それぞれの項目に該当する楽器の名称を，語群から２つずつ選び，記号で答えよ。

(1)　体鳴楽器　(2)　膜鳴楽器　(3)　弦鳴楽器　(4)　気鳴楽器

〔語群〕

ア．琵琶　イ．ムックリ　ウ．マリンバ　エ．ケーナ

オ．タブラー　カ．カヤグム　キ．バグパイプ

ク．トーキングドラム

〈高知県〉

15 ★☆☆

アジアの民族楽器の説明として正しくないものを選び，番号で答えよ。

①　テグム(朝鮮半島)…太い竹製の横笛。穴に薄い膜が張られ，この膜の振動が独特の音色を生む。

②　スルナイ(マレーシア)…２枚のリードを持つ管楽器。トルコのズルナと同属。

③　チャケー(タイ)…３本の弦を持つ弦楽器。２本は絹製，１本は金属製。

④　トガリ(フィリピン)…吹き口を鼻の穴にあて，鼻から息を吹き込んで演奏する。

⑤　ルバーブ(イラク)…両面太鼓。床の上に置いたり，肩から前にひもで下げたりする。

〈三重県〉

16 ★☆☆

次の楽器⑴～⑽は，どこの国，または，地域の楽器か。また，何という名前か。語群からそれぞれ選び，答えよ。

⑴

⑵
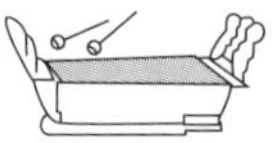

⑶
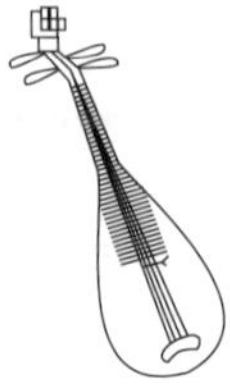

⑷
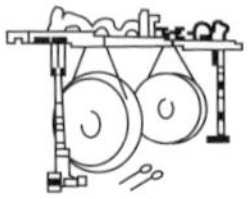

⑸
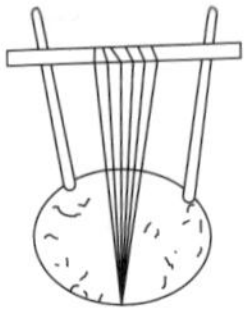

⑹

⑺

⑻
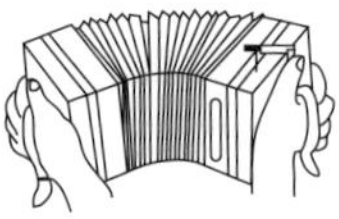

⑼

⑽
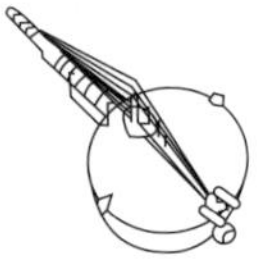

〔語群〕

〈国・地域〉※重複使用可

ブラジル	中国	西アフリカ	アンデス地方
インドネシア	アルゼンチン	エチオピア	西アジア

〈楽器名〉

チャランゴ	ガンバン	コラ	クラル	ゴング
ウード	アルパ	スルド	琵琶（ピーパー）	バンドネオン

〈静岡県・静岡市改題〉

17 ★☆☆

次のⅠ～Ⅴの文は，アジアの民族音楽及び民族楽器について述べたものである。各問いに答えよ。

Ⅰ　（　①　）物語は，「マハーバーラタ」と並ぶ古代インドから伝わる二大長編叙事詩であり，東南アジア一帯で演劇や舞踏，音楽，絵画，彫刻などの題材として深く浸透している。

Ⅱ　朝鮮半島に見られる（　②　）は，古い伝統をもつ語り物音楽で，一人の演者が〈　a　〉の伴奏に合わせて物語を演じる。2003年にはユネスコの世界無形文化遺産にも登録された。

Ⅲ　ホーミーは，地声と（　③　）を利用して複数の声を出す特殊な発声法による民謡である。

Ⅳ　〈　b　〉は，中をえぐって調律した複数の竹筒とそれをつなぐ竹枠からなり，ゆすって竹筒と竹筒をぶつけて音を出す。音程は竹の長さや太さによって異なる。

Ⅴ　西アジアでは c ズルナなどの d 2枚リードの楽器が広く分布している。

(1)　（　①　），（　②　），（　③　）に当てはまる最も適切な語句を答えよ。

(2)　（　①　）の物語に関連し，インドネシアのバリ島で演じられる男声合唱劇を何というか。

(3)　〈　a　〉，〈　b　〉に当てはまる楽器名を答えよ。

(4)　下線部 c の楽器を使用する，16世紀から17世紀のトルコの軍楽隊を何というか。

(5)　下線部 d に該当する楽器を，次のア～エから選び，記号で答えよ。

ア．篳篥　　イ．一節切　　ウ．笙　　エ．能管

〈栃木県改題〉

18 ★★☆

世界の民族音楽について，次の各問いに答えよ。

(1)　次の文1～5は，世界の民族楽器についての説明である。楽器名を語群から選び，記号で答えよ。

1．インドの1mをこえる大きな弦楽器で，フレットが金属の輪でできていて移動させることができる。

2．オーストリアの弦楽器で，平らな共鳴箱の上に4～5本の旋律弦と37本の伴奏弦が張られている。

3．ルーマニアの楽器で，音階順に10数本のたて笛を並べた笛。

4．アフリカの胴の長い筒型の片面太鼓。

5．インドネシアのガムランに使われる青銅琴。

〔語群〕

ア．ナイ　　イ．ンゴマ　　ウ．カヤグム　　エ．シタール
オ．馬頭琴　　カ．ツィター　　キ．ケーナ　　ク．サウン
ケ．サロン　　コ．プロバンス太鼓

(2)　次の民族音楽1～3の国名を答えよ。また，それぞれどのような音楽か，簡潔に説明せよ。

1．ホーミー　　2．ケチャ　　3．フラメンコ

〈三重県〉

19 ★☆☆

次のア～エの民謡の国名を1～8より選び，番号で答えよ。

ア.

イ.

ウ.

エ.

1．アメリカ　2．ブルガリア　3．フランス　4．スイス
5．ロシア　6．アイルランド　7．ドイツ　8．ポーランド

〈愛知県〉

20 ★☆☆

次の文(1)～(5)は，諸外国の音楽について説明したものである。それぞれに当てはまる名称を，語群から選び，記号で答えよ。

(1)　19世紀のはじめごろキューバのアフリカ系住民の間におこったダンスのリズムで，1930年前後にアメリカ，ヨーロッパに普及し，社交ダンスの標準リズムとなった。

(2)　スイスやオーストリアの山岳民族の間で歌われる特殊な民謡と熟練した声の出し方をいう。

(3)　拍節感のない自由なリズムで，声を長くのばして歌うモンゴル民謡の形式のことで，「長い歌」という意味を持ち，日本の追分節とよく似ている。

(4)　中国に古くから伝わる二弦の擦弦楽器。

(5)　イスラーム教徒の宗教歌謡の一種で，太鼓やハーモニウムの伴奏にのせて何度も同じ旋律をくり返し歌うもの。その間にリーダーの即興的な歌が挿入される。

〔語群〕

ア．サンバ　イ．ホーミー　ウ．ガムラン
エ．オルティンドー　オ．ヨーデル　カ．マンボ　キ．ケチャ
ク．ルンバ　ケ．アルフー　コ．カッワーリー

〈千葉県・千葉市改題〉

21 ★☆☆

諸外国の様々な音楽について，次の各問いに当てはまる最も適当なものを，それぞれ①～④の中から１つ選び，番号で答えよ。

(1) ゴングやルバーブ，スリンなどの楽器を使用するインドネシアの音楽はどれか。

① ファンダンゴ　② サンジョー　③ ガムラン
④ オルティンドー

(2) ラテン・アメリカの舞踊音楽ではないものはどれか。

① マンボ　② ルンバ　③ メレンゲ　④ セマー

(3) 「親指ピアノ」とよばれているアフリカの楽器はどれか。

① サンザ　② バラフォン　③ ボナン　④ コラ

(4) 平らな箱の上に多くの弦が張ってあり，左手でフレットを押さえ，右手の親指で旋律を，そのほかの指で伴奏を弾くヨーロッパのアルプス地方の楽器はどれか。

① ツィンバロム　② シタール　③ ツィター　④ チャランゴ

(5) 次の説明文の中で，適当ではないものはどれか。

① スティールドラムは，ドラム缶から作られた楽器である。
② サムルノリは，朝鮮半島の打楽器合奏である。
③ スルドは，サンバに用いられる楽器である。
④ ファドは，打楽器を用いるアフリカの舞踊音楽である。

〈神奈川県・横浜市・川崎市・相模原市〉

22 ★☆☆

次の文(1)～(5)を特徴にもつポピュラー音楽の名称を，それぞれ答えよ。

(1) ８ビートを基調とする，1950年代にリズム・アンド・ブルースとカントリー・アンド・ウェスタンが融合して生まれた音楽。エルヴィス・プレスリーが当初熱狂的な支持を得た。

(2) アメリカ合衆国・ニューヨークのアフリカ系アメリカ人の間で1970年代後半に生まれたリズムにのせて早口で語るスタイルをもつ音楽。ヒップホップ文化とともに世界中に広がった。

(3) 即興と４ビートを重視した演奏を特徴とする。19世紀末から20世紀初頭にかけて，アメリカ合衆国・ニューオーリンズにおいてアフリカ系アメリカ人の間で生まれた音楽。

(4) ブルー・ノートを特徴とする音階を使用し，一定の12小節のスリーコードの進行からなるアフリカ系アメリカ人の過酷な生活から生まれた音楽。

(5) 1920年代にアフリカ系アメリカ人のキリスト教会において，黒人霊歌の流れをくんで歌われ始めた。強烈なリズムと迫力ある唱法を特徴とする音楽。

〈千葉県・千葉市〉

23 ★☆☆

次の文の空欄に当てはまる語句を答えよ。

ジャズは，19世紀末に，ニューオーリンズを中心にアメリカの黒人によって生み出された。ブルース，ラグタイム，ヨーロッパ音楽などが合流して生まれたもので，オフ・ビートによる躍動的なシンコペーションと，（　A　）演奏が特徴である。1930年代の（　B　）ジャズまでは主にダンス音楽だったが，1940年代半ばのビ・バップ以後を（　C　）ジャズとよび，（　A　）及び鑑賞性がより強くなった。60年代には，形式からの自由を追求した（　D　）ジャズが登場し，70年代には，ロックとの融合から（　E　）が生まれた。

〈千葉県・千葉市〉

24 ★☆☆

次の舞曲についての表に関する各問いに答えよ。

舞曲の種類	発祥国	拍子	特徴
クーラント	（　イ　）	4分の3か 2分の3	古典組曲の第2楽章によく用いられる。
ルンバ	キューバ	4分の4か 4分の2	野趣にとんでいる。
パスピエ	（　イ　）	8分の3か 8分の6	足はこびの意味をもつ軽快なもの。
ポロネーズ	ポーランド	4分の3	ショパンによって芸術的に高められる。
フォックス・トロット	アメリカ	（　エ　）	シンコペーションを多く用いる。
（　ア　）	スペイン	4分の3	はなやかなリズムをもっている。
サルタレロ	（　ウ　）	（　オ　）	ゆっくりとした偶数拍子の舞曲のあとに続けて演奏される。
ハバネラ	キューバ	4分の2	タンゴと似たリズムをもっている。
リゴドン	（　イ　）	4分の2か 4分の4	風変わりなステップで，3，4拍目から始まる。

(1)　（　ア　）に入る舞曲の種類を下記の①～⑤のうちから1つ選べ。
　①　パストラーレ　　②　ファンダンゴ　　③　ボレロ
　④　ポルカ　　　　　⑤　マズルカ

(2)　（　イ　）に入る国名を下記の①～⑤のうちから1つ選べ。
　①　フランス　　　　②　ドイツ　　③　イギリス
　④　アルゼンチン　　⑤　イタリア

(3)　（　ウ　）に入る国名を下記の①～⑤のうちから1つ選べ。
　①　フランス　　　　②　キューバ　　③　ポーランド
　④　アルゼンチン　　⑤　イタリア

(4)　（　エ　）に入る拍子を下記の①～⑤のうちから1つ選べ。
　①　4分の2　　②　4分の4　　③　8分の3

④　２分の２　　⑤　２分の３

(5)　(　オ　) に入る拍子を下記の①～⑤のうちから１つ選べ。

①　４分の３　　②　４分の４　　③　８分の３

④　４分の２　　⑤　８分の６

〈岐阜県改題〉

25 ★☆☆

次の(1)～(5)の各リズムを，リズム譜から選び，記号で答えよ。また，発祥地を国名で答えよ。

(1)　ボレロ　　(2)　タランテッラ　　(3)　スウィング　　(4)　サンバ

(5)　マズルカ

〔リズム譜〕

ア.

イ.

ウ.
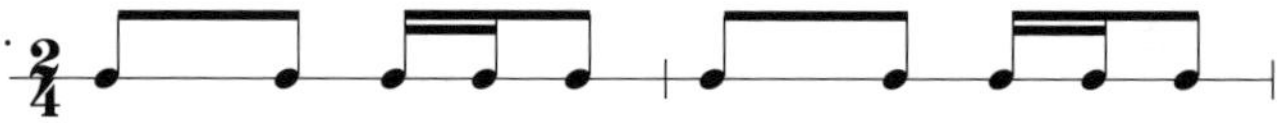

エ.
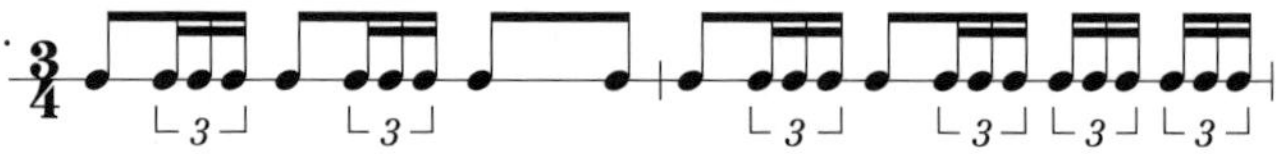

オ.

カ.

キ.
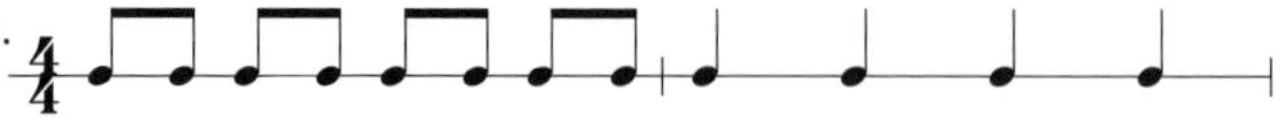

〈兵庫県〉

26 ★☆☆

3拍子の舞曲を，a～lから選んだときの正しい組合せを，①～⑤から選び，番号で答えよ。

a．シャコンヌ　b．シチリアーナ　c．メヌエット　d．ハバネラ
e．サラバンド　f．ポルカ　g．ワルツ　h．ポロネーズ
i．マズルカ　j．タランテラ　k．ギャロップ　l．リゴドン

①　b，e，f，g，j，k
②　a，c，d，f，h，l
③　b，c，d，e，g，l
④　a，c，e，g，h，i
⑤　a，b，c，e，g，j

〈福岡県・福岡市・北九州市〉

演習問題　解答・解説

1

(1)　くにぶりのうたまい（こくふうかぶ）

(2)　A．唐楽　　B．高麗楽

(3)　1．朗詠　　2．催馬楽
　　3．今様

解説

(1)　国風歌舞は，声楽曲種のうち，皇室系・神道系の儀式的な歌舞の総称である。神楽，東遊，大和歌など。

2

(1)　声明　　(2)　平曲（平家琵琶）

(3)　田楽

解説

(2)　平曲は，平家物語の各章を1曲としてつくられている。全体は200にも及ぶ曲からなり，次のように分類されている。

平物《ひらもの》	習物と秘事を除くすべての曲。
習物《ならいもの》	平物を50曲以上習得したものに伝授される。
秘事《ひじ》	平物・習物のすべてを習得したものに伝授される。全5曲。

3

(1)　ア．雅楽　　イ．平曲（平家琵琶）
　　ウ．立方　　エ．囃子方
　　オ．地謡（地謡方）

(2)　隅田川

(3)　①　シテ　　②　ワキ

(4)　太棹（三味線）

(5)　イ，エ，ケ

4

②

解説

各語句については次の通りである。

①　ノリとは，能の謡のリズムのうち，拍子合（拍の位置が規定されている謡）の型のことである。

②　キリとは，能の主な謡事《うたいごと》の小段のうち，一曲の最後の小段に対する通称のことである。

③　サシとは，能の主な謡事の小段のうち，歌詞の母音を長く引くことをせずにサラサラと謡う謡事のことである（＝拍子不合）。

④　クセ（曲）とは，能の主な謡事の小段のうち，曲舞《くせまい》に由来する謡事のことである。リズムが重視される（＝平ノリ）。

5

A．語り物　　B．歌い物
C．義太夫　　D．八橋
E．生田　　　F．山田
G．普化　　　H．虚無僧
I．本曲　　　J．外曲

（E・F順不同）

6

A．長唄　　B．囃子
C．浄瑠璃
D．下座音楽（黒御簾音楽）

7

2

8

(1)　イ　　(2)　オ

9

(1)　エ　　(2)　ア　　(3)　カ
(4)　ウ　　(5)　ア

10

①

11

(1)　曲名：草津節
　　地域：群馬県
(2)　曲名：会津磐梯山
　　地域：福島県
(3)　曲名：黒田節
　　地域：福岡県
(4)　曲名：こんぴら船々
　　地域：香川県
(5)　曲名：谷茶前
　　地域：沖縄県

12

(1)　熊本県　　(2)　香川県
(3)　北海道　　(4)　岩手県
(5)　長野県　　(6)　高知県
(7)　大阪府　　(8)　新潟県

13

A．エ　　B．イ　　C．エ

解説

C．エイサーは，沖縄諸島の伝統的な盆踊りである。七月舞（シチガチモーイ），七月《しちがち》エイサーなど，よび方は場所により異なる。沖縄・奄美の音楽の種類には他に，島うた（自分たちの土地の歌の意味で，主に南西諸島の各地で用いられている），ユンタ（八重山列島の祭祀や農作業でうたわれてきた集団歌謡），トゥバラーマ（八重山列島の働きながらうたう仕事歌）などがある。

14

(1)　イ，ウ　　(2)　オ，ク
(3)　ア，カ　　(4)　エ，キ

解説

ホルンボステル（1877～1935年）とザックス（1881～1959年）が確立した楽器分類は，世界の楽器が体鳴楽器，膜鳴楽器，弦鳴楽器，気鳴楽器，電鳴楽器の５つに区分される。

15

⑤

解説

ルバーブは，アフガニスタンの弦鳴楽器。舟底型の皮張りの胴と短い棹をもつ撥弦楽器。

16

(1)　地域：アンデス地方
　　名前：チャランゴ
(2)　地域：インドネシア
　　名前：ガンバン
(3)　地域：中国
　　名前：琵琶（ピーパー）
(4)　地域：インドネシア
　　名前：ゴング
(5)　地域：エチオピア
　　名前：クラル
(6)　地域：アンデス地方
　　名前：アルパ
(7)　地域：西アジア
　　名前：ウード
(8)　地域：アルゼンチン
　　名前：バンドネオン
(9)　地域：ブラジル
　　名前：スルド
(10)　地域：西アフリカ

名前：コラ

17

(1)　①　ラーマーヤナ　　②　パンソリ
③　倍音

(2)　ケチャ

(3)　a．プク　　b．アンクルン

(4)　メヘテルハーネ

(5)　ア

18

(1)　1．エ　　2．カ　　3．ア
4．イ　　5．ケ

(2)　1．国名：モンゴル
説明：2つの声が同時に出ているように聴こえる発声法で歌われる。
2．国名：インドネシア
説明：バリ島の男声合唱劇。
3．国名：スペイン
説明：歌（カンテ），舞踊（バイレ），ギター（トケ）やカスタネットなどの演奏が一体となったアンダルシア地方の民族芸能。

19

ア．6　　イ．1　　ウ．8　　エ．5

解説

各民謡名は次の通りである。

ア．ロンドンデリーの歌（ダニーボーイ）

イ．太郎さんの赤ちゃん（原曲は，「John Brown's Body」（ジョン・ブラウンの亡きがら）

ウ．踊ろう楽しいポーレチケ

エ．一週間

20

(1)　ク　　(2)　オ　　(3)　エ
(4)　ケ　　(5)　コ

21

(1)　③　　(2)　④　　(3)　①　　(4)　③
(5)　④

解説

(5)　④　ファドとは，ポルトガルの大衆歌謡のことである。

22

(1)　ロック（ロックンロール）

(2)　ラップ　　(3)　ジャズ

(4)　ブルース　　(5)　ゴスペル

23

A．即興　　B．スウィング
C．モダン　　D．フリー
E．フュージョン

24

(1)　③　　(2)　①　　(3)　⑤　　(4)　④
(5)　⑤

25

(1)　リズム譜：エ
国名：スペイン

(2)　リズム譜：イ
国名：イタリア

(3)　リズム譜：カ
国名：アメリカ

(4)　リズム譜：ア
国名：ブラジル

(5)　リズム譜：オ
国名：ポーランド

26

④

5 歌唱

傾向と対策

中学校では，平成20年告示の学習指導要領より，歌唱教材について共通教材が具体的に示されるようになったことで，この歌唱共通教材に関する出題が多くみられるようになった。高校では，「この道」などの日本歌曲，「Caro mio ben」「'O sole mio」などのイタリア歌曲，「野ばら」などのドイツリートなど，芸術歌曲を代表する作品の出題頻度が高い。設問としては，楽曲名，作詞者名，作曲者名，歌詞，旋律記譜，楽曲の内容や情景を問うものなどが大半を占めている。したがって，中学では歌唱共通教材を中心に，高校では新しい教科書に取り上げられている楽曲などについて，熟知しておく必要がある。また，中学・高校ともに，指導方法や授業展開を具体的に記述させる問題が増加傾向にある。このような問題に対処するためには，日頃から指導の観点や方法についての基本的な考えを自分なりにまとめておく必要がある。楽曲の考察とともに指導の要点についても学習しておこう。

要点 Check!

1 中学校

➤ 歌唱共通教材

楽曲名	楽曲について
赤とんぼ	・作詞者：三木露風（1889～1964年） 作曲者：山田耕筰（1886～1965年） ・この曲の旋律は，5音によるわずか8小節の小品でありながら，日本的な情感をしみじみ歌い上げた名作で，人々に愛唱されてきた。リズムで関連・統一が図られている詩と曲は，幼児期に母に去られ，かわいがってくれた姐《ねえ》やもやがて嫁いでいった淋しい経験をもつ作詞者と，幼くして父を失い，苦学の末に功成った作曲者の共通した幼い日への郷愁とみることができる。 ・中学校学習指導要領解説 音楽編（平成29年7月）では，次のように示されている。「日本情緒豊かな曲として，人々に愛されて親しまれてきた曲である。例えば，拍子や速度が生み出す雰囲気，旋律と言葉との関係などを感じ取り，歌詞がもっている詩情を味わいながら日本語の美しい響きを生かして表現を工夫することなどを指導することが考えられる。」

荒城の月	・作詞者：土井晩翠（1871～1952年） 作曲者：滝廉太郎（1879～1903年） ・この曲は，東京音楽学校（現東京芸術大学）から1901（明治34）年に発行された『中学唱歌』に載せられた。８分音符のリズムを主体とした４分の４拍子で８小節，単旋律の無伴奏曲である。江戸時代以来，それぞれの町を象徴する存在として，そびえ立ち，その地の人々に仰がれ親しまれてきた城が，明治政府の廃城令により，城全体の一部だけが保存されるという姿になった。歌詞は，冬の夜半，そうした廃城に佇《たたず》む者の感懐をうたったものである。この詩想・曲想の基となった城址については，土井晩翠の郷里である宮城県仙台市の青葉城址，また，ことに愛していた福島県会津若松市の鶴ヶ城址，滝廉太郎が少年時代を過ごした大分県竹田市の岡城址と諸説分かれており，詳細は不明である。 ・中学校学習指導要領解説 音楽編（平成29年７月）には次のように示されている。「原曲と山田耕筰の編作によるものとがある。人の世の栄枯盛衰を歌いあげた曲である。例えば，歌詞の内容や言葉の特性，短調の響き，旋律の特徴などを感じ取り，これらを生かして表現を工夫することなどを指導することが考えられる。」
早春賦	・作詞者：吉丸一昌（1873～1916年） 作曲者：中田章（1886～1931年） ・この詩は，1913（大正２）年に発行された唱歌集『新作唱歌』の第３巻（吉丸一昌編集）に載せられたものであり，長野県の早春の風景をうたったものといわれている。旋律は滑らかによどみなく流れ，春を待ちわびる気持ちがひしひしと感じられる曲である。 ・中学校学習指導要領解説 音楽編（平成29年７月）には次のように示されている。「滑らかによどみなく流れる旋律に始まり，春を待ちわびる気持ちを表している曲である。例えば，拍子が生み出す雰囲気，旋律と強弱との関わりなどを感じ取り，フレーズや曲の形式を意識して，情景を想像しながら表現を工夫することなどを指導することが考えられる。」
夏の思い出	・作詞者：江間章子（1913～2005年） 作曲者：中田喜直（1923～2000年） ・この曲は，1949（昭和24）年頃にＮＨＫラジオ歌謡として発表され，「雪の降る街を」などとともに多くの人たちに愛唱された。詩は，夏の日の静寂な尾瀬沼の風物への追憶を歌ったものであり，柔らかな歌詞と美しいハーモニーをもつ叙情的な曲である。 ・中学校学習指導要領解説 音楽編（平成29年７月）には次のように示されている。「夏の日の静寂な尾瀬沼の風物への追憶を表した叙情的な曲である。例えば，言葉のリズムと旋律や強弱との関わりなどを感じ取り，曲の形式や楽譜に記された様々な記号などを捉えて，情景を想像しながら表現を工夫することなどを指導することが考えられる。」

花	・作詞者：武島羽衣（1872～1967年） 作曲者：滝廉太郎（1879～1903年） ・この曲は，滝廉太郎がまとめた組歌「四季」（花，納涼，月，雪）の第１曲である。組歌「四季」は，1900（明治33）年に共益商社から出版された。滝廉太郎は，その序文の中で，「洋楽に用いられている我が国の歌詞はとかく原曲の妙味を損なう」と述べており，自国の詩に試作した例としてこの組歌が出版された。詩は，花が満開の隅田川長堤の美しさをよんだものである。言葉のアクセントと旋律の関係が自然で，３度と６度の美しいハーモニーが効果的な作品である。 ・中学校学習指導要領解説 音楽編（平成29年７月）には次のように示されている。「『荒城の月』とともに滝廉太郎の名曲として広く歌われている，春の隅田川の情景を優美に表した曲である。例えば，拍子や速度が生み出す雰囲気，歌詞の内容と旋律やリズム，強弱との関わりなどを感じ取り，各声部の役割を生かして表現を工夫することなどを指導することが考えられる。」
花の街	・作詞者：江間章子（1913～2005年） 作曲者：團伊玖磨（1924～2001年） ・この曲は，1947（昭和22）年頃にNHKのラジオ番組のための音楽として委嘱を受けて作曲されたもので，テーマ音楽としてハミングコーラスで歌われていた。歌詞には，戦後の荒廃した国土や人心の中で，明るく希望に満ちた美しい街への憧れや祈りが込められている。国民の心に温かい息吹きを吹きこむ音楽として，多くの人々に愛唱された。 ・中学校学習指導要領解説 音楽編（平成29年７月）には次のように示されている。「希望に満ちた思いを叙情豊かに歌いあげた曲である。例えば，強弱の変化と旋律の緊張や弛緩との関係，歌詞に描かれた情景などを感じ取り，フレーズのまとまりを意識して表現を工夫することなどを指導することが考えられる。」
浜辺の歌	・作詞者：林古溪（1875～1947年） 作曲者：成田為三（1893～1945年） ・この曲は，成田為三が東京音楽学校（現東京芸術大学）在学中の1916（大正５）年に作曲したといわれている。浜辺にうち寄せる波を思わせる叙情的で美しい旋律と，８分の６拍子特有の柔らかく流れるような伴奏のリズムとによってできている。 ・中学校学習指導要領解説 音楽編（平成29年７月）には次のように示されている。「浜辺に打ち寄せる波の情景を表すような伴奏に支えられた，叙情的な歌詞と旋律をもつ曲である。例えば，拍子や速度が生み出す雰囲気，歌詞の内容と強弱の変化との関係などを感じ取り，フレーズのまとまりや形式などを意識して表現を工夫することなどを指導することが考えられる。」

➤ 歌唱教材例

楽曲名	作詞者名	作曲者名
砂山	北原白秋	中山晋平
椰子の実	島崎藤村	大中寅二
さくらさくら	（日本古謡）	
翼をください	山上路夫	村井邦彦
夢の世界を	芙龍明子	橋本祥路
大地讃頌	大木惇《あつ》夫《お》	佐藤眞《しん》
エーデルワイス	O.ハマースタインⅡ世	R.ロジャース
帰れソレントへ	G.B.デ・クルティス	E.デ・クルティス
峠の我が家	（アメリカ曲）	
旅愁	犬童《いんどう》 球《きゅう》 渓《けい》	オードウェイ
サンタ ルチア	（ナポリ民謡）	

2 高等学校

➤ 歌唱教材例

楽曲名	作詩（詞）者名	作曲者名
この道	北原白秋	山田耕筰
おぼろ月夜	高野辰之	岡野貞一
ふるさと	高野辰之	岡野貞一
平城《なら》山《やま》	北見志保子	平井康三郎
初恋	石川啄木	越谷達之助
夏は来ぬ	佐佐木信綱	小山作之助
野ばら（Heidenröslein）	ゲーテ	シューベルト
野ばら（Heidenröslein）	ゲーテ	ヴェルナー
君を愛す（Ich liebe dich）	ヘルロッゼー	ベートーヴェン
かつて木陰は（Ombra mai fù）	N.ミナート	ヘンデル
Caro mio ben	（イタリア古典歌曲）	G.ジョルダーニ
Seligkeit（歓喜）	ヘルティー	シューベルト
'O sole mio	G.カプロ	E.ディ・カープア
京《きょん》 畿《ぎ》道《ど》アリラン	（朝鮮半島民謡）	
Üsküdar'a	（トルコ民謡）	
夢路より（Beautiful Dreamer）	フォスター	
Memory	T.ナン	A.L.ウェバー
Tonight	S.ソンドハイム	L.バーンスタイン

例題 1　日本歌曲

次の楽譜は，ある曲の一部分である。各問いに答えよ。

(1)　この曲の作詞者，作曲者を答えよ。

(2)　楽譜中アの部分の 2 番の歌詞を答えよ。

(3)　楽譜中イの部分に，原曲に指示された音楽用語，音楽記号を入れ，楽譜を完成させよ。

(4)　楽譜中ウの部分の旋律を，原曲の通りに入れ，楽譜を完成させよ。

〈埼玉県・さいたま市〉

解答　(1)　作詞者：江間章子

作曲者：中田喜直

(2)　花のなかにそよそよとゆれゆれる浮き島よ

(3)

(4)

解説　楽譜は「夏の思い出」である。

(1)　作詞者：江間章子

深尾須磨子に師事し，「花の街」や詩集『春への招待』などの作品をもつ詩人である。本人が，出生地と問われれば新潟県と答えるが，出身地は福島県であると述べている。群馬県の片品を訪れた際に戸倉の入り口で見た，果てなく咲き広がる水芭蕉を詠んだものである。

作曲者：中田喜直

1946年から作曲家グループ『新声（生）会』の一員として，歌曲，合唱曲，ピアノ曲など幅広い作品を発表した。後に，大中恩らと『ろばの会』を結成し，「小さい秋みつけた」「めだかの学校」など，優れた作品を多数作曲した。

(2)(3)(4)　楽譜を正しく覚える，歌詞を暗記するなどの学習が必要である。

例題2　芸術歌曲

次の楽譜は，シューベルト作曲「野ばら」である。各問いに答えよ。

(1)　この曲の作詞者名を答えよ。

(2)　楽譜中の「Lieblich」の意味を答えよ。

(3)　楽譜中の下線部のドイツ語「lief er schnell, es nah'zu seh'n, sah's mit vielen Freuden.」に生徒が歌いやすいように，カタカナで読み仮名を付けよ。また，その部分を日本語に訳せ。

(4)　次の文の空欄に当てはまる，適切な語句を答えよ。

この曲は，（　A　）長調で始まり，途中（　B　）長調に転調する。「野ばら」のように，歌詞の各節に同じ旋律を当てたものを（　C　）形式，また，「糸を紡ぐグレートヒェン」のように，全部の歌詞に次々と変わる旋律を与えるものを（　D　）形式という。
(5)　シューベルトは同じ作詞者で2つの連作の歌曲集をつくった。その題名と作詞者名を答えよ。
(6)　シューベルトの歌曲における音楽史上の業績を答えよ。
(7)　この曲を授業で取り上げたときの指導目標を2つ答えよ。

〈三重県〉

解答　(1)　ゲーテ

(2)　愛らしく

(3)　〔解答例〕

読み仮名：リーフ　エア　シュネル　エス　ナー　ツー　ゼーン　ザースミット　フィーレン　フロイデン

日本語訳：彼は，それを近くで見ようとして走った。大喜びでそれを見た。

(4)　A．変ホ　　B．変ロ　　C．有節　　D．通作

(5)　題名：美しい水車屋の娘，冬の旅

作詞者名：ミュラー

(6)　〔解答例〕

シューベルトは，音楽史上ロマン派とよばれる時代に活躍し，600曲以上の歌曲を残した。また，ドイツ・リートの創始者ともいうべき詩の音楽性を尊重し，声と伴奏が一体となって情緒表現を担うという様式を開拓した。

(7)　〔解答例〕

・声域の拡張と発声の工夫

・歌詞及び曲想の理解と個性豊かな表現

解説　シューベルト（1797～1828年）が，ゲーテ（1749～1832年）の詩に作曲した作品は73曲（41曲とも74曲ともいわれている）あり，この曲はシューベルトが18歳のときの作品である。この詩は，ゲーテの青年時代の恋愛経験が基になっており，愛しつつ別れた一人の女性に対する恋の思い出を野ばらに例えてつくられている。同じゲーテの詩にヴェルナー（1800～33年）が作曲した「野ばら」は，シューベルトの「野ばら」とともに愛唱され，特に合唱に編曲されて歌われることが多い。

(1)　ゲーテは，ドイツの詩人であり，作家である。1774年に発表した『若き日のウェルテルの悩み』でドイツ文学運動の旗手となり，1775年以降はワイマール公国で大臣となり多方面におよび活躍した。シューベルトをはじめ19世紀の多くの作曲家たちに素材を提供した。

演習問題

1 ★☆☆

次の楽譜１～９について，各問いに答えよ。

1．

2．

3．

4．

5．

6．

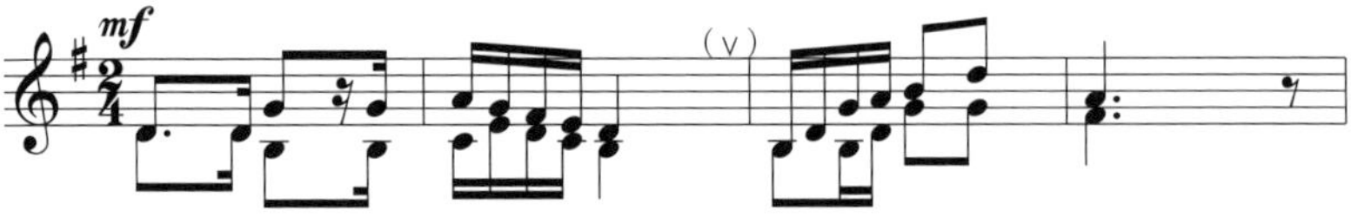

7．

8．

9．

(1) 楽譜１～９の曲名を，それぞれ答えよ。

⑵　楽譜１～９の曲の作詞者及び作曲者を，語群からそれぞれ１つずつ選び，記号で答えよ。ただし，同じ記号を何度用いても差し支えないものとする。

〔語群〕

ア．江間章子	イ．大木惇夫	ウ．佐藤眞	エ．武島羽衣
オ．吉丸一昌	カ．山田耕筰	キ．成田為三	ク．北原白秋
ケ．中山晋平	コ．滝廉太郎	サ．三木露風	シ．中田喜直
ス．土井晩翠	セ．團伊玖磨	ソ．中田章	タ．林古溪

〈京都市〉

2　★☆☆

次の楽譜１・２について，各問いに答えよ。

１．

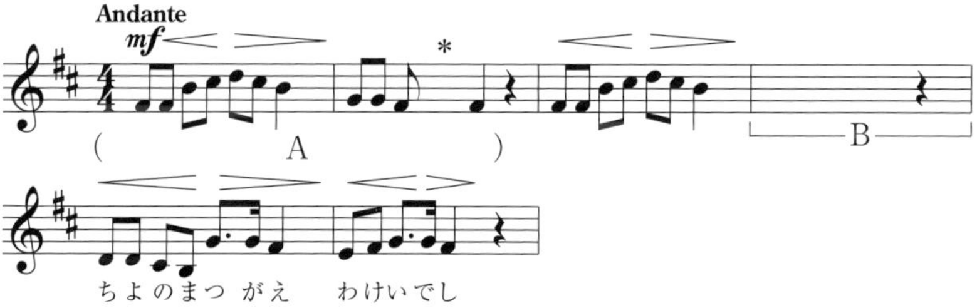

２．

⑴　楽譜１・２の曲名を，漢字で答えよ。

⑵　楽譜１・２の作曲者名を，漢字で答えよ。

⑶　楽譜１・２の作詞者名を，漢字で答えよ。

⑷　楽譜２は，楽譜１を編曲したものである。編曲者名を，漢字で答えよ。

⑸　楽譜１の作曲者が留学した国名を答えよ。

⑹　楽譜２の＊の音は，楽譜１の＊では何の音になるか。その音名を日本語で答え，また，八分音符で記せ。

⑺　楽譜１の空欄Ａに当てはまる１番の歌詞を，ひらがなで答えよ。
⑻　楽譜１の空欄Ｂ，楽譜２の空欄Ｃに当てはまる旋律を，正しく書け。
⑼　楽譜１・２の曲の形式を答えよ。
⑽　楽譜２の３段目を，階名（移動ド）で答えよ。
⑾　楽譜１中の歌詞「ちよのまつがえ」の「ちよ」の意味を答えよ。
⑿　楽譜１の作曲者の他の作品名を，次の①～④から選び，番号で答えよ。
①　砂山　　②　椰子の実　　③　花　　④　夏の思い出
⒀　楽譜２の編曲者の他の作品名を，次の①～④から選び，番号で答えよ。
①　早春賦　　②　夕焼け小焼け　　③　浜辺の歌　　④　かやの木山

〈神戸市〉

3　★☆☆

次のＡ群，Ｂ群の楽譜は，ある日本歌曲の冒頭部分である。各問いに答えよ。

〔Ａ群〕

ア．

イ．

ウ．

〔Ｂ群〕

ａ．

ｂ．

ｃ．

ｄ．

e.

f.

⑴　A群ア～ウの日本歌曲と同じ作曲者の作品を，B群 a ～ f から選び，記号で答えよ。また，作曲者名を，それぞれ答えよ。

⑵　A群アの１番の歌詞の「おわれて」の「お」を漢字で書き，その意味を説明せよ。

⑶　B群 a と e には同一の詩が付けられている。作詞者名と曲名を答えよ。

⑷　B群 c の♪＝116～126の意味を説明せよ。

〈新潟県〉

4　★★☆

次の楽譜は，ある歌曲の一部分である。各問いに答えよ。

⑴　この歌曲が入っている組み歌名を答えよ。

⑵　この歌曲は同声二部合唱，または，同声二重唱で演奏される。楽譜からそのことを説明せよ。

⑶　この楽譜の１つの小節に音符の誤りがある。誤りのある小節番号を答え，その小節を正しく書き改めよ。

⑷　この楽譜の第１小節目～第４小節目の歌詞を，正しい位置に，ひらがなで書き入れよ。

⑸　この歌曲の全体の速さは，どのように指定されているか。中山晋平作曲の「砂山」と比べた場合の速さを，次の①～③から１つ選び，番号で答えよ。

①　同じ　　②　より速い　　③　より遅い

⑹　「夏の思い出」「浜辺の歌」「早春賦」「花の街」「赤とんぼ」の歌曲のうち，この楽譜の作曲者が死去した後に生誕した作曲者の作品をすべて答えよ。

〈新潟県〉

5 ★★☆

次の「椰子の実」の楽譜について，各問いに答えよ。

(1) この曲の，作詞者名，作曲者名を答えよ。

(2) 楽譜中アの部分を短3度低い調に調号を用いて移調せよ。

(3) 楽譜中イの空白部分に適切な旋律を記せ。

(4) 楽譜中イの部分を除いた旋律の中で，テヌートが付く音符を2つ選び，楽譜上に記号を記入せよ。

(5) この曲のコーダの部分の歌詞「おもいやる…かえらん」について，詩の内容を説明せよ。

(6) この曲の曲想と旋律の動きを考慮し，歌唱指導の留意点を述べよ。

〈山口県〉

6 ★☆☆

次の楽譜は，ある歌曲の一部である。各問いに答えよ。

(1) この歌曲の曲名を答えよ。

(2) この歌曲の作詞者名，作曲者名をそれぞれ漢字で答えよ。

(3) この歌曲の演奏に最も適切な速度を次のA～Eから選び，記号で答えよ。

A. ♩＝42　　B. ♩＝54　　C. ♩＝84　　D. ♩＝104

E．♩＝132

(4)　楽譜の音符に合わせて，１番の歌詞をひらがなで答えよ。

〈愛媛県〉

7　★★☆

次の楽譜は，ある歌曲の一部分である。各問いに答えよ。

(1)

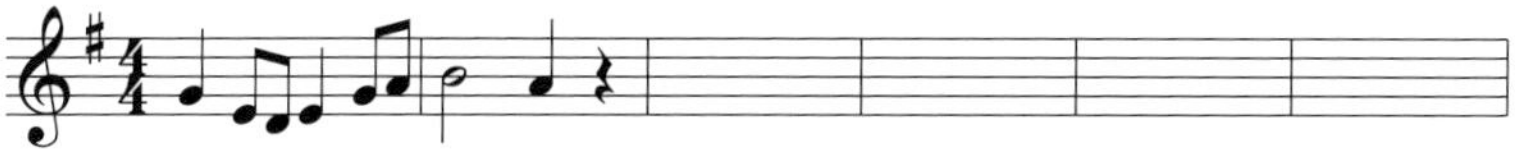

問１　この歌曲の曲名を答えよ。

問２　この歌曲の作詞者名，作曲者名を答えよ。

問３　この楽譜の続きの旋律を補って記入せよ。

(2)

問１　この歌曲の曲名を答えよ。

問２　この歌曲の作詞者名，作曲者名を答えよ。

問３　この歌曲の作曲者の息子として1923年に生まれた作曲家の歌曲を，１曲答えよ。

問４　この歌曲は何分の何拍子か。

問５　この歌曲の拍子感を感じ取らせるために，どのような指導を行うか。指導内容を簡潔に答えよ。

(3)

問１　この歌曲の曲名を答えよ。

問２　この歌曲が歌われるミュージカルの題名を答えよ。

問３　このミュージカルの舞台となっている国名を答えよ。

問４　問１で答えた以外で，このミュージカルに登場する曲を２曲答えよ。

問５　この楽譜の第１小節目から第２小節目にかけて音の跳躍があり，ある程度の声域の広さが要求されるが，このような曲を変声期の生徒に指導する際に留意する点を述べよ。

〈兵庫県〉

8 ★★☆

次のA，B譜は，ミュージカルの中の曲の一部である。各問いに答えよ。

A譜：

B譜：

(1) A，B譜の曲名とミュージカルの作品名をそれぞれ答えよ。

(2) A譜の作曲者の他の作品を，次の(ア)～(エ)から一つ選び，記号で答えよ。

(ア) 美女と野獣　　(イ) レ・ミゼラブル

(ウ) オペラ座の怪人　　(エ) ライオンキング

(3) B譜の作曲者名を答えよ。

(4) ミュージカルの説明として間違っているものを，次の(ア)～(エ)から全て選び，記号で答えよ。

(ア) ヨーロッパで流行した軽歌劇，喜歌劇などとも呼ばれる「オペレッタ」が起源と言われている。

(イ) ヴァーグナーが提唱した，音楽，文学，舞踊，造形芸術などを総合した芸術作品である。

(ウ) 19～20世紀にかけてアメリカで確立した大衆音楽劇である。

(エ) 代表作として，ストラヴィンスキーの「火の鳥」がある。

(5) B譜の[　　　]の部分の音を音階の構成音とする長調と短調を全て答えよ。ただし，短調は旋律的短音階の上行形とする。

(6) A譜の同主調の旋律的短音階の上行形とB譜の平行調の和声的短音階の共通音をドイツ音名で全て答えよ。

〈岡山県改題〉

9 ★☆☆

次の楽譜を見て，各問いに答えよ。

⑴　この曲の曲名，作曲者名，拍子記号を答えよ。ただし，曲名は漢字で答えること。

⑵　この合唱曲の演奏形態を答えよ。

⑶　この曲は，７楽章からなる楽曲の終曲である。原曲名を答えよ。

⑷　この曲の最初に，Grandioso と書かれている。意味を答えよ。

〈徳島県〉

10 ★☆☆

次の楽譜は，ある合唱曲の一部分である。この楽譜について，問いに答えよ。

(1) 曲名を答えよ。

(2) ［　A　］に当てはまる最も適切な語句を，次のア～エから選び，記号で答えよ。

ア．Lieblich　　イ．Ziemlich langsam　　ウ．Fröhlich　　エ．Belebt

(3) この楽曲の作曲者のピアノ作品を，次のア～エから選び，記号で答えよ。

ア．舞踏への勧誘　　イ．パガニーニの主題による超絶技巧練習曲

ウ．謝肉祭　　エ．組曲「ドリー」

(4) Bの部分のソプラノパートを書き入れよ。

〈栃木県〉

11 ★★☆

次の楽譜について，各問いに答えよ。

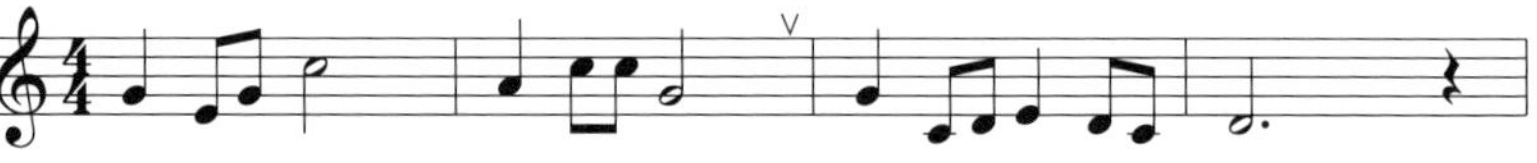

(1) この曲の曲名を答えよ。

(2) この曲の作詞者名，作曲者名を答えよ。

(3) この楽譜に伴奏を付けよ。

(4) この曲で指導することを，箇条書きで答えよ。

〈熊本県〉

12 ★☆☆

次の楽譜1～5について，各問いに答えよ。

1.

2.

3．

4．

5．

(1)　楽譜1～5の曲の作曲者名を，それぞれ答えよ。

(2)　次の①～⑤は，楽譜1～5の曲の歌詞の一部分である。楽譜1と楽譜4の曲の歌詞を，次の①～⑤からそれぞれ選べ。

①　Freude, schöner Götterfunken, Tochter aus Elysium, ～

②　Wer reitet so spät durch Nacht und Wind?

③　Requiem aeternam, dona eis Domine, ～

④　Hallelujah! Hallelujah! for the Lord God Omnipotent reigneth.

⑤　Sah ein Knab' ein Röslein stehn, Röslein auf der Heiden, ～

(3)　楽譜1～5のうち，原曲がオーケストラとともに演奏されるものを，すべて選べ。

(4)　次のア・イに当てはまるものを，それぞれ楽譜1～5から1つ選べ。

ア．ゲーテがつくった詩を基に作曲されており，語り手，父，子，魔王の4役が登場する。

イ．「死者のためのミサ曲」で，ラテン語の詩に作曲されている。

〈北海道・札幌市〉

13 ★☆☆

次の楽譜について，各問いに答えよ。

⑴　この曲の曲名と作曲者名及び作曲者の生まれた国の国名を答えよ。

⑵　楽譜中アとウの音符に付ける強弱記号として，適当なものをそれぞれ答えよ。

⑶　楽譜中イとエに記す速度用語として，適当なものをそれぞれ答えよ。

⑷　楽譜の最後の音符に続く音符１つを，調号を用いずにヴァイオリン譜表上に書け。

⑸　この曲の前奏部分には，dolce と largamente という曲想に関する用語が書かれている。それぞれの意味を答えよ。

⑹　この曲にふさわしい速度用語を答えよ。

〈徳島県〉

14 ★☆☆

次の楽譜は，ある歌曲の前奏である。各問いに答えよ。

⑴　この曲の曲名を答えよ。

⑵　この曲は，原曲では何語で歌われるか答えよ。

⑶　この前奏に続く旋律を４小節書け。

⑷　次の文の空欄に当てはまる語句を答えよ。

この曲の歌い出しは（　A　）調であるが，途中で（　B　）調に，さらに（　A　）調に戻るなど転調をくり返している。この２つの調は，主音が同じであることから（　C　）調の関係である。

〈北海道・札幌市〉

15 ★★★

「花の街」の次の部分を，作詞者の思いを深く感じ取らせながら表現を工夫させたい。各問いに答えよ。

問１　この曲に込められた作詞者の思いを答えよ。

問２　楽譜中ア～エに当てはまる強弱記号を答えよ。

問３　問２の強弱記号の働きとその効果を感じ取るために，どのような試みをすることが考えられるか，３つ答えよ。

問４　変声期であるＫ男は，２点Ｄの音が高くて歌いづらかったり，ボリュームのある声が出せなかったりしている。どのような指導をしたらよいか答えよ。

〈長野県改題〉

16 ★★☆

次の楽譜を見て，各問いに答えよ。

⑴　この曲の題名，作詞者，作曲者を漢字で答えよ。

⑵　この曲を歌唱指導するときのポイントを，次の点に留意して簡潔に述べよ。

○　歌詞の内容や発想記号との関係

⑶　次の楽譜は，この作曲者の作品の一部である。作品名を答えよ。

〈山口県〉

17 ★★★

「音楽Ⅰ」において，混声合唱による歌唱指導を行うこととする。生徒に歌い合わせる喜びを体験させるためには，どのような指導計画を構成するか。考えられる題材名を挙げ，また，教材とする楽曲名を２つ挙げて，４時間扱いの指導計画を書け。

〈広島県・広島市〉

演習問題　解答・解説

1

(1)　1．荒城の月　　2．砂山
3．赤とんぼ　　4．早春賦
5．夏の思い出　　6．花
7．花の街　　8．大地讃頌
9．浜辺の歌

(2)

	作詞者	作曲者
1．	ス	コ
2．	ク	ケ
3．	サ	カ
4．	オ	ソ
5．	ア	シ
6．	エ	コ
7．	ア	セ
8．	イ	ウ
9．	タ	キ

2

(1)　荒城の月　　(2)　滝廉太郎
(3)　土井晩翠　　(4)　山田耕筰
(5)　ドイツ
(6)　音名：一点嬰ホ

音符：

(7)　はるこうろうのはなのえん
(8)

B. 

C. 

(9)　二部形式
(10)　ドドシラファファファミレミファファファミ
(11)　長い年月（古代から今に至るまで）
(12)　③　　(13)　④

解説

(2)　滝廉太郎は，1898年東京音楽学校を卒業し，1901年にドイツ（ライプツィヒ音楽院）に留学したが，２ヵ月足らずで結核を患い，翌年10月に帰国後23歳の若さで他界した。短い生涯で，組み歌「四季」，唱歌「箱根八里」など優れた作品を残している。

(3)　土井晩翠は，詩人・英文学者として知られている。格調高い漢詩的な詩を書き，島崎藤村とともに一時代を画した。

(4)(6)　現在，一般に広く歌われているものは，同じ詩に山田耕筰が補作編曲したものである。編曲の際に，「花の宴《えん》」の「え」の音が半音低く改められているなど，楽譜１の原曲とは異なる点がみられる。

(12)　作品名①，②，④の作曲者は，それぞれ次の通りである。
①　中山晋平（※同じ詩に山田耕筰が補作編曲している。）
②　大中寅二
④　中田喜直

(13)　作品名①～③の作曲者は，それぞれ次の通りである。
①　中田章
②　草川信
③　成田為三

3

(1)　ア．e，山田耕筰
イ．d，滝廉太郎
ウ．b，中田喜直
(2)　漢字：負
意味：背負われて（おんぶされて）
(3)　作詞者名：北原白秋

曲名：砂山

⑷　1分間に♪を116～126打つ速さで

解説

⑴　A群・B群の作曲者名と作品名は，それぞれ次の通りである。

A群：ア．山田耕筰，「赤とんぼ」
　　　イ．滝廉太郎，「花」
　　　ウ．中田喜直，「雪の降る街を」
B群：a．中山晋平，「砂山」
　　　b．中田喜直，「夏の思い出」
　　　c．中田章，　「早春賦」
　　　d．滝廉太郎，「荒城の月」
　　　e．山田耕筰（補作編曲），「砂山」
　　　f．成田為三，「浜辺の歌」

⑶　北原白秋（1885～1942年）は，詩や短歌，小説，児童文学などに才能を発揮した。1918（大正7）年頃から『赤い鳥』に童謡を発表し，中山晋平，山田耕筰らが白秋の詩に作曲した。白秋が作詞した歌曲には，「待ちぼうけ」「からたちの花」「この道」など，よく知られる作品が多い。

「砂山」は，短調であるが，五音音階でできた素朴で日本的な民謡風の歌曲である。

4

⑴　四季

⑵　音符の棒がすべて下向きであるのは，低音のパートが演奏することを表す。さらに，高音のパートは全休符となっている。従って，同声二部合唱，または，同声二重唱である。

⑶　小節番号：6

楽譜：

⑷

⑸　③

⑹　「夏の思い出」，「花の街」

解説

この歌曲は，武島羽衣作詞，滝廉太郎作曲の「花」である。

⑵　原曲は，二重唱曲として書かれている。

⑸　各歌曲の適切な全体の速さは，それぞれ次の通りである。

花　：♩＝60～66

砂山：♩＝92～100

5

⑴　作詞者名：島崎藤村
　　作曲者名：大中寅二

⑵

⑶

⑷

⑸　おまえがたどってきたはるかな海の旅路に思いを馳せる。いったいいつ故郷に帰ることができるのか。

⑹　〔解答例〕

故郷を離れた我が身を椰子の実に重ね，深い郷愁の思いがうたわれているため，歌詞を理解させ，情景，心情を想像させる。

解 説

この曲は，NHK の委嘱によりつくられたもので，1936（昭和11）年に放送された NHK ラジオの国民歌謡である。詩も旋律も素晴らしいこの曲は，多くの人々に愛唱された。

⑴　大中寅二（1896～1982年）は，山田耕筰に師事した作曲家である。歌曲や合唱曲の他，カンタータやオルガン曲など，教会音楽の作品が数多くある。

島崎藤村（1872～1943年）は，詩人であり小説家である。「椰子の実」が収められた詩集『落梅集』の他，青春の情熱を高らかにうたい上げた新体詩の詩集『若菜集』，小説『破戒』などの作品がある。

6

⑴　この道

⑵　作詞者名：北原白秋
　　作曲者名：山田耕筰

⑶　B

⑷　P. 169参照

7

⑴　問1　砂山

問2　作詞者名：北原白秋
　　　作曲者名：中山晋平

問3

⑵　問1　早春賦

問2　作詞者名：吉丸一昌
　　　作曲者名：中田章

問3　「夏の思い出」「雪の降る街を」「ちいさい秋みつけた」
などから1つ

問4　八分の六拍子

問5　〔解答例〕

8分の6拍子は強－弱－弱－中強－弱－弱の前の3拍と後の3拍から成る2拍子に聴こえることを，ペアになり向かい合って手と手を合わせリズムを打って感じ取らせる。

⑶　問1　エーデルワイス

問2　サウンド・オブ・ミュージック

問3　オーストリア

問4　「もうすぐ17歳」「ひとりぼっちの羊飼い」「ドレミの歌」「すべての山に登れ」
などから2つ

問5　〔解答例〕

変声期及び変声前後の声の変化について気付かせ，変声期の生徒を含む全ての生徒の心理的な面についても配慮するとともに，変声期の生徒については適切な声域と声量によって歌わせるようにする。例えば，それぞれの実態に応じた上で，全員で変声期の生徒に合った音域に移調して歌う，声を出さずに頭の中でイメージする，声の出にくい部分だけ二部に分かれるよう編曲する，などの工夫が考えられる。

解 説

⑵　吉丸一昌は，国文学者であり，東京音楽学校教授在任中に「早春賦」をはじめとする多くの詩をつくり，音楽教育のために力を尽くした。

中田章は，「夏の思い出」の作曲者の中田喜直の父である。東京音楽学校の教授として知られている。

⑶　「エーデルワイス」は，「ドレミの歌」

「すべての山に登れ」などと同様に，「サウンド・オブ・ミュージック」(1959年初演）というミュージカルの中で歌われる曲である。R.ロジャーズ（1902～79年）とO.ハマースタイン2世（1895～1960年）のコンビによる最後の作品であり，1965年に映画化された。原作は，トラップ・ファミリーの実話に基づく小説と，その映画化作品『菩提樹』である。第二次世界大戦直後のオーストリアを舞台に，トラップ一家と歌の好きな家庭教師マリアとの交流を描いたミュージカル史上屈指の名作である。

8

(1) A譜．曲名：メモリー
作品名：キャッツ
B譜．曲名：トゥナイト
作品名：ウエスト・サイド物語

(2) (ウ)

(3) L.バーンスタイン

(4) (イ)，(エ)

(5) ハ長調，ト長調，ニ長調，ハ短調，ニ短調

(6) C

解説

(2) 『キャッツ』と『オペラ座の怪人』の作曲者は，A.L.ウェバーである。

9

(1) 曲名：大地讃頌
作曲者名：佐藤眞
拍子記号：$\frac{4}{4}$

(2) 混声四部合唱

(3) カンタータ「土の歌」

(4) 堂々と，壮大に

解説

この曲は，1962年に作曲された混声合唱と管弦楽のためのカンタータである。自然と人間との関わりが壮大にうたい上げられている。

10

(1) 流浪の民（Zigeunerleben）

(2) エ

(3) ウ

(4) 

解説

(3) 楽譜は，シューマンの作品である。原詩はガイベルによるもので，ロマの一夜の宿泊を描いた詩である。
各楽曲の作曲者は次の通りである。
ア．ヴェーバー
イ．リスト
エ．フォーレ

11

(1) 旅愁

(2) 作詞者名：犬童球溪
作曲者名：オードウェイ

(3) P.169参照

(4) 〔解答例〕
・故郷の思いを色濃くうたいつくられている曲想を感受し，豊かに歌唱表現させる。
・皆で心を合わせて楽しく合唱する態度や習慣を養い，調和のとれた二部合唱の美しさを味わわせる。

解説

この曲の原曲名は，「Dreaming of Home and Mother」であり，1907（明治40）年，『中等教育唱歌集』に掲載されて以来，多くの人々に愛唱された。和声進行の明確な旋律線と二部形式，郷愁を誘う歌詞が，この曲を命あるものにしている。

12

(1) 1. ヴェルナー
2. ヘンデル
3. シューベルト
4. ベートーヴェン
5. モーツァルト

(2) 1. ⑤　　4. ①

(3) 2，4，5

(4) ア. 3　　イ. 5

解説

楽譜1～5の曲名は，それぞれ次の通りである。

1. 野ばら
2. ハレルヤ・コーラス
（オラトリオ「救世主《メサイア》」第2部終曲の通称）
3. 魔王
4. 歓喜の歌
（交響曲第9番「合唱付き」から）
5. レクイエム

13

(1) 曲名：Caro mio ben
作曲者名：G.ジョルダーニ
国名：イタリア

(2) ア. *f*
ウ. *ppp*

(3) イ. rit.　　エ. a tempo

(4)

(5) dolce：甘くやわらかに
largamente：ゆるやかに，幅広く，よりゆっくりと

(6) Larghetto

解説

この曲は，イタリア古典歌曲の中で最も代表的な作品の一つであり，恋人にひたすら思いを寄せる男のせつなさがよく表されている。

14

(1) 帰れソレントへ
(Torna a Surriento)

(2) イタリア語

(3)

(4) A. ハ短　　B. ハ長
C. 同主（同名）

解説

この歌曲は，E.デ・クルティス（1875～1937年）が作曲したナポリ民謡の代表作である。ソレントは，ナポリ湾に面した美しい町で，切り立った崖《がけ》の上に建ち並ぶ白い建物が，レモンやオリーブの木々の緑とよく調和している。

15

問1　戦争直後の瓦礫の山と一面の焦土に覆われた街に，幻想的な夢の世界に願いを託した。

問2　ア. cresc.
イ. 
ウ. *f*
エ. 

問3　〔解答例〕
・ゼクエンツを効果的に出すために二部合唱で歌う。
・少しせき込んで歌ってみる。
・表情豊かに，自然に歌の気分に続くようにする。
・ *f* は十分に感情を込めて歌う。

などから3つ

問4　〔解答例〕
音の高低を生かし，変声期である

男子生徒にとって無理のない声域で歌える二部合唱に編曲し，上声部を女子が歌い，下声部を男子が歌う。

16

(1) 題名：花の街　　作詞者：江間章子
作曲者：團伊玖磨

(2) 〔解答例〕
強弱の変化と旋律の緊張や弛緩との関係を感じ取り，フレーズのまとまりを意識して表現を工夫する。

(3) 歌劇「夕鶴」

17 〔解答例〕

題材名：合唱の響きを味わおう
教材とする楽曲名：大地讃頌，ふるさと
指導計画（4時間扱い）：

第1次（2時間）

「大地讃頌」の前半と後半の曲想の違いを感じ取りながら合唱させる。「ふるさと」を，歌詞の内容や旋律の抑揚を生かして，のびやかな声で美しく豊かな響きを意識しながら楽しく合唱させる。

第2次（2時間）

「大地讃頌」と「ふるさと」の曲想の相違点を感じ取り，それぞれの曲にふさわしい表現の仕方を工夫させ，歌い合わせる喜びを体験させる。

解説

〈指導計画構成の手順〉

① 題材名：学習指導案の初めに記述されている題材名は，授業に際して生徒に提示され，学習の目当てとなるものである。従って，題材全体の学習内容を的確に言い当てていることが望ましく，魅力的な題材名を工夫することがポイントである。

② 教材とする楽曲の選択：音楽科では，楽曲を基に表現を通して目標が達成されるという性格をもつため，教材の選択は最も重要な作業である。楽曲の特質，豊かさや美しさ，指導目標や学習活動，生徒の実態等を十分に考慮して，質の高い教材を選択する必要がある。

③ 指導計画と時間配当：数時間にわたって行われる題材の指導の各次・各時の内容と配当時間数を記述する。この段階の記述では，題材の目標をより具体化した目標とそれに伴う学習活動及び教材を示す必要がある。各次は指導のステップを，各時は一単位時間を示していることから，1次が2時間扱いということもあり得る。〔解答例〕として示した題材の指導計画は，表現を工夫するポイントなどを細かく記述する書式例である。

6

(4)

11

(3)〔解答例〕

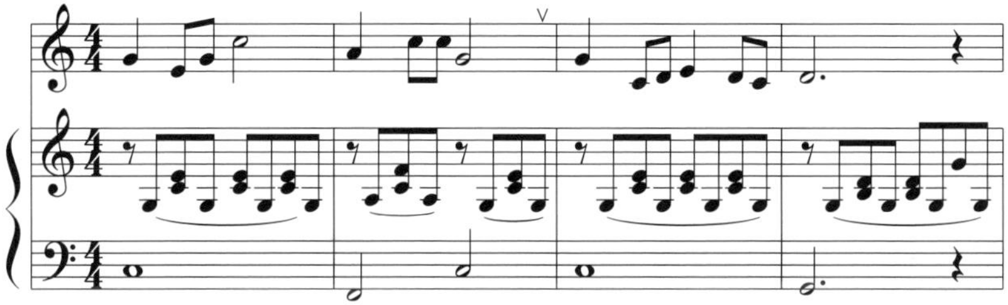

6 器　楽

傾向と対策

楽器においては，リコーダーやギター，和楽器の出題が多い。その他，オーケストラの楽器についても出題がみられる。設問の多くは，リコーダーの運指，ギターの運指やコードネームと実際の音の関係，和楽器の特徴や奏法，移調楽器の記譜音と実音の関係，各楽器の調弦や各部の名称などである。楽器に関しては，教科書に記載されている奏法や運指，特徴について，正確に把握しておくことが必要である。また，知識的な学習に加えて実物の楽器に触れておくことを勧める。

要点 Check!

1 リコーダー

➤ 楽器の歴史

リコーダーが，倍音豊かな楽器として発達し始めたのは，ルネサンス後期頃からといわれている。時代によって様々な顔をみせているリコーダーは，一時期音楽の歴史の表舞台から姿を消したものの，20世紀に入りアーノルド・ドルメッチ（イギリス／古楽研究家）により近代的なリコーダーが復元され，再び復興することとなった。これを機にペーター・ハルラン（ドイツ）が演奏の楽なリコーダーを教育用に考案し，学校に広まっていった。このペーター・ハルランのリコーダーをジャーマン式（ドイツ式）とよぶ。古くから伝わっているバロック式（イギリス式）とよばれているリコーダーとは運指が違うので，混同しないように注意が必要である。

➤ 種類と音域

種類	記音	実音
ソプラノ・リコーダー	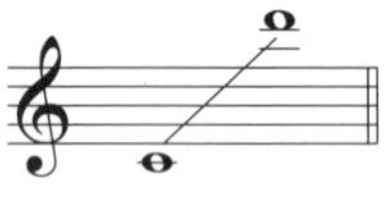	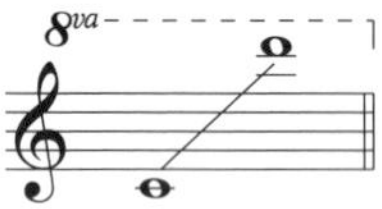
アルト・リコーダー	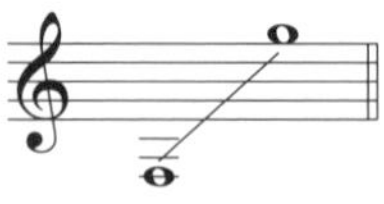	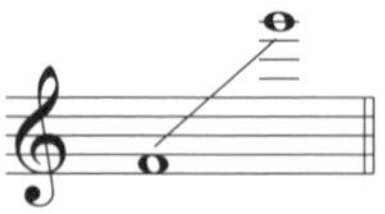

テノール・リコーダー	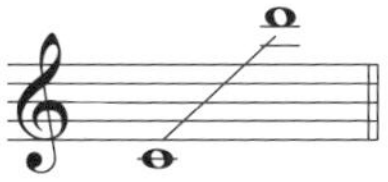	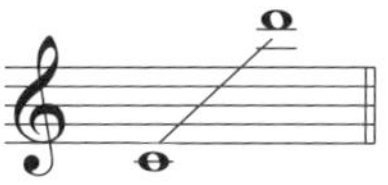
バス・リコーダー	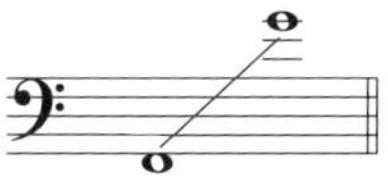	

➤ 奏法に関する用語

⑴　運指（指使い）

サミング	サムホール（裏穴）にわずかな隙間を作ることによって高音を奏する。

⑵　呼吸法

タンギング	音を出したり止めたりするための舌の動き。タンギングをするときの発音には，低い音にはtuやdo，高い音にはtiなどいろいろな種類がある。

⑶　アーティキュレーション

ノンレガート奏法	はっきりとしたタンギングで，音と音との間にわずかな隙間を作りながら演奏する。
ポルタート奏法（テヌート奏法）	1音1音をやわらかいタンギングでつなぐようにし，音と音との間に隙間を作らずに演奏する。
スタッカート奏法	舌先で1音1音短く切り，歯切れよく演奏する。
レガート奏法	スラーのかかった最初の音だけをタンギングし，なめらかに演奏する。

2 ギター

➤ 楽器の歴史

現在のギターの直接の起原とみられるものが，初めて文献や図書史料に登場するのは13世紀である。語源的には，古代のキタラに由来する。17世紀頃までのヨーロッパでは，ギターと似た構造をもつリュートが主に用いられていた。18世紀に入り，低音側に完全4度低い弦が付加され，現在のギターと同じ音域になり，ギターがリュートに代わって用いられるようになった。19世紀には，トーレス（スペイン／製作家）により，ギターの改良が行われ，その後のギターの標準となった。18世紀末頃からは，ギター奏者が多数現れ，ギターのための作品を数多く残し，作曲家としても活躍した。その後，19世紀末から20世紀にかけて，スペインを中心に優れたギター曲が書かれるようになった。また，ポピュラー音楽においては，フォーク・ギターやエレクトリック・ギターなどが中心的な位置を占めている。

▶ 種類

アコースティック・ギター	楽器自体が音を出す。 クラシック・ギター：ナイロン弦を張る。 フォーク・ギター：スティール弦を張る。
エレクトリック・ギター	弦の振動を電気によって増幅して音を出す。

▶ 部分的名称と構造

クラシック・ギター　　　　　フォーク・ギター

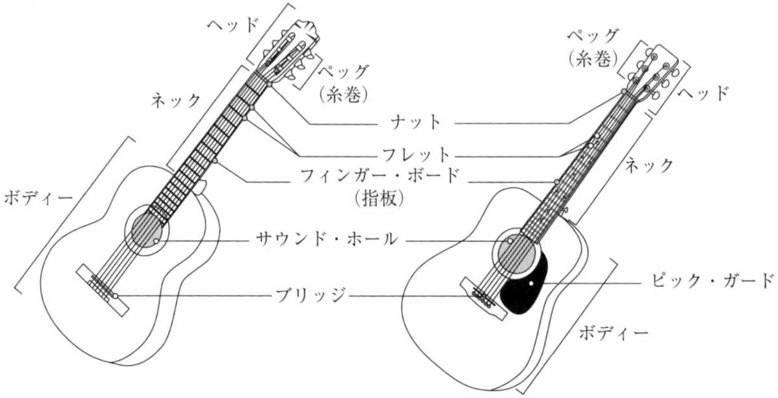

▶ チューニング（調弦）

●開放弦の音

（※ギターの楽譜は，ト音譜表に実音より１オクターヴ高く記譜される。）

●弦番号・開放弦（左手で押さえない状態）

弦	開放弦	1	2	3	4	5
第①弦	E	F	F♯	G	G♯	A
第②弦	B	C	C♯	D	D♯	E
第③弦	G	G♯	A	B♭	B	C
第④弦	D	E♭	E	F	F♯	G
第⑤弦	A	B♭	B	C	C♯	D
第⑥弦	E	F	F♯	G	G♯	A

フレット番号 → 1　2　3　4　5

▶ 奏法に関する用語

アポヤンド奏法	右手で弦を弾いた後，隣の弦で止める奏法。旋律などを奏するときに多く使用される。
アル・アイレ奏法	右手で弦を弾いた後，隣の弦に触れない奏法。和音やアルペッジョなどを奏するときに多く使用される。
セーハ	左手の１本の指で，２本以上の弦を同時に押さえる。
アルペッジョ奏法	１音ずつ分散して和音を弾く奏法。
ストローク（コード）奏法	右手の指先やピック（クラシック・ギターでは用いない）を使って，主に手首を動かしてかき鳴らす奏法。

▶ 指の番号と記号

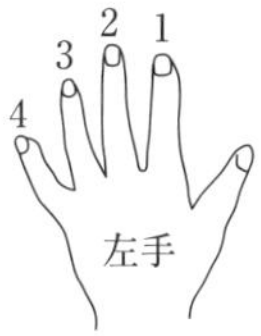

1…人さし指
2…中指
3…薬指
4…小指

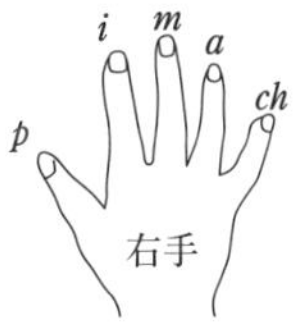

p (*pulgar*)…親指
i (*indice*)….人さし指
m (*medio*)….中指
a (*anular*)…薬指
ch (*chico*)…..小指

▶ ダイヤグラム

ギターのコード（和音）の押さえ方を図示したもの。

●標準的な一例（※１つのコードに対していろいろな押さえ方がある。）

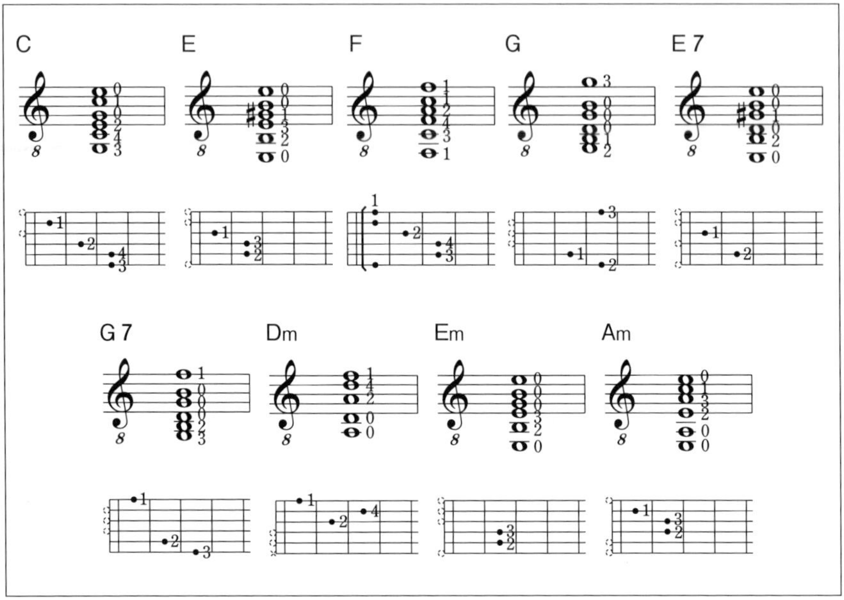

（※ • …左手の指で弦を押さえる位置　○…開放弦　×…弾かない弦　〔…セーハ）

3 箏

▶ 楽器の歴史

箏は，奈良時代に雅楽に用いられる楽器の１つとして，唐（中国）から伝来した楽器である。雅楽に用いられる箏（楽箏《がくそう》）は，現在もほとんど当時の原形を保っているが，雅楽以外で使われる箏（俗箏《ぞくそう》）は，我が国独自の楽器としての発展を遂げてきた。

▶　部分的名称と構造

各部分の名称は，箏全体を竜《りゅう》の姿になぞらえて付けられている。

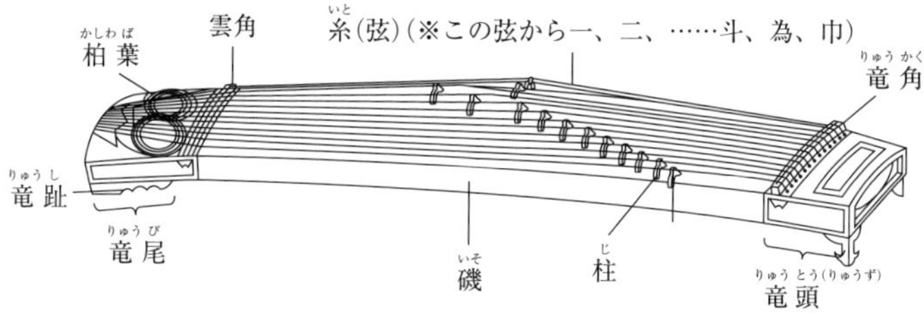

▶　爪の種類と座り方

●**角爪**：四角い爪。生田流箏曲で用いられる。角爪を用いる場合は，箏に対して45度の角度で座る。

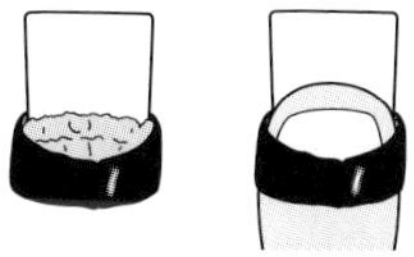

●**丸爪**：現在では三角にとがった爪。山田流箏曲で用いられる。丸爪を用いる場合は，楽器に対して直角に座る。

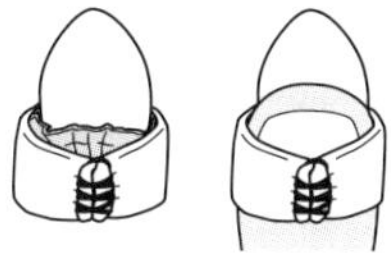

▶　調弦

調弦は，13本の各弦の柱を動かして行う。基準となる音の高さは絶対的なものではなく，曲の種類や声域に応じて変えることができる。

●**調弦法**：一の弦を１点ホ音を開始音とした場合

平調子《ひらぢょうし》

➤ 奏法

●右手の技法

スクイ爪	親指の爪裏で手前にはじきあげる。単にスクイともいう。
掻き爪	隣接する２本の弦を中指で同時に弾く。単に掻きともいう。
割り爪	隣接する２本の弦を向こう側から手前に，はじめ人さし指で，次に中指で弾く。その後，親指のオクターヴ上の音へ続くことが多い。
合せ爪	２本の弦を親指と中指ではさみつけるようにして同時に弾く。音程は多様だが，八度，五度，四度，一度が多い。
摺り爪	中指と人さし指の爪の脇で，第５，第６弦あたりの２本の弦を，はじめ左方向に，次に右方向にこする。
引き連	中指で第１弦，第２弦を掻き爪のように弾いた後，そのままの形で右手をグリッサンドの気持ちで手前に引き寄せ，中指で為弦，巾弦をはっきり弾く。
裏連	人さし指，中指の爪の裏側で巾弦から向こうに軽くグリッサンドし，指定弦の１本手前の弦と指定弦を親指で普通に撥弦する。
輪連	中指の爪の脇で右向こうから手前に２弦または数弦を軽く弾く。音高より音色の効果のため。

●左手の技法

押し手	柱の左側部分で弦を軽く押し下げ，音を高める手法。押し下げる強さによりいくつかの種類がある。 強押し：全音上げる（記譜は弦名の左にオ）。弦を弾く前に押す。 弱押し：半音上げる（記譜は弦名の左にヲ）。弦を弾く前に押す。 後押し：余韻を全音上げる（記譜はオ），余韻を半音上げる（記譜はヲ）。弦を弾いた後に押す。
引き色	柱の左側部分で弦をつまみ，右の方に引いて音をわずかに低める（記譜はヒ）。

4 三味線

➤ 楽器の歴史

三味線は，室町時代末期に中国の三弦《サンシェン》が沖縄の三線《サンシン》を経て，日本本土に伝えられた楽器である。江戸時代に，浄瑠璃などの伴奏楽器として完成された。

➤ 種類

細棹《ほそざお》三味線	棹が細く，他の部分もそれに応じた造り。長唄の三味線，山田流箏曲の三味線など。
中棹《ちゅうざお》三味線	棹が中位の太さのものを一括するための新しいよび名。地歌，常磐津節，清元節，新内節などの三味線。
太棹《ふとざお》三味線	棹が太く，他の部分もそれに応じた造り。義太夫節の三味線，民謡の一部で使用される三味線。

▶ 部分的名称と構造

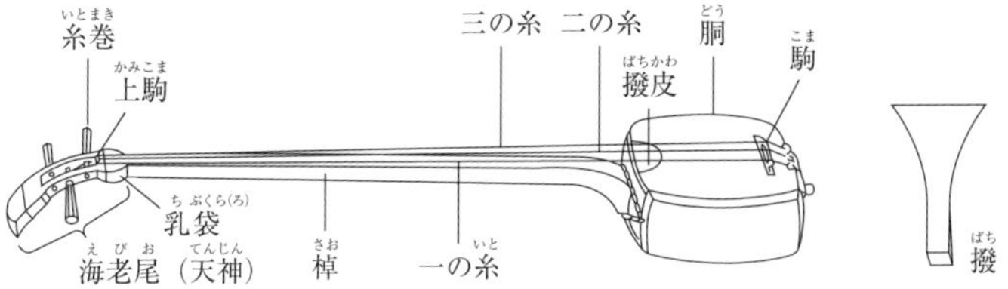

▶ 調弦

三つの糸の音高の相対的な関係である。基準音の高さは絶対的なものではなく，合わせる楽器や声の高さに合わせて変えることができる。

●**調弦法**：一の糸をロ音とした場合

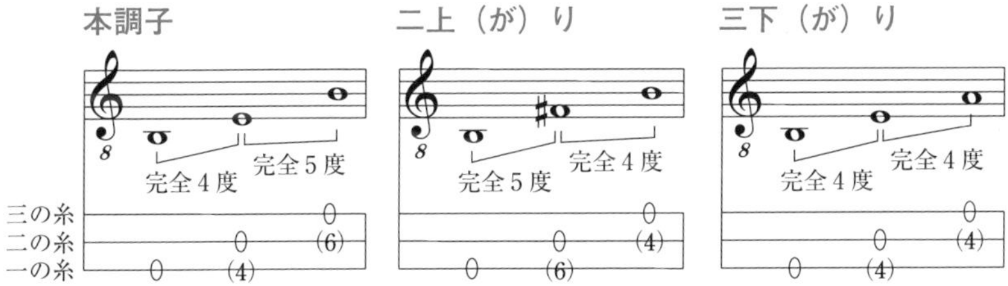

▶ 奏法

(1)　基本奏法

スクイ	撥先を弦の下から上へすくい上げて撥弦する（記譜は∨印，ス）。
ハジキ	撥ではなく左手の指で撥弦する（記譜は∩，ハ）。
スリ	ある勘所から他の勘所へ指を滑らせる奏法。 スリ上げ：棹の上方にずらすこと。 スリ下げ：棹の下方にずらすこと。
コキ	ある勘所から他の勘所へ指を滑らせるポルタメント奏法。
ニジリ	指をわずかに移動させて，音高に微妙な変化を添える方法。

(2)　勘所（感所）の押さえ方

勘所とは，棹の上表面，左指で押さえるところのことで，「つぼ」「ポジション」ともいう。勘所は，爪の先と指先あたりで押さえる。押さえる位置がずれると音の高さも微妙に変わる。

▶ サワリ

棹の上部に施されたサワリの山に，一の糸がわずかに触れることによって生じる倍音を生み出す音響現象。

▶ 口三味線《くちじゃみせん》

楽器を使わずに，三味線の奏法と旋律を口で歌う一種のソルミゼーションで，唱歌《しょうが》の一種。

5 尺八

▶ 楽器の歴史

尺八は，奈良時代頃に中国から伝来したといわれている楽器である。禅宗の一派である普化宗の虚無僧専用の宗教音楽として普及した。尺八を演奏することは，読経に相当すると考えられ，一般の使用は禁止されていた。

▶ 種類

一尺八寸（約55cm）の長さのものを標準として，様々な音域に対応できるように，一尺一寸から三尺くらいまで，いろいろな長さのものがある。標準的な長さの楽器で全部の指孔をふさいで出る音がニ音である。

▶ 部分的名称と構造

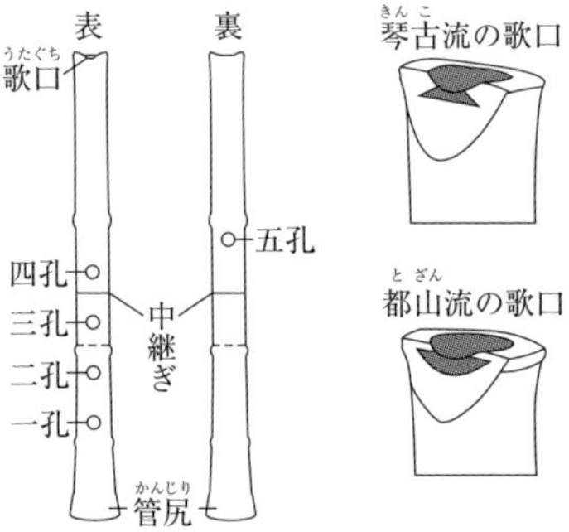

▶ 幹音（基本的な音高）と運指：音の高さは一尺八寸の楽器を用いた場合

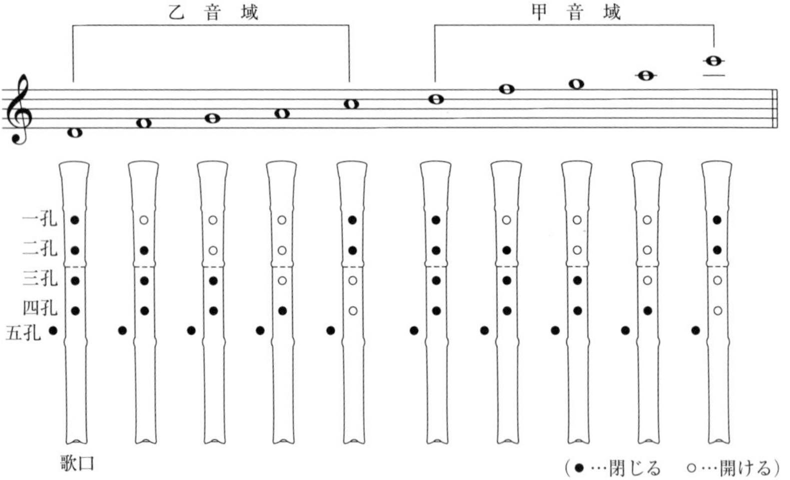

乙音域と甲音域の運指は，基本的に同じ。甲音域は，乙音域を吹くときに比べて息のスピードを速め，鋭く吹き込んで出す。

➤ 奏法

メリ	あごを引いて低めの音を出す。
カリ	あごをつき出すようにして高めの音を出す。
コロコロ	2つの指孔を交互に開閉してトレモロのような効果を出す。
スリ上げ・スリ下げ	ある音から別の高さの音まで音を切らず，音程をポルタメント的に移行する表現。
ユリ	メリとカリを緩やかに往復させて音を出す。音高が上下して一種のヴィブラート効果が生じる。
ムラ息	息を強く吹き入れて雑（噪《そう》）音的な音を出す。

6 篠笛

➤ 楽器の歴史

篠笛は，祭囃子や神楽，民謡，歌舞伎の長唄囃子などで用いられる7つ（または6つ）の指孔をもつ竹製の横笛。篠竹でつくることから名づけられたが，最近ではプラスチック製の楽器もつくられている。

➤ 部分的名称と構造（七孔の場合）

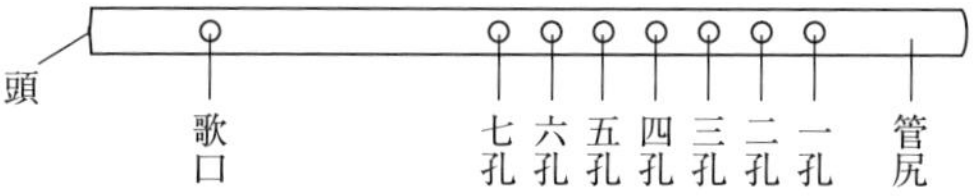

➤ 姿勢と構え方

背筋を伸ばして構える。顔は正面に向けて肩の力を抜く。右ひじを張りすぎないようにし，楽器はほぼ水平にして，左手の親指で支える。

➤ 指孔のふさぎ方

左手	人さし指，中指，薬指は，七孔～五孔を指のはらでふさぐ。親指の位置は，手前側に巻いて人さし指の付け根に笛を当て，構えを安定させる構え方の他，親指を外側に出す構え方もある。
右手	親指で笛を支え，小指は指のはらで1孔をふさぐ。その他の指は，軽く伸ばした状態（第1関節と第2関節の間あたり）で四～二孔をふさぐ。

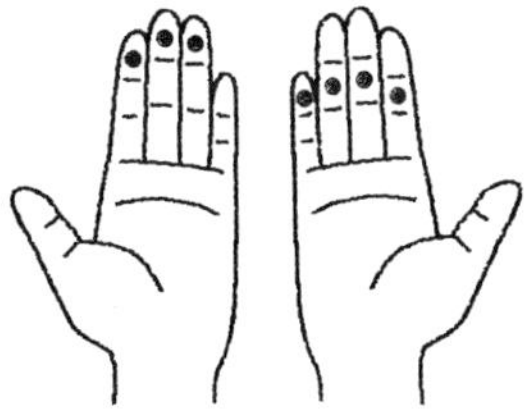

●の部分でふさぐ

➤ 息の当て方

唇は，左右に引き，下唇が歌口に３分の１ぐらいかかるようにする。上下の唇は，軽く合わせておく。「フーッ」と発音するつもりで唇の中央から息を出す。息を細く長く出せるようにおなかで支えるようにする。

➤ 運指

篠笛の運指は，次図の左側の楽譜の呂《りょ（ろ）》音に示したように漢数字で表す。また，右側の楽譜の甲《かん》音にみられる算用数字は１オクターヴ高い音を示すときに用いられるものである。１オクターヴ高い音を出す場合には，同じ運指のまま唇をさらに左右に引き，息を強く吹き込む。

※篠笛は，人の声の高さに合わせるために，ヘ音を基準に半音きざみで最も音域の低いものから順に「一本（または一本調子）」，「二本」…とよぶ。通常は「五本（イ音）」から「八本（ハ音）」の笛を用いることが多い。

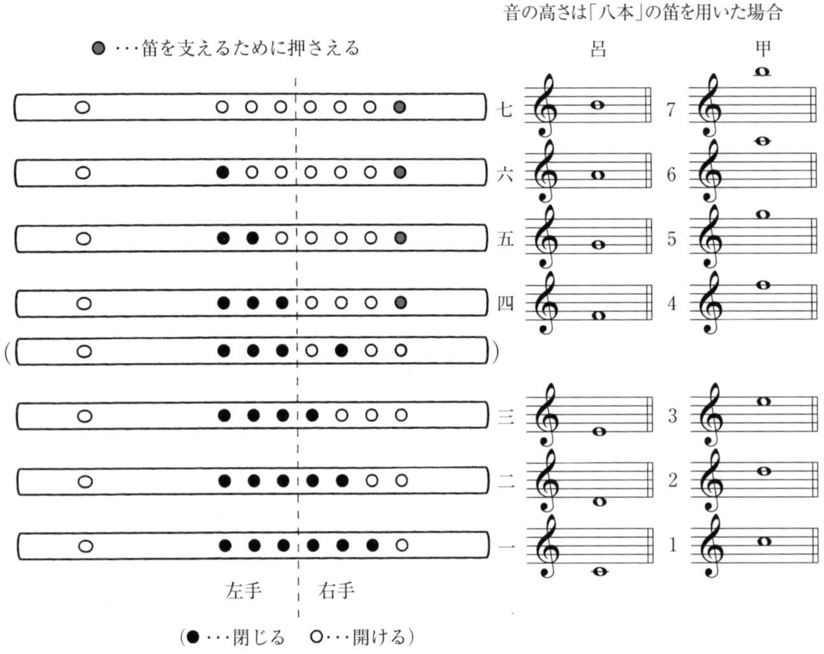

7 三線

三線とは，中国から琉球にもち込まれた三弦をルーツとした楽器である。棹は，黒檀などのかたい木でできており，漆が塗ってある。三味線に比べて短く全長は75～80cmで，胴にはニシキヘビの皮が張ってある。爪は，水牛の角などでできており，絃をはじいて鳴らす。

➤ 部分的名称と構造

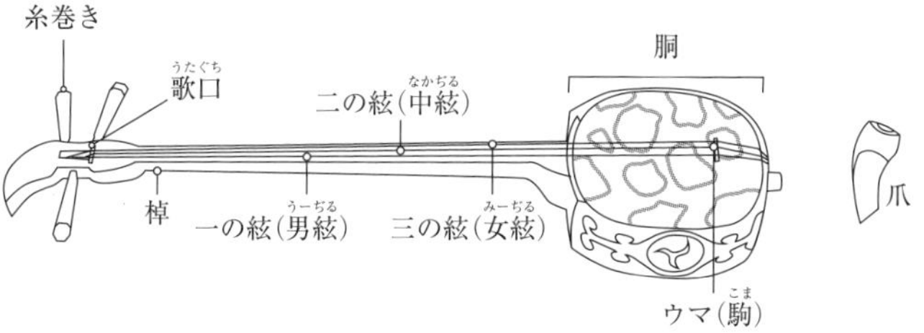

➤ 調弦

本調子の調弦は，三の絃（いちばん細い線）をド（２点ハ音）に決め，二の絃をファ，最後に一の絃を三の絃の１オクターヴ下のドに合わせる。三線の一般的な調弦には，本調子の他に二《に》揚《あげ》調，三下《さんさげ》調がある。

●**調弦法**：譜例は相対音高。声の高さに合わせて基音を変える。

本調子

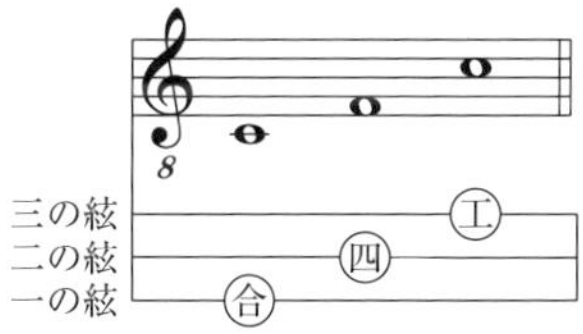

➤ 奏法

(1) 勘所

合《あい》・乙《おつ》・老《ろう》・　四《よん（しー）》　・上《じょう》・　中《ちゅう（なか）》　・尺《しゃく》・工《こう》・五《ご》・六《ろく》・七《しち》・八《はち》で表される。合・四・工は開放弦，乙・上・五は人さし指，老・中・六は中指，尺・七・八は小指で押さえる。

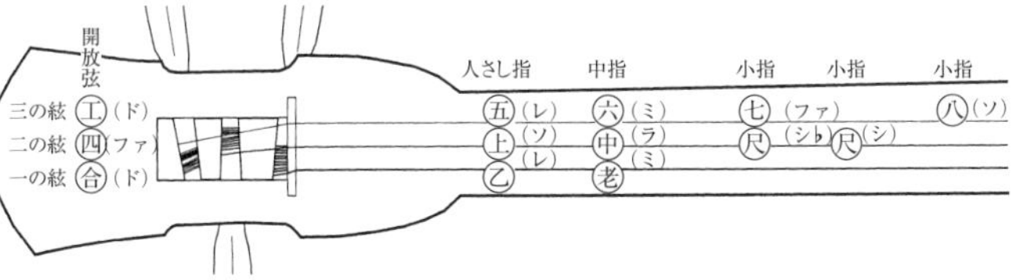

※尺は曲によって「シ♭」や「シ」になる。

(2) 工工四《くんくんしー》

三線の楽譜を工工四といい，勘所の名称がそのまま記譜されている。

8 移調楽器

実音と異なる高さに記譜される楽器を総称して移調楽器という。特に，管楽器に多くこの方式が用いられる。

例えば，トランペットやクラリネットはB♭（変ロ）管が多く用いられ，ハ長調の記譜であっても実音は変ロ長調になる。従って，常に実音の長2度上に記譜しなければならない。

例：トランペット，クラリネット（B♭管）

in B♭

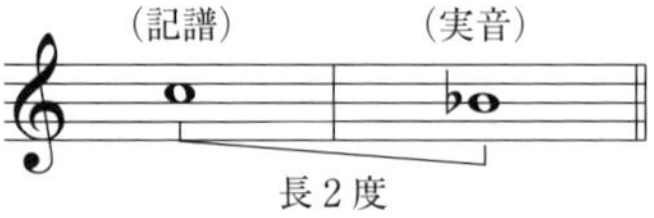

例：ホルン

in F

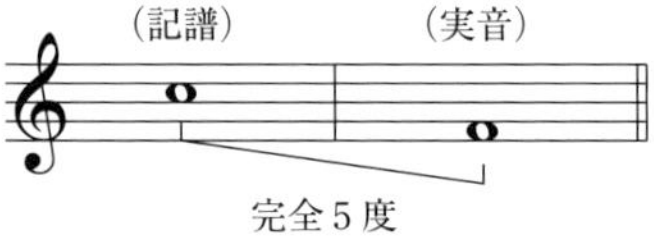

●主な移調楽器と記譜

調	記譜	楽器
B♭管（in B♭）	実音の長2度上	クラリネット，ソプラノ・サクソフォーン，コルネット，トランペットなど
A管（in A）	実音の短3度上	クラリネットなど
E♭管（in E♭）	実音の長6度上	アルト・サクソフォーンなど
F管（in F）	実音の完全5度上	フレンチ・ホルンなど
B♭管（in B♭）	実音の長9度上	テノール・サクソフォーンなど

例題１　ギター，リコーダー

次の楽譜１・２について，各問いに答えよ。

楽譜１.（「北の国から」より抜粋）

楽譜２.（「ラ・クンパルシータ」より抜粋）

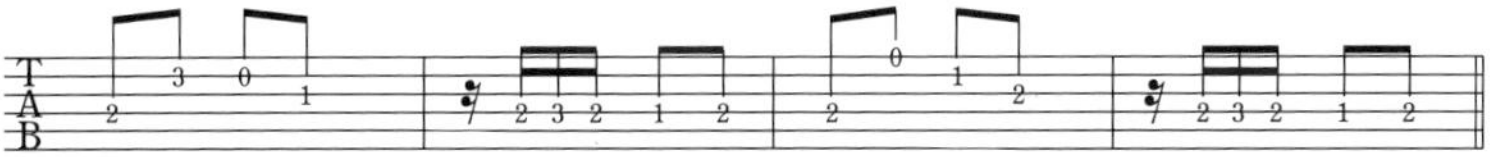

⑴　楽譜１中のア・イに当てはまる和音を，コードネームで答えよ。また，その和音をギターで演奏する際にどこを押さえるか，そのダイヤグラムを完成させよ。

⑵　楽譜１中のウ・エの音をリコーダーで演奏する際，その運指を図示せよ。ただし，運指はバロック式によること。

※指で押さえるホールを黒く塗りつぶすこと。サミングは⦸のように記入すること。

⑶　楽譜２は，ギターパートのタブ譜である。記譜音を五線譜に書き改めよ。

〈福島県〉

解答　⑴　ア．コードネーム：D7

ダイヤグラム：

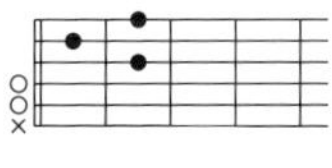

イ．コードネーム：G

ダイヤグラム：

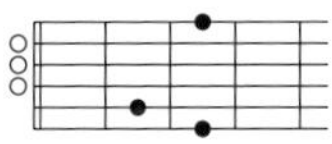

(2) ウ．

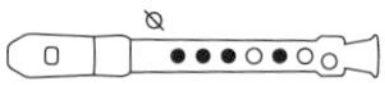

エ．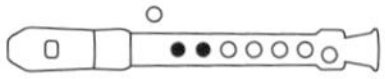，または，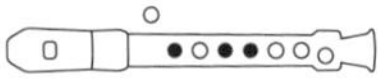

(3)

解説 (3) タブ（タブラチュア）譜は，ギターなどで使われる記譜法で，使う弦と押さえる位置（フレット）を6本の線と数字で示し，音符の長さを記してある。（※0…開放弦　1…第1フレット　2…第2フレット）

例題2　箏，三味線

和楽器について，次の問いに答えよ。

(1) 次の楽譜を箏で演奏するために，箏を演奏者から見て一番遠い弦が「ホ音」となるような平調子に調弦した。しかし，楽譜の中には調弦にはない音がある。その音を，ア～キの記号で答えよ。また，調弦を変えずにこの音を演奏するための箏の奏法を答えよ。

(2) 三味線で，「三下がり」に調弦してあると思い，楽譜1に従って演奏したとき，実際には楽譜2のような音が出た。この三味線はどのように調弦がされていたのか調弦の方法を答えよ。

1．

2．

一：一の糸
二：二の糸
三：三の糸で弾く

(3) 和楽器を指導したり練習したりする際に，旋律，リズム，奏法などに一定の音節をあてて歌うことを何というか，漢字で答えよ。

〈名古屋市〉

解答 (1)　調弦にはない音：カ
　　奏法：押し手（強押し）
(2)　本調子
(3)　唱歌

解説 (3)　唱歌とは，楽器の奏でる音楽を言葉に置きかえて歌い表したものである。もともとは雅楽の用語であったが，日本伝統音楽の多くの分野で用いられる独特の教授・修得法である。

例題 3　篠笛

日本の伝統楽器「篠笛」について，次の各問いに答えよ。
(1)　楽器の名前の由来となった原材料を答えよ。
(2)　篠笛は，歌舞伎や民謡などのほかに，どのような場面で演奏されるか，下のア～オの中から2つ選び，記号で答えよ。
ア．雅楽　　イ．神楽　　ウ．能・狂言　　エ．文楽　　オ．祭囃子
(3)　篠笛の楽器および奏法について，次の①，②の問いに答えよ。
①　下図のア～ウの各部分の名称を答えよ。

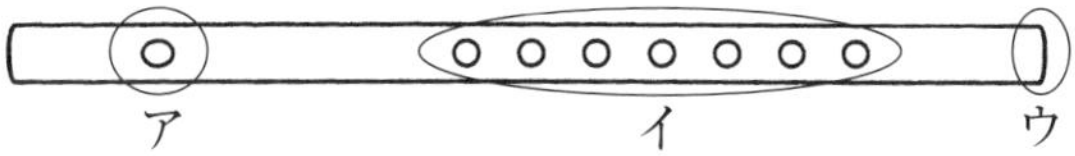

②　奏法「指打ち」について，簡潔に説明せよ。

〈新潟県・新潟市〉

解答 (1)　篠竹
(2)　イ，オ
(3)　①　ア．歌口　　イ．指孔　　ウ．管尻
②　同じ音が続くときに，指を打ち直して音を区切る。

解説 (3)　②　篠笛では，音がつながるよう滑らかに演奏することで，日本的な美しさを表現する。同じ音が続くときには，その度に吹き直さずに，押さえている指を指孔から一瞬離してすぐにふさぐ指打ちという奏法を用いる。

演習問題

1 ★☆☆

アルト・リコーダーの指導において，サミングを用いる音域の音が出しにくい生徒への効果的な指導法を，１つ答えよ。

〈鹿児島県〉

2 ★☆☆

次の文は，ギターのチューニング（調弦）の方法について述べたものである。空欄に当てはまる語句を語群から選び文を完成させる場合，最も適切な組み合わせはどれか。１～５から１つ選び，番号で答えよ。

音の高さは，糸巻きを回して調整する。（　A　）と音は上がり，（　B　）と音は下がる。鍵盤楽器などを使って，第５弦の開放弦の音を（　C　）に合わせる。第５弦の第５フレットのすぐ左横を押さえて（　D　）を出し，それに第４弦の開放弦を合わせる。以下同様にして，第４弦の第５フレットを押さえて出す音に第３弦の開放弦を，第３弦の第４フレットを押さえて出す音に第２弦の開放弦を，第２弦の（　E　）を押さえて出す音に第１弦の開放弦を合わせる。最後に，第６弦の開放弦が，第１弦の２オクターブ（　F　）の音になるようにする。

〔語群〕

ア．締める　イ．緩める　ウ．G音　エ．A音
オ．C音　カ．D音　キ．第４フレット　ク．第５フレット
ケ．上　コ．下

	A	B	C	D	E	F
1．	ア	イ	エ	オ	キ	ケ
2．	イ	ア	ウ	オ	ク	コ
3．	ア	イ	ウ	オ	ク	ケ
4．	イ	ア	エ	カ	キ	ケ
5．	ア	イ	エ	カ	ク	コ

〈大阪府・大阪市〉

3　★☆☆

ギターについて，次の各問いに答えよ。

(1)　ギターのチューニング（調弦）について，低音から順に記音と実音を五線に書け。

(2)　次の和音とダイヤグラムのコードネームをそれぞれ書け。

和音：

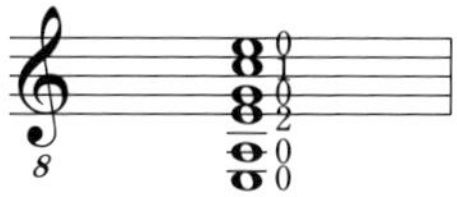

ダイヤグラム：

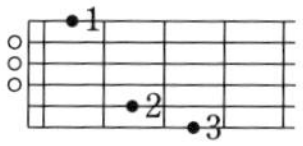

〈新潟県〉

4　★☆☆

次のギターの奏法(1)・(2)について，それぞれ説明せよ。

(1)　アポヤンド奏法

(2)　アル・アイレ奏法

〈徳島県〉

5　★☆☆

次の各問いについて，当てはまるものをそれぞれ①～④の中から１つずつ選び，番号で答えよ。

(1)　ギターのコードを弾く際，同時に２本以上の弦を１本の指で押さえることを何というか。

①　アルペッジョ　　②　セーハ　　③　アル・アイレ　　④　アポヤンド

(2)　パイプオルガンのパイプを選択する装置を何というか。

①　ストップ　　②　リード　　③　アクション　　④　キー

(3)　楽譜に「con sordino」と指示があった場合の奏法はどれか。

①　ベルを持ち上げる　　②　指で弦をはじく

③　弱音器をつける　　④　弱音器をはずす

(4)　オーケストラでイングリッシュ・ホルンとの持ち替えで演奏するのは通常何の楽器を演奏している奏者か。

①　オーボエ　　②　ホルン　　③　ファゴット　　④　サクソフォーン

(5)　オーケストラでは弦楽器が通常２人で１つの譜面台を使っているが，この単位のよび方を何というか。

① セット　② ソリ　③ セクション　④ プルト

〈埼玉県・さいたま市〉

6 ★☆☆

次の楽器(1)～(3)の調弦する音を，それぞれ低い順にドイツ音名で答えよ。ただし，オクターヴ区分については記述しなくてよい。

(1) ヴァイオリン

(2) ヴィオラ

(3) コントラバス

〈愛知県〉

7 ★☆☆

ヴァイオリンなどの弦楽器パートの楽譜で使われる ⊓ の記号の意味は何か。

① 弓の先で弾く　② 下げ弓で弾く　③ 上げ弓で弾く

④ 弓の元で弾く

〈埼玉県・さいたま市〉

8 ★☆☆

次のドラム譜でアを演奏する楽器はどれか。

① バス・ドラム　② スネア・ドラム　③ フロア・タム

④ ハイハット・シンバル

〈神奈川県・横浜市・川崎市・相模原市〉

9 ★☆☆

次の実音で記譜された楽譜(1)・(2)を，指示された楽器で演奏できるように，それぞれ調号を用いずに移調せよ。

(1)　バリトン・サクソフォーン in Es

(2)　クラリネット in A

〈岡山県〉

10 ★☆☆

オーケストラについて，次の各問いに答えよ。

(1)　次の文中の空欄に当てはまる語句を，語群から選び，記号で答えよ。

弦楽器はオーケストラの中心的な存在で，最も表現力に恵まれた楽器である。五弦コントラバスの最低音（　A　）音からヴァイオリンの最高音（　B　）音まで，7オクターブに渡りすべての音楽に必要な幅広い音域を持っており，しかもその音質はほぼ同質である。楽器の中で最も低い音を出すのは，（　C　）の〔シンセサイザーを除く〕（　D　）音でその振動数は1秒間に16回，つまり（　E　）（ヘルツ）である。人間の耳が音を感じられるのは通常（　F　）（ヘルツ）以上といわれているので，これはもはや脳波の振動数領域（アルファ，ベータ，デルタ：1～20Hz）に含まれる。五弦コントラバスの最低音の振動数は（　G　）（ヘルツ）で，これは人間が音を音程として感じられる最低音域を充分にカバーしているといえる。

音色表現も豊富である。弓で弦を擦るオーソドックスな（　H　）奏法の他に，弦を指ではじく（　I　）奏法や，弓の背で弦を叩く乾いた打楽器的効果の（　J　）奏法，弓の位置を通常より駒近くに置くことにより金属的な硬質の響きを出す（　K　），逆に指板の上で擦奏し柔らかな音色を得る（　L　）奏法，また（　M　）（弱音器）によるこもった抑圧的効果，同一音を弓で細かく刻む（　N　）や難解なテクニックを要する倍音による奏法（　O　）など，列記すると切りのない程想像力豊かな数多くの奏法がある。また弦楽器の豊富な倍音はあらゆる位置関係の和声に対応でき，他楽器と比べて（　P　）も少ないことから，常にオーケストラ音楽の中心的存在に位置付けられてきた。

〔語群〕

ア．下一点ハ　イ．下二点ハ　ウ．中央ハ　エ．三点ハ
オ．四点ハ　カ．五点ハ　キ．16Hz　ク．20Hz
ケ．32Hz　コ．64Hz　サ．ピアノ　シ．パイプオルガン
ス．sul ponticello（スル・ポンティチェルロ）
セ．sordino（ソルディーノ）　ソ．pizzicato（ピチカート）
タ．à la corde（ア・ラ・コルデ（コルド））
チ．sul tasto（スル・タスト）　ツ．col legno（コル・レーニョ）
テ．tremolo（トレモロ）　ト．harmonics（ハーモニクス）
ナ．精神的疲労度　ニ．肉体的疲労度

(2) スコア（総譜）は上から，どのような順番で書かれているか，正しいものをア～オから選び，記号で答えよ。

ア．木管楽器・金管楽器・弦楽器・打楽器・編入楽器の順
イ．金管楽器・木管楽器・弦楽器・打楽器・編入楽器の順
ウ．弦楽器・木管楽器・金管楽器・編入楽器・打楽器の順
エ．木管楽器・金管楽器・打楽器・編入楽器・弦楽器の順
オ．木管楽器・金管楽器・編入楽器・打楽器・弦楽器の順

(3) 次の表は楽器群ごとに高音楽器・中音楽器・低音楽器に分けたものである。空欄に当てはまる楽器を，楽器群から選び，記号で答えよ。

	木管楽器群	金管楽器群	弦楽器群
高音	ピッコロ フルート （　A　） クラリネット	トランペット	ヴァイオリン
中音		（　C　）	ヴィオラ
低音	（　B　） ファゴット コントラファゴット	（　D　） テューバ	チェロ コントラバス

〔楽器群〕

ア．ホルン　イ．バスクラリネット　ウ．トロンボーン
エ．オーボエ

(4) 編入楽器に属する楽器を3つ答えよ。

〈岩手県〉

11 ★☆☆

次の文は，三味線についての説明である。空欄に当てはまる最も適切なものを，語群の中からそれぞれ1つ選び，記号で答えよ。

三味線にはいくつかの種類があり，伝統的に細棹は，長唄や（　A　）に，中棹は，（　B　）や清元に，そして太棹は（　C　）や（　D　）に使われることが多く，主に（　E　）を用いて演奏される。また，様々な倍音を出すしくみになっており，それを（　F　）とよんでいる。

〔語群〕

ア．爪	イ．弓	ウ．ばち	エ．サワリ	オ．メリ
カ．ユリ	キ．常磐津	ク．義太夫	ケ．津軽三味線	コ．小唄

〈栃木県〉

12 ★☆☆

三味線の調弦で代表的な本調子と二上がりを五線に全音符で書け。ただし，一の糸を，ロ音とすること。

〈新潟県〉

13 ★☆☆

次の文は「箏」についてである。空欄ア～クに当てはまる語句を答えよ。また，下線部a・bの読みがなを答えよ。

「箏」は古く奈良時代に（　ア　）から，我が国に伝来した。通常，糸とよばれる（　イ　）本の弦を張り，座って向こう側より手前にかけて，一の糸，二の糸…とよび，とくに手前の三本の糸を順に（　ウ　），（　エ　），a巾とよぶ。

「箏」の調弦は，b柱とよばれる駒を立てて調弦する。一般的によく演奏される「さくらさくら」は，（　オ　）とよばれる調弦法を用いている。

「箏」の流派には，山田流と生田流の二つがある。爪の種類についても山田流は（　カ　），生田流は（　キ　）などの違いがある。

また，楽器の数を数えるときは，1（　ク　），2（　ク　）…と数える。

〈宮城県・仙台市〉

14 ★☆☆

箏の流派について正しく書かれているものを選び，記号で答えよ。

ア．生田流は，生田検校により江戸を中心に発達した。丸爪を使用するため，楽器に対してやや斜め中央向きに座って演奏する。

イ．生田流は，生田検校らにより関西を中心に発達した。角爪を使用するため，楽器に対して真正面に座って演奏する。

ウ．山田流は，山田検校により関西で創始された。角爪を使用するため，楽器に対してやや斜め中央向きに座って演奏する。

エ．山田流は，山田検校により江戸で創始された。丸爪を使用するため，楽器に対して真正面に座って演奏する。

オ．山田流は，山田検校により関西で創始された。丸爪を使用するため，楽器に対してやや斜め中央向きに座って演奏する。

〈北海道・札幌市〉

15 ★☆☆

箏の奏法について，次の縦譜に示すア～エの奏法名，奏法を答えよ。また，ア・エの演奏効果を答えよ。

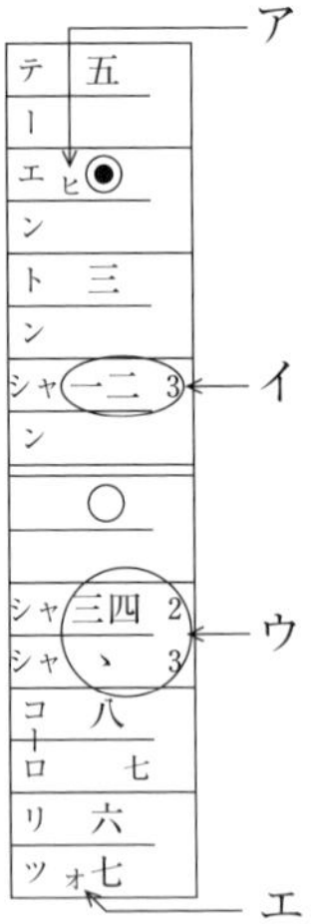

〈鹿児島県〉

16 ★☆☆

和楽器について，次の各問いに答えよ。

(1)　江戸時代に平調子の調弦法を開発し，今日の箏曲の基礎を築いた人物の名前を答えよ。

(2)　平調子の調弦を五線上に全音符で書け。ただし，一の弦をホとする。

(3)　琴と箏の違いについて答えよ。

〈徳島県〉

17 ★☆☆

次の箏の楽譜を，五線譜に書き改めよ。ただし，一の弦をホとする。

十	為	日本古謡・山内雅子編曲　平調子
九	巾	
十	ヲ巾	
斗	巾	
十	為	
十	巾	
九	為	
八	斗	
七	巾	
六	為	
五	斗	

〈徳島県〉

18 ★☆☆

次の文は，尺八についての説明である。空欄Ａ・Ｂに当てはまる語句を答えよ。また，運指表のＣに，適切な運指を書け。

尺八は古くは宗教色の強い音楽とされてきたが，現在では箏や三味線との（　Ａ　）合奏や民謡やジャズ・ポピュラー音楽などでの新しい創作の試みまで幅広く愛好されている。その名の通り一尺八寸の長さのものを標準としてさまざまな長さのものがある。標準的な長さの楽器で全部の指孔をふさいで出る音がニ音で，順次指孔を開けると譜例のような音高になる。指孔に指をかざしたり，あごのあげさげなどにより音高を上げたり下げたりすることができる。また，首を上下左右に振るユリ，特有のトレモロのコロコロ，息を強く吹き込んで雑音的な音を出す（　B　）などの技法がよく使われ，繊細な音楽表現が可能になっている。

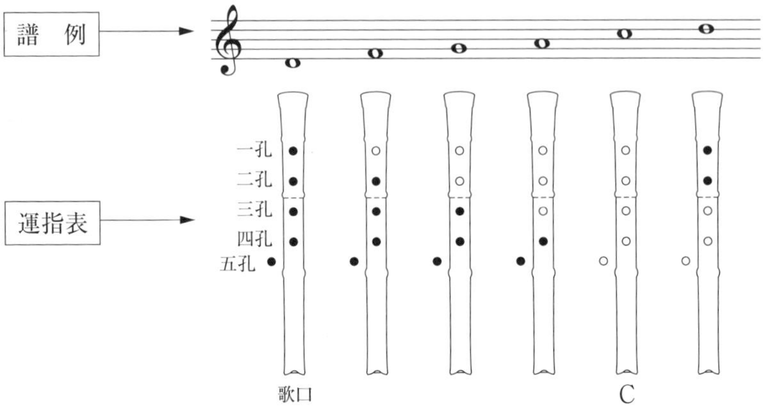

出典：中学生の器楽　教育芸術社

〈福島県〉

19 ★☆☆

次の文１～６は，尺八の奏法の説明である。奏法名をそれぞれ答えよ。

1．あごを出す。音高は上がり，明るく軽い音になる。

2．孔を押さえる指をスライドさせる。ポルタメント効果が生じる。

3．首を緩やかに動かす。音高が上下して，一種のヴィブラート効果が生じる。

4．あごを引く。音高は下がり，暗く沈んだ音になる。

5．息を激しく吹き込む。独特の噪《そう》音が生じる。

6．特殊な運指によってトレモロ効果を出す。　〈京都市〉

20 ★☆☆

和楽器や和楽器の奏法について述べた次の文のうち，正しくないものを１つ選び，番号で答えよ。

1．和太鼓の教習には，「テレツク」や「テトンテン」などの唱歌が用いられる。
2．箏は，通常桐の木をくりぬいて作った胴に13本の弦を張り，柱とよばれる駒を動かして音の高さを調節できるようにしている。
3．三味線の三本の弦はそれぞれ太さが違い，同じ高さの音でも使う弦によって音色が違うのが特徴である。調弦には，本調子，二上がり，三下がりなどがある。
4．尺八は，メリ・カリ・ユリ・コロコロなどとよばれる奏法により，独特な音色や表情を出すのが特徴である。
5．篠笛の「一本調子」「二本調子」は，三味線の本調子や二上がりなどの調弦によって使い分けている。

〈岐阜県〉

21 ★☆☆

次の語句について，その奏法が使われる楽器名及びそれぞれの演奏の仕方を答えよ。

⑴　はじき　　⑵　押し手　　⑶　ストローク　　⑷　メリ

〈千葉県・千葉市〉

22 ★☆☆

次の奏法について，名称をそれぞれ答えよ。

⑴　箏：余韻に変化をつける奏法の１つで，弾いた後に，その弦の柱の左側の箇所を左手でつまんで柱の方に引き寄せ，柱の右側の張力を弱めて余韻の高さをさげ，次に力を抜いてもとに戻す奏法。
⑵　尺八：音程を高くする技法であごを前方に出す奏法。
⑶　三味線：ばち先で弦を下から上にすくいあげて音を出す奏法。
⑷　ギター：弦を弾き終わった指が，隣の弦に触れて止まる奏法。

〈佐賀県〉

1
〔解答例〕

隙間を小さくして，タンギングを tyu や ti のようにして，スピードのある息を吹き込むようにする。

2
5

3
(1)　記音：

実音：

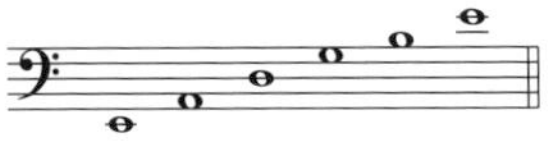

(2)　和音：C6，または，Am7
ダイヤグラム：G7

4
(1)　弦を弾いた後，隣の弦に指を当てて止める奏法。旋律などを奏するときに多く使用される。

(2)　弦を弾いた後，その指は手のひらの方向にし，隣の弦に触れない奏法。和音やアルペッジョなどを奏するときに多く使用される。

5
(1)　②　　(2)　①　　(3)　③　　(4)　①
(5)　④

6
(1)　G　D　A　E
(2)　C　G　D　A
(3)　E　A　D　G

7
②

8
②

解 説

ドラム譜の読み方は次の通りである。

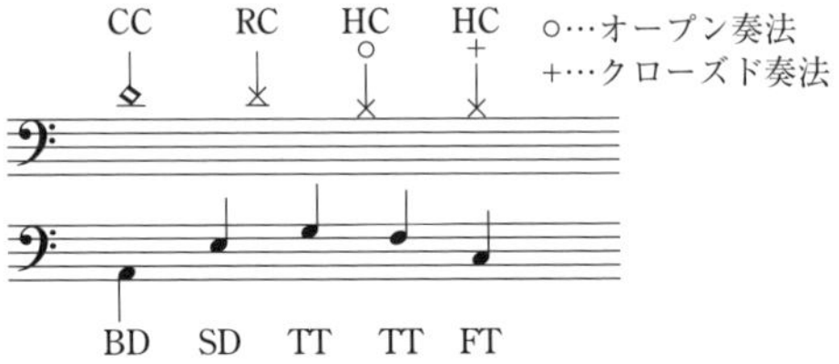

CC：クラッシュ・シンバル
RC：ライド・シンバル
HC：ハイハット・シンバル
BD：バス・ドラム
SD：スネア・ドラム
TT：タムタム
FT：フロア・タム

9
P. 199参照

10
(1)　A．ア　B．カ　C．シ
D．イ　E．キ　F．ク
G．ケ　H．タ　I．ソ
J．ツ　K．ス　L．チ
M．セ　N．テ　O．ト
P．ニ

(2)　エ

(3)　A．エ　B．イ　C．ア
D．ウ

(4)　ハープ，チェレスタ，ピアノ，オル

ガン，マンドリン，ギター，アコーディオン　などから3つ

11

A．コ　B．キ　C．ク
D．ケ　E．ウ　F．エ
（C・D順不同）

12

本調子：

二上がり：

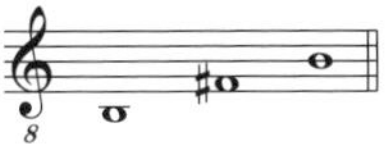

13

ア．唐（中国）　イ．13
ウ．斗　エ．為
オ．平調子　カ．丸爪
キ．角爪　ク．面
a．きん　b．じ

14

エ

15

ア．奏法名：引き色
奏法：柱の左側を持って弦の張力をゆるめる。
演奏効果：音を低くする。
イ．奏法名：掻き爪
奏法：中指で2本同時に弾く。
ウ．奏法名：割り爪
奏法：人さし指と中指で連続して弾く。
エ．奏法名：後押し
奏法：弦を弾いた後に押す。
演奏効果：余韻を全音高くする。

解説

譜例の縦譜は，箏曲「六段の調」（八橋検校作曲）初段の冒頭部分である。

16

(1)　八橋検校
(2)

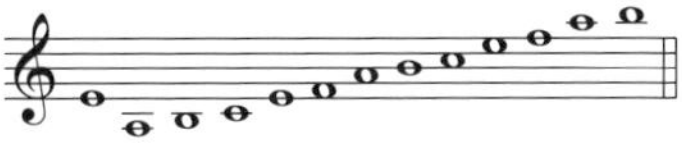

(3)　琴にはこと柱がないが，箏にはこと柱がある。

解説

中国では，箏《そう》と琴《きん》は別の楽器である。我が国では，箏は盛んであるが，琴は流行しなかった。日本では古くは「そうのこと」「びわのこと」のように，「こと」は弦楽器の総称として用いられることがあった。楽器名としての箏は「そう」「こと」いずれの読み方も用いられる。

17

P.199参照

18

A．三曲
B．ムラ息
C．

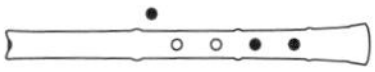

解説

A．三曲とは，三味線，箏，尺八（胡弓）の伴奏による声楽（これを三曲合奏ともいう），または，地歌，箏曲，尺八楽，胡弓楽の総称である。

19

1．カリ　2．スリ
3．ユリ　4．メリ
5．ムラ息　6．コロコロ

20

1

解説

1．太鼓（締太鼓）の唱歌では，打つ強弱に応じて字音を使い分ける。「テレツク」「ツ」「テン」「トッタン」などの打つ音を示す字音に加え，掛け声を織り交ぜる。「テトンテン」は，三味線で用いられる唱歌である。

21

(1) 楽器名：三味線
演奏の仕方：ばちではなく，左手の指で撥弦する。

(2) 楽器名：箏
演奏の仕方：柱の左側部分で弦を軽く押し下げ，音を高める。

(3) 楽器名：ギター
演奏の仕方：同時にいくつかの弦を掻き鳴らす。

(4) 楽器名：尺八
演奏の仕方：あごを引いて低めの音を出す。

22

(1) 引き色　(2) カリ
(3) スクイ　(4) アポヤンド奏法

9

(1)

(2)

17

7 創 作

傾向と対策

設問は，教材の編曲・作曲が中心である。示された旋律への伴奏付けやオブリガート付け，歌唱曲・器楽曲の編曲など，実際の授業で必要な能力を問う出題が多い。和声課題の出題に関しては減少傾向が見られるが，和声の基本的な技術の発展として，リコーダー合奏曲や合唱曲の編曲・作曲へつながるため，十分に復習しておく必要がある。また昨今，示された詩に作曲する，与えられた題に作詞作曲をするなどの創作の出題が増加傾向にある。創作の基本的な知識（和声学やその他の基礎理論等）や各種の編曲技法を身に付け，リコーダーを中心とした合奏曲や混声合唱曲などをつくれるようにしておきたい。

要点 Check!

1 楽曲の形式

➤ 大楽節の構造

（文部省唱歌「春がきた」）

➤ 唱歌形式（リート形式）

一部形式	1つの大楽節からなる形式で，ふつう8小節。 曲としてまとまっている最も小さい楽曲。
二部形式	2つの大楽節で構成される形式で，ふつう16小節。 A〔aa′〕B〔ba′〕，A〔aa′〕B〔bb′〕など。
三部形式	3つの大楽節または3つの小楽節で構成される形式で，ふつう24小節。ABA，AA′A″，ABCなど。

➤ 器楽形式

複合三部形式	全体が3つの部分に分かれ，各部分が二部形式や三部形式からなるもの。 A〔aba〕B〔cdc〕A〔aba〕など。
ロンド形式	主題のくり返しの間に副主題（エピソード）が挿入される形式。 大ロンド：ABACABA（＋coda） 小ロンド：ABACA（＋coda）　　（※A＝主題，B・C＝副主題）
ソナタ形式	提示部，展開部，再現部からなる非常に複雑な複合三部形式。 codaが加えられる大規模なものも多い。

2 演奏形態

➤ 器楽曲

（※一般的な編成）

弦楽四重奏	ヴァイオリンⅠ，ヴァイオリンⅡ，ヴィオラ，チェロ

➤ 声楽曲

（※一般的な編成）

<table>
<tr><td colspan="3">重唱</td><td>いろいろな声の組み合わせによる二重唱・三重唱など</td></tr>
<tr><td rowspan="3">合唱</td><td rowspan="2">同声合唱</td><td>女声合唱</td><td>女声二部合唱：ソプラノ，アルト
女声三部合唱：ソプラノ，メッゾ・ソプラノ，アルト</td></tr>
<tr><td>男声合唱</td><td>男声四部合唱：テノールⅠ，テノールⅡ，バリトン，バス</td></tr>
<tr><td colspan="2">混声合唱</td><td>混声三部合唱：ソプラノ，アルト，男声
混声四部合唱：ソプラノ，アルト，テノール，バス</td></tr>
</table>

3 和音の仕組みと役割

➤ **三和音**：※第2章「楽典」の和音を参照。

➤ **属七の和音**：※第2章「楽典」の和音を参照。

➤ **和音の機能**（主要三和音）

トニック Tonic(T)	Ⅰ度の和音 Ⅵ度の和音	Ⅰ度の和音を主和音とよぶ。主和音と共通した機能をもつ和音の総称である。その調を支配する和音であり，ほとんどすべての曲が主和音で終わる。
ドミナント Dominant(D)	Ⅴ度の和音 Ⅴ度7の和音	Ⅴ度の和音を属和音とよぶ。属和音と共通した機能をもつ和音の総称である。トニックへ進もうとする性質がある。属七の和音を使ってもよい。
サブドミナント Subdominant(S)	Ⅳ度の和音 Ⅱ度の和音	Ⅳ度の和音を下属和音とよぶ。下属和音と共通した機能をもつ和音の総称である。ドミナントに進むが，トニックに進むこともある。

➤ 和音進行と終止形

(1) 和音進行（例）

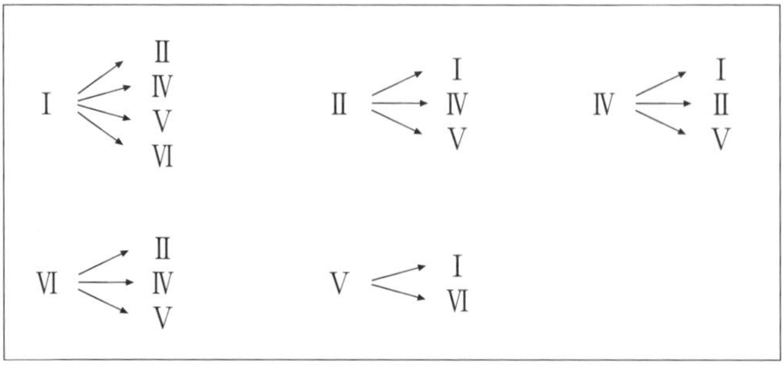

(2) 終止の種類とパターン（例）

正格終止	～Ⅴ(7) →Ⅰ
変格終止 （アーメン終止）	～Ⅳ →Ⅰ
半終止	～Ⅴ
偽終止	～Ⅴ(7) →Ⅵ

(3) 終止形（カデンツ）

T→D→T	Ⅰ→Ⅴ→Ⅰ，Ⅰ→Ⅴ→Ⅵ，Ⅵ→Ⅴ→Ⅰ
T→S→D→T	Ⅰ→Ⅳ（Ⅱ）→Ⅴ→Ⅰ，Ⅰ→Ⅳ（Ⅱ）→Ⅴ→Ⅵ
T→S→T	Ⅰ→Ⅳ→Ⅰ

例題１　作曲，編曲

次の楽譜について，各問いに答えよ。

(1)　中学校３年生がアルト・リコーダーで演奏することを考慮し，Aの部分に合うオブリガートをつくれ。

(2)　中学校３年生が歌うことを考慮し，Bの部分を混声三部合唱に編曲せよ。また，歌詞も楽譜に記入すること。

〈北海道・札幌市〉

解答　〔解答例〕

(1)

(2)

解説 (1) 器楽曲の作曲では，各楽器が出せる音域や最も効果的な音域を考えることや，音色のイメージをもつことが大切である。次の１～２に留意して，Aの部分に合うオブリガートをつくってみよう。

1．**リコーダー**

・アルト・リコーダーの 演奏しやすい音域

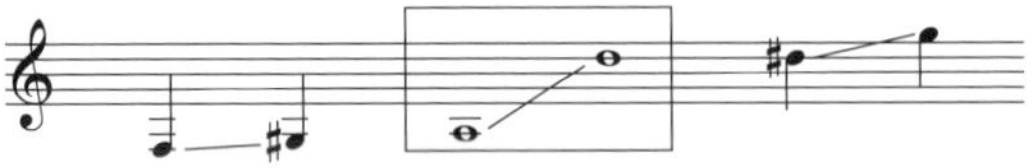

（※記音）

・リコーダーは，音や音質によって演奏の難易度が大きく異なるので，運指やタンギングなどを確認しながら演奏効果を考える必要がある。

2．**オブリガート**：主旋律に対するもう１つの旋律（助奏）のこと。

●**オブリガートを効果的に用いるポイント**

・和音構造が単純なフレーズに適しているため，確かな和音付けが前提となる。

・旋律としては全音符や２分音符を中心とした，リズムの大まかな旋律が適している。

・旋律でつくる装飾音は適度の分量がよい。

・通常，全旋律の上部で行うが，アルトやテノールなど主旋律の下部で行うこともできる。その他，分散型などで広い音域を必要とするときなど主旋律と交差することもある。

●**オブリガートの種類**

ロングトーン	和音構成音のどれか１つを長くのばす方法。
和音旋律（分散型）	和音（伴奏和音）を分散して旋律をつくる方法。
上３度・上６度	旋律のリズムに合わせて，旋律の上部に３度・６度の音程間隔で第２旋律をつくる方法。
通常の旋律	主旋律とリズムを違えた通常の旋律をつくる方法。

(2) **編曲手順（例）**

1．和音（コード）付け

一般的に旋律は，和音の上に成り立っている。しかし，同じ旋律に異なる和音付けを考えることができる。感覚的にその曲にふさわしいと思われる和音を探し出すことが必要である。この例題では，Bの部分に中学・高校の現行教科書で取り上げられている和音を参考にしながら，効果的な和音を付けてみよう。

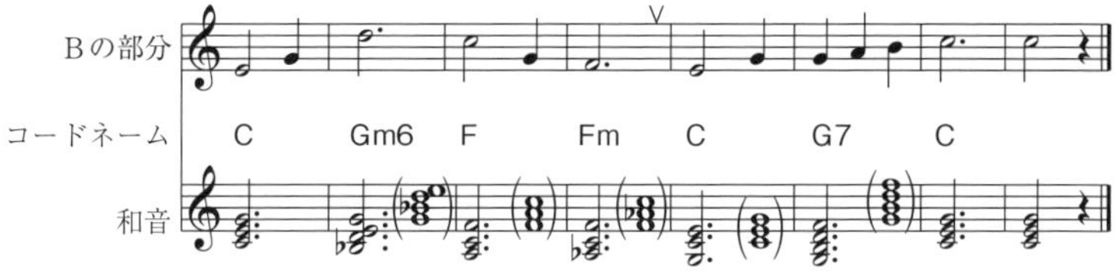

2．声域の確認をする

それぞれのパートには最適な音域があり，低すぎる声や高すぎる声はきれいに出すことができない。各パートの音声域の標準的な目安は次の通りである。

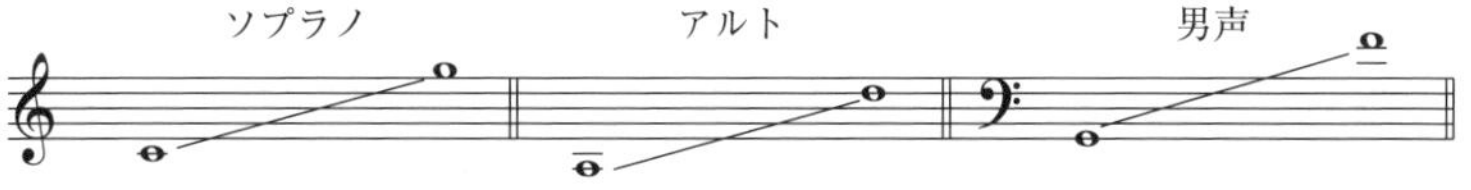

3．二重唱に編曲する

合唱の編曲は，すべてのパートが同じ歌詞を同じリズムで歌うのが基本であるが，旋律を追いかけたり，特徴あるリズムや音型を模倣して対旋律を作ると，変化にとんだ重部唱にすることができる。ここでは，和声音（和音構成音）を基に，オブリガート的に編曲した旋律をアルトパートに用いてつくってみよう。

4．男声パートをつくる

1で付けた和音（コード）を，ソプラノと同じリズムで動かして置き，低音（※○印）を男声パートに用いてみよう。

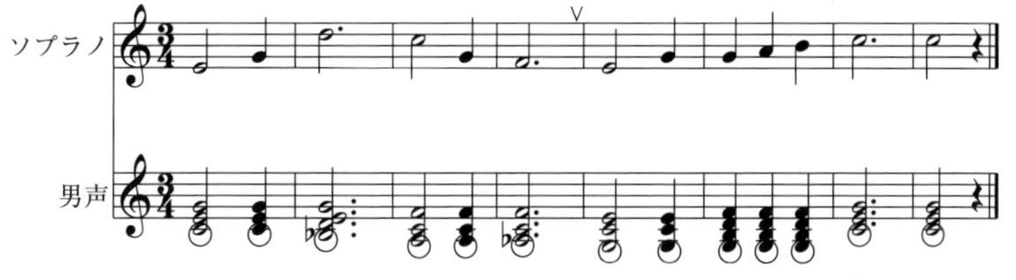

5．スコアにする

最後に3パートが独立したスコアに清書し，歌詞を入れて完成させる。

例題2　作曲

次の譜例について，譜例の和声進行の上に声楽曲の旋律を条件に留意して創作し，五線譜に記せ。また，その旋律に適したギター伴奏を創作し，五線譜に記せ。

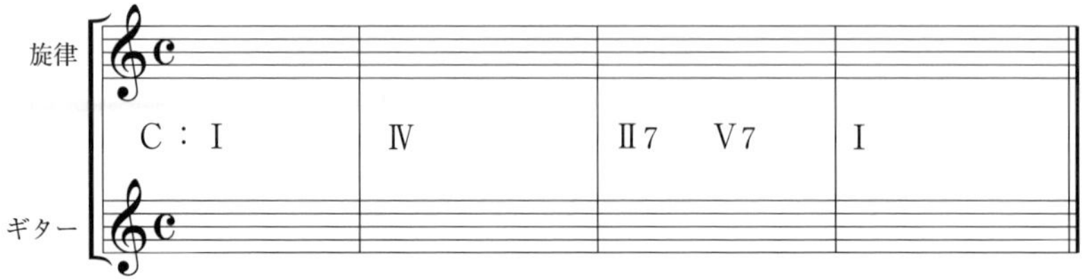

〔条件〕

(1)　和声音と非和声音を用いること。

(2)　非和声音には次の3種類の音を必ず1回以上使用し，それぞれの音の上に括弧内のカタカナを表記すること。

①　倚音　………………（イ）

②　刺繍音（補助音）…（シ）

③　経過音　……………（ケ）

〈島根県〉

解答　〔解答例〕

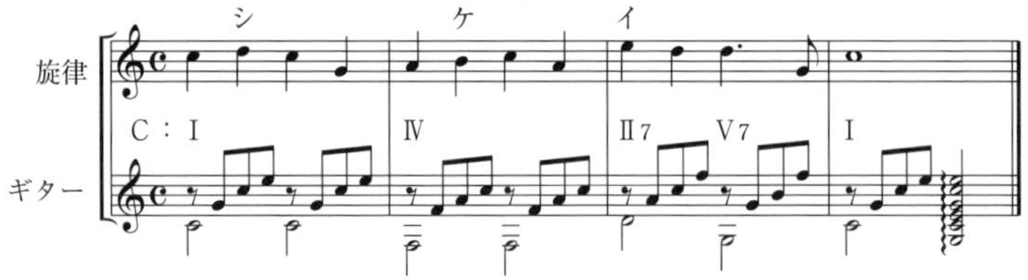

解説　**創作手順（例）**

1．和声音（和音構成音）のみによる旋律をつくる

和声進行に従い，和音を付けよう。次に，①～③に留意して，和声音に含まれる音だけを使って旋律をつくってみよう。

①　旋律の始め方：曲の始まりは，その曲の調性の主和音に含まれる音（ハ長調であればド・ミ・ソの各音）から始めるとよい。

②　旋律の終わり方：曲の終わり方には，正格終止や変格終止などがある。その他に，曲の途中で段落を感じさせる半終止や偽終止などもある。

③　リズム：自由。思い浮かばない場合はすべて４分音符でもよい。

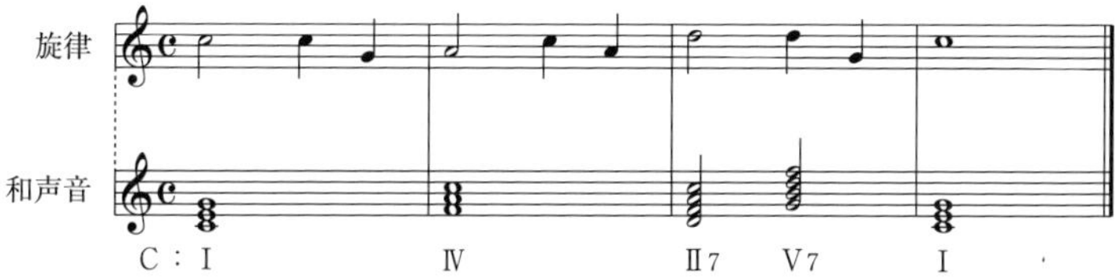

２．非和声音（和声音以外の音）を含む旋律をつくる

１でつくった旋律に非和声音を加えてみよう。

●非和声音（和声音以外の音）の種類

倚音（イ）	主に強拍部に用いられる和音に隣接する音。和声音の２度上，または，２度下の音を置くことができる。 （※和声音の下側に倚音を使う場合，半音上げることが多い。）
刺繍音（補助音）（シ）	弱拍部に用いられる。ある和声音の次に，２度上，または，２度下の非和声音に行き，再び元の和声音に戻ってくるもの。刺繍の針の動きに似ているため，こうよばれる。 （※和声音の下側にくる刺繍音は半音下げることが多い。）
経過音（ケ）	「ド→レ→ミ」と進行するように，３つの音を音階のように順番に進めたい場合，間に非和声音を入れることができる。 （※前後が和声音であること，また，音が跳んでいないこと。）

非和声音を含めた曲は，円滑な流れと適度な緊張感をもたせることができる。

3．ギター伴奏をつくる

2で作った旋律にギター伴奏をつくってみよう。

●ギターの伴奏パターン

例1：

例2：

例題3　作曲

次に示すフレーズをaとして，a−a′−b−a″となる二部形式の曲を完成させよ。

〈群馬県〉

解答　〔解答例〕

解説　二部形式における aa′ ba″ 型は，曲のまとめ方としては最もシンプルな方法である。

曲のまとめ方の基本（例）

a （第１フレーズ）	曲の主題を提示する。
a′（第２フレーズ）	第１フレーズを模倣しながら応答する。
b （第３フレーズ）	新しい要素を用いて気分を変える。
a″（第４フレーズ）	第２フレーズをほぼ同じように再現して曲をまとめる。

創作（例）

a　Ⅰ→Ⅰ→Ⅴ7→Ⅴ（Ⅴ度の和音は続く感じ。次に必ずⅠ度かⅥ度の和音へ進むこと。）

ニ長調：Ⅰ　Ⅰ　Ⅴ7　Ⅴ

a′　Ⅰ→Ⅰ→Ⅴ7→Ⅰ（Ⅰ度の和音は終わる感じ。）

ニ長調：Ⅰ　Ⅰ　Ⅴ7　Ⅰ

b　Ⅳ→Ⅰ→Ⅱ→Ⅴ（b の部分は感じを変えるためにⅠ度以外の和音から始めるとよい。）

ニ長調：Ⅳ　Ⅰ　Ⅱ　Ⅴ

a″　Ⅰ→Ⅰ→Ⅴ7→Ⅰ（前半の a′ と同じ。）

ニ長調：Ⅰ　Ⅰ　Ⅴ7　Ⅰ

演習問題

1 ★☆☆

次の楽譜を，Violino Ⅰを Clarinet（B♭），Violino Ⅱを Alt Saxophone（E♭），Viola を Horn（F），Continuo を Tuba（C）用に長3度下げて，演奏が可能なように編曲せよ。

4．BOURRÉE I

alternativement

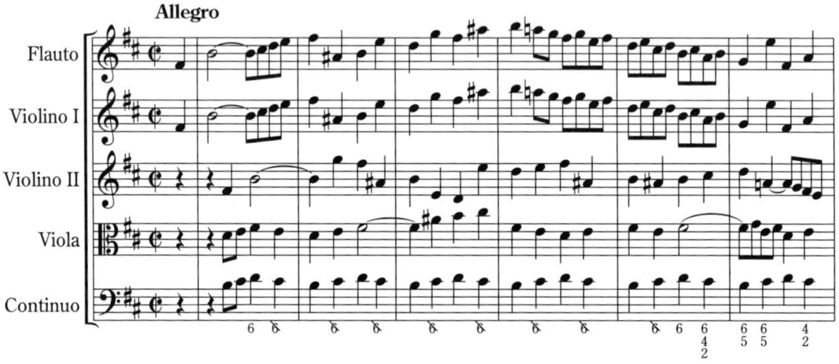

〈秋田県〉

2 ★★★

次の楽譜を移調して，次の五線譜に金管4重奏の楽譜をつくれ。

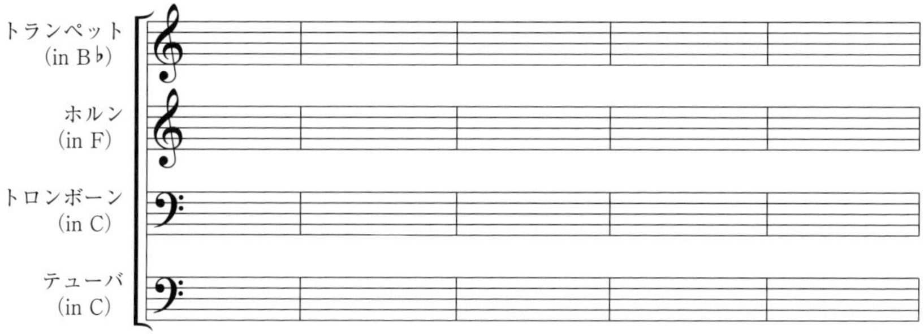

〈神戸市〉

3　★★☆

中学校第３学年の「音楽」において，次の楽譜（実音）を，用意できる５種類の楽器を使用して演奏することになった。初心者の生徒が10時間程度の学習で演奏できるように編曲せよ。ただし，移調楽器の楽譜は，その楽器の調号を用いることとする。

〔用意できる楽器〕
・フルート
・アルト・サクソフォーン　in E♭
・トランペット　in B♭
・ホルン　in F
・シンセサイザー（※テューバ，または，コントラバスの代わりとして使用）

〈北海道・札幌市〉

4 ★★☆

次の条件を満たした曲を作曲せよ。ただし，歌詞については考えなくてよい。

〔条件〕

・ニ短調，４分の４拍子で16小節とすること。

・３声のカノンふうの多声的な音楽とし，最後４小節は和声的な音楽にすること。

・中学３年生が授業の中で歌える混声合唱曲とすること。

〈徳島県〉

5 ★★☆

次の楽譜は，「さくらさくら」の一部分である。これを基に条件に従って，アルト・リコーダー２本と箏のアンサンブルに編曲せよ。ただし，箏の調弦は平調子とする。

〔条件〕

・中学生が演奏可能であること。

・音符・休符は，８分音符・８分休符，４分音符・４分休符，２分音符・２分休符，全音符・全休符（※付点を含む）のみを使うこと。

〈山梨県〉

6　★★☆

次の動機を基に，篠笛と締太鼓のための二重奏曲を創作せよ。ただし，条件をすべて満たすこと。

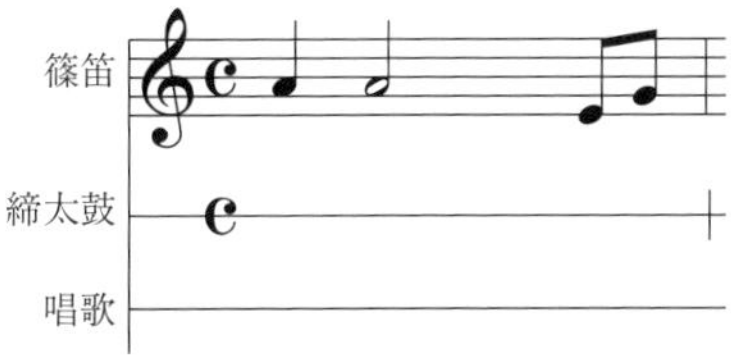

〔条件〕

・高等学校音楽Ⅰの教材として使用することを目的とした曲にすること。
・締太鼓は，音符の下に唱歌を書くこと。擬音語はどのような言葉を用いてもよい。
・８小節以上，12小節以内の曲とすること。
・速さの指定をすること。

〈香川県〉

7　★★☆

次の条件に従って８小節の和太鼓アンサンブルの曲を作曲せよ。

・太鼓１（上段）を「表打ち」，太鼓２（下段）を「地打ち」とする。
・太鼓のフチは使用しないものとする。
・拍子は変えないこと。
・太鼓１（上段）のリズムは，４分音符・８分音符・16分音符・４分休符・８分休符をすべて使うこととし，他の音符・休符は使用しないこと。
・太鼓１（上段）の１，３，７小節目は同じリズムを用い，５小節目はそれと異なるリズムを用いること。
・太鼓２（下段）のリズムは，２小節のリズムパターンを４回繰り返すこと。（８小節目だけは変化してもよい）
・太鼓１（上段）の音符・休符の下に，唱歌を書き入れること。(例：ドンドン，ドコドコ，スッ等)

〈石川県〉

8 ★☆☆

次の動機に続いて，12小節～16小節の旋律を創作せよ。ただし，途中に転調を含めること。

〈富山県〉

9 ★☆☆

次の楽譜のピアノ伴奏を，指定されたコードで完成させよ。

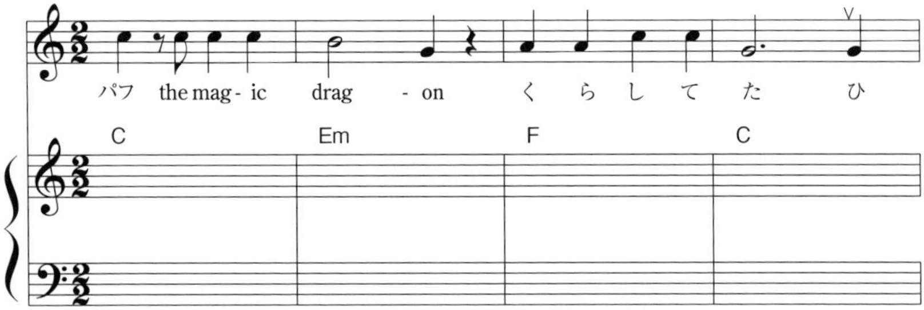

〈富山県〉

10 ★★☆

次の旋律を基に，条件に従って作曲せよ。

〔条件〕

・二部形式とし，曲の途中で一回は調を変えること。

・ピアノ伴奏とアルト・サクソフォーン（in E♭）のオブリガート（助奏）を付けること。

・速度に関する用語，発想を示す用語等も記すこと。

〈愛媛県〉

11 ★★☆

次の楽譜は,「フィンランディア」の一部分である。この部分を，留意点に気を付けて，中学校３年生に指導することを想定した混声四部合唱に編曲せよ。

〔留意点〕
・和声的に正しい進行であること。
・美しいハーモニーが得られること。
・発達段階を考慮した声域であること。

〈名古屋市〉

12 ★★☆

次の旋律を用いて，ア・カペラの四重唱に編曲せよ。ただし，小節数は24小節以内とする。

〈広島県・広島市〉

13 ★★☆

次の歌詞に旋律を付け，部分的に二部や三部の合唱曲となるよう創作せよ。ただし，伴奏譜は必要ない。

〔歌詞〕
美しい空の下　ひとは生まれ　ひとは生きる
夢や希望を抱いて　生きていたいと願う
時代が壁に思えて　迷い悩みもするけれど
強く心ときめかせ　生きていると感じていたい

〈山口県〉

演習問題　解答・解説

1

P. 219参照

解説

Alt Saxophone（E♭）の音域の状態（o…演奏に適した音域，●…音域の限界）は，概ね

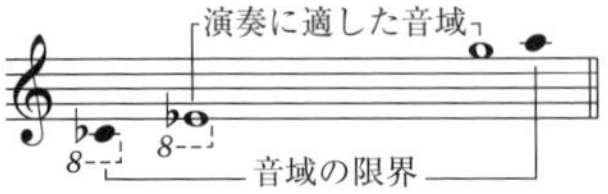

である。演奏に適した実用音域は，演奏者の技術に応じて多少広げることが可能ではあるが，Violino Ⅱ（実音）を Alt Saxophone（E♭）用に長6度高く記譜し，さらに長3度下げて記譜すると，〔解答例〕（P. 219参照）の旋律を1オクターヴ上げた楽譜となり，実用音域を超える旋律となるため演奏が困難である。問題文中に「演奏が可能なように編曲せよ」と示されていることから，移調記譜した楽譜を1オクターヴ下げて記譜した〔解答例〕（P. 219参照）の旋律は実用音域内となり，演奏に適した音域となる。

各楽器の実音と記譜音の関係は次の通りである。

Clarinet（B♭）：実音より長2度高く記譜する。

Alt Saxophone（E♭）：実音より長6度高く記譜する。

Horn（F）：実音より完全5度高く記譜する。

Tuba（C）：実音を記譜する。

2

P. 219参照

解説

各楽器の実音と記譜音の関係は次の通りである。

トランペット（in B♭）：実音より長2度高く記譜する。

ホルン（in F）：実音より完全5度高く記譜する。

トロンボーン（in C）：実音を記譜する。

テューバ（in C）：実音を記譜する。

3

P. 219参照

解説

編曲の根底に実用音域を考え合わせ，初心者の生徒が楽に演奏できる配慮が必要である。実用音域は，演奏者の技術に応じて広げることが可能である。

各楽器の実音と記譜音の関係及び実用音域例は，それぞれ次の通りである。

フルート：実音を記譜する。

〈実用音域例〉

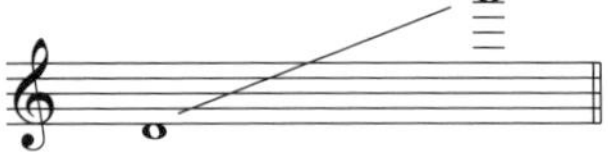

アルト・サクソフォーン in E♭

：実音より長6度高く記譜する。

〈実用音域例〉

トランペット in B♭：実音より長２度高く記譜する。

〈実用音域例〉

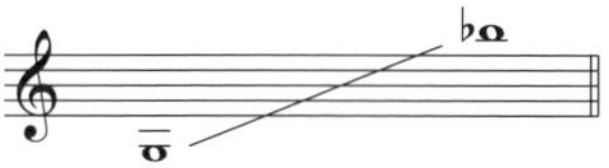

ホルン in F：実音より完全５度高く記譜する。

〈実用音域例〉

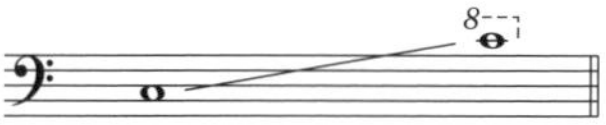

シンセサイザー：実音を記譜する。

※テューバ：実音を記譜する。

〈実用音域例〉

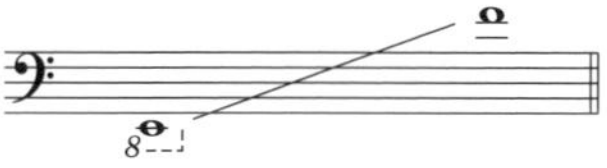

※コントラバス：実音を記譜する。

〈実用音域例〉

4

P. 220参照

5

P. 221参照

6

P. 221参照

解 説

篠笛は，祭り囃子や神楽，歌舞伎の長唄囃子などで用いられる篠竹製の横笛である。締太鼓は，祭り囃子，能や歌舞伎などで用いられ、両面の皮を互いにひもや金具で締めて固定した和太鼓である。唱歌に用いられる擬音語には，解答例に用いたものの他に，ツハアンやトッタンなど様々なものがある。

7

P. 222参照

8

P. 222参照

解 説

動機（モティーフ）とは，旋律を構成するフレーズの最小限のまとまりのことで，通常２小節の長さをもつ。三部形式（12小節），または，二部形式（16小節）全体の構成を考えると，曲の構成にまとまりができる。また，転調は原調の近親調に移るのが一般的である。

9

P. 223参照

解 説

ピアノ伴奏は，旋律と合わせた場合の第３音及び導音の重複に注意し，旋律に合う伴奏パターンを工夫することが大切である。

〈コードＣにおけるピアノの伴奏パターン〉

Ｃ：

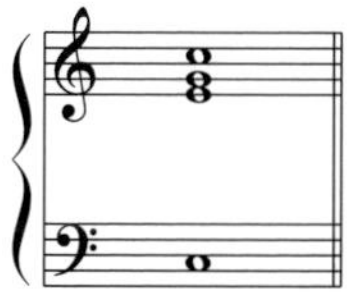

例１：

例２：

例３：

例４：

10

P. 224参照

11

P. 225参照

12

P. 225～226参照

解 説

ア・カペラ（a cappella）はもともと「聖堂ふうに」「礼拝堂ふうに」という意味をもち，教会で歌われる無伴奏合唱曲を指していた。現在では，宗教曲以外のものも含め，楽器の伴奏をもたないすべての合唱曲を指す言葉として用いられている。

13

P. 227参照

解 説

歌詞に旋律を付けて声楽曲をつくる場合は，詩をよく味わい，拍子や長調・短調の別，テンポ，リズムなど，詩を生かすように工夫しよう。また，言葉のイントネーションをよく考えて旋律を付けることも大切である。

1 〔解答例〕

Clarinet(B♭)
Alt Saxophone(E♭)
Horn(F)
Tuba(C)

2

トランペット (in B♭)
ホルン (in F)
トロンボーン (in C)
テューバ (in C)

3 〔解答例〕

フルート
アルト・サクソフォーン (in E♭)
トランペット (in B♭)
ホルン (in F)
シンセサイザー

4 〔解答例〕

5 〔解答例〕

アルト・リコーダー1
アルト・リコーダー2
箏
アルト・リコーダー1
アルト・リコーダー2
箏

6 〔解答例〕

♩= 72〜80
篠笛
締太鼓
唱歌
ステステステテテン　ステステステテテン　ステ ステ ステテン　ツクテ レ ツクテン
ステステステテテン　ステステステテテン　ステステステテテン　ツクテレ テンツク
テン ステ ツクテン　テテステ ステ テン　テンテンテンテン　テンテンスケ テン

7 〔解答例〕

太鼓1 右手
左手
唱歌
ドン ウンコン ウン
ドンドン コドンコ
ドン ウンコン ウン
ドンドンスッコドン
太鼓2 右手
左手
太鼓1 右手
左手
唱歌
ドンド コ ドンド コ
ドン コ ドンコドン
ドン ウン コンウン
ドンドコドコドンウン
太鼓2 右手
左手

8 〔解答例〕

9　〔解答例〕

10 〔解答例〕

11 〔解答例〕

だ い ち よ み ど り の も り よ ー

12 〔解答例〕

Hum.- Hum. - Hum.- - - Hum.-
Hum.- Hum. Hum.- - - Mi - chael,
Hum.- Hum. - Hum.- - - Mi - chael,
Hum.- Hum. Hum.- - - Mi - chael,
Hum. - - - Hal - le - lu - jah, Hum. -
row the boat a - shore Hal - le - lu - jah, Mi - chael,
row the boat a - shore Hal - le - lu - - - jah, Mi - chael,
row the boat a - shore Hal - le - lu - jah, Mi - chael,

Hum , - - - Hal- le- lu- - jah! Hum. -
row the boat a- shore Hal- le- lu- - jah!
row the boat a- shore Hal- le- lu- - jah! Hum. -
row the boat a- shore Hal- le- lu- - jah!
Hum. - Hum. - Hum. -
Hum. - Hum. Hum. - Hum. -
Hum. - Hum. - Hum. -
Hum. - Hum. Hum. - Hum. -

13 〔解答例〕

うつ くしいそら　のしたー　ひと　はうまれ　ひと　は　いきるー
ゆめ　やきぼう　を　だ い てー　いき　ていたいと　ね が うー
じ　だいがかべ　におもえて　まよ い　なやみもす　る けれどー
つよ くここ ろ　ときめかせ　いき　て　いるとかんじ　て いたいー

8 鑑　賞

傾向と対策

中学・高校ともに教科書で取り上げられている作品に関する出題が多い。設問としては，楽曲の主題や旋律の一部を示し，曲名，作曲者名，時代・年代，その作品の演奏形態や特徴などについて問うものが大半を占めている。また，我が国や郷土の伝統音楽，アジア地域の諸民族の音楽を含む諸外国の様々な音楽に関する出題，放送等による聴取問題からは，曲名とその関連内容を問う出題が増加傾向にある。さらに，表現と鑑賞との一体化を図った指導のねらいや指導法なども多少出題されてきている。西洋音楽や日本音楽の様々な時代の名曲を聴き，それらの作品と作曲者周辺についての知識の他，指導法など幅広い学習が必要である。世界の諸民族の音楽では，多くの国や地域の音楽の種類や特徴，楽器などの知識を深めておきたい。

要点 Check!

1 中学校の鑑賞教材例

➤ 西洋の音楽

楽曲名	作曲者名
オペラ「アイーダ」から第２幕　第２場	ヴェルディ
弦楽四重奏曲 ヘ長調 作品96「アメリカ」	ドボルザーク
アランフェス協奏曲	ロドリーゴ
歌劇「おちょう夫人」から「ある晴れた日に」	プッチーニ
エチュード ハ短調「革命」	ショパン
オペラ「フィガロの結婚」から“序曲”	モーツァルト
舞踏組曲「ガイーヌ」	ハチャトゥリャン
交響曲第５番 ハ短調 作品67	ベートーヴェン
交響曲第６番 ヘ長調 作品68「田園」	ベートーヴェン
交響組曲「シェエラザード」から第２楽章	リムスキー・コルサコフ
交響詩「フィンランディア」	シベリウス
弦楽四重奏曲 ハ長調「皇帝」から第２楽章	ハイドン

小フーガ ト短調	J．S．バッハ
「青少年のための管弦楽入門」（パーセルの主題による変奏曲とフーガ）	ブリテン
ピアノ組曲「展覧会の絵」	ムソルグスキー
春（「和声と創意の試み」第１集「四季」から）	ヴィヴァルディ
ピアノ協奏曲 イ短調 作品16	グリーグ
バレエ音楽「春の祭典」から“序奏”～“春のきざし”	ストラヴィンスキー
バレエ音楽「白鳥の湖」	チャイコフスキー
バレエ音楽「ボレロ」	ラヴェル
魔王	シューベルト
水の戯れ	ラヴェル
ブルタバ（モルダウ）（連作交響詩「我が祖国」から）	スメタナ
管弦楽組曲『惑星』から「木星」	ホルスト
「レクイエム」から“涙の日”	モーツァルト
映画「ジョーズ」から“ジョーズのテーマ”	J．ウィリアムズ
アルルの女　第１組曲「前奏曲」	ビゼー
弦楽合奏のセレナード　第１楽章	チャイコフスキー

▶ 日本の音楽

楽曲名	作曲者名
雅楽「越天楽」平調	（日本古曲）
長唄『勧進帳』から 「旅の衣は…海津の浦に着きにけり」の部分	四世杵屋六三郎
尺八曲「鹿の遠音」	作曲者不詳
箏曲「六段の調《しらべ》」	八橋検校
能『羽衣』キリから「東遊びの数々に～」の部分	作者不詳
文楽『義経千本桜』から二段め 大物《だいもつ》 浦《(の)うら》の段	二世竹田出雲・三好松洛・並木千柳（宗輔）合作
文楽『新版歌祭文』から「野崎村の段」	近松半二
オペラ『夕鶴』	團伊玖磨
弦楽のための３楽章「トリプティーク」	芥川也寸志
「涅槃交響曲」	黛敏郎
「ノヴェンバー・ステップス」第１番	武満徹

➤ 世界の諸民族の音楽

アジアの音楽	オルティンドー（モンゴル），バラタナーティヤム（インド），ケチャ（インドネシア・バリ島），ノンアクとサムルノリ（朝鮮半島），カッワーリー（パキスタン）など
世界の音楽　楽器	伽倻琴《カヤグム》（朝鮮半島），馬頭琴《モリンホール》（モンゴル），ウード（西アジア），ズルナ（トルコ～イスラム圏），ケーン（ラオス，タイ南部），シタールとタブラー（インド），バラライカ（ロシア），バグパイプ（ヨーロッパ～中近東，北アフリカ），ケーナ（アンデス地方）など
世界の音楽　歌声	ホーミー（モンゴル），ゴスペル（アメリカ），ヨーデル（スイス・オーストリアなどアルプス地方，チロル地方），ブルガリアの女声合唱（ブルガリア），グリオの音楽（西アフリカ）など

2 高等学校の鑑賞教材例

➤ 西洋の音楽

楽曲名	作曲者名
トッカータとフーガ ニ短調	J.S.バッハ
弦楽四重奏曲第17番 ヘ長調「セレナーデ」	ハイドン
ピアノソナタ第23番 ヘ短調「熱情」	ベートーヴェン
ヴァイオリンソナタ イ長調	フランク
大学祝典序曲	ブラームス
管弦楽組曲「展覧会の絵」	ラヴェル編曲
交響曲第９番 ニ短調「合唱付き」	ベートーヴェン
交響曲第６番 ロ短調「悲愴」	チャイコフスキー
交響曲第９番 ホ短調「新世界より」から第１楽章	ドボルザーク
交響詩「前奏曲」（レ・プレリュード）	リスト
交響詩「ローマの松」	レスピーギ
交響詩「魔法使いの弟子」	デュカス
バレエ音楽「くるみ割り人形」	チャイコフスキー
バレエ音楽「火の鳥」	ストラヴィンスキー
ピアノ協奏曲第５番 変ホ長調「皇帝」	ベートーヴェン
ヴァイオリン協奏曲 ホ短調	メンデルスゾーン
チェロ協奏曲 ロ短調	ドボルザーク
歌曲集「冬の旅」から「菩提樹」	シューベルト
オラトリオ「救世主《メサイア》」から「ハレルヤコーラス」	ヘンデル
レクイエム（死者のためのミサ曲）	フォーレ

オペラ「椿姫」	ヴェルディ
オペラ「カルメン」	ビゼー
オペラ「魔笛」	モーツァルト
オペラ「セビーリャの理髪師」から序曲	ロッシーニ
オペラ「タンホイザー」	ワーグナー
楽劇「ニーベルングの指環」	ワーグナー
楽劇「ニュルンベルクのマイスタージンガー」	ワーグナー
ミュージカル「サウンド・オブ・ミュージック」	R.ロジャーズ
ミュージカル「ウエスト・サイド物語」	L.バーンスタイン
ミュージカル「オペラ座の怪人」	A. L.ウェバー

▶ 日本の音楽

楽曲名	作曲者名
義太夫節「三十三間堂棟由来《むなぎのゆらい》」	作曲者不詳
義太夫節『菅原伝授手習鑑』から「車引」	竹田出雲・並木千柳・三好松洛・竹田小出雲　合作
琵琶楽『川中島』(薩摩琵琶)	初世吉水錦翁
能「安宅《あたか》」	作曲者不詳
長唄『勧進帳』から「寄せの合方」	四世杵屋六三郎
長唄「京鹿子娘道成寺」	初世杵屋弥三郎・初世杵屋作十郎
尺八曲「巣鶴鈴慕《そうかくれいぼ》」	作曲者不詳
箏曲「五段砧」	光崎検校
箏曲「千鳥の曲」	吉沢検校

▶ 世界の諸民族の音楽

歌声	パンソリ（朝鮮半島）など
楽器	古箏（中国），アルフー（中国），トガトン（フィリピン），ツィター（ヨーロッパ・アルプス）など
舞踊	フラメンコ（スペイン），チャールダーシュ（ハンガリー），タンゴ（アルゼンチン）など
合奏	サムルノリ（朝鮮半島），ガムラン（インドネシア），フォルクローレ（ボリビア），メヘテルハーネ（トルコ）など

例題1　連作交響詩

次の楽譜は，ある楽曲の一部分である。各問いに答えよ。

(1)　この主題が含まれている6曲からなる連作交響詩名を答えよ。

(2)　この主題が含まれている(1)の中の第2曲目の曲名を答えよ。

(3)　この楽曲の作曲者名を答えよ。

(4)　この作曲家の生まれた国名を答えよ。

(5)　この作曲家は，音楽史上「(　　　　)派」を代表する作曲家である。(　　　　)に入る適切な語句を答えよ。

(6)　この楽曲を，中学校第1学年の鑑賞教材として取り扱うときの学習のねらいを2つ答えよ。

(7)　この楽曲を中学校第1学年の鑑賞教材として取り扱う場合，表現活動との関連を図った指導としてどのような活動が考えられるか，2つ答えよ。

〈茨城県，青森県改題〉

解答　(1)「我が祖国」　(2)「ブルタバ（モルダウ）」　(3) スメタナ

(4) チェコ　(5) ロマン（国民楽）

(6)〔解答例〕

・曲がつくられた背景となる文化・歴史を理解させ，曲の特徴を促えさせる。

・曲想を感じ取り，感じ取った理由と，曲の構造の視点から捉えさせる。

・標題を手がかりに，情景を思い浮かべさせながら音楽のよさや美しさを感じ取らせる。

などから2つ

(7)〔解答例〕

・合唱曲に編曲された「ブルタバ（モルダウ）」を合唱する。

・標題を部分的に取り出し，情景に合った楽器で合奏する。

・主題をリコーダーなどで演奏する。

などから2つ

解説　(1)「我が祖国」は，スメタナが祖国ボヘミア（現チェコ共和国の西部）の伝統や美しい自然を題材にして作曲した，6曲からなる連作交響詩である。「ブルタバ（モルダウ）」はその第2曲で，祖国への作曲者の想いが込められている。

〈6曲の題材名〉

第1曲：ビシェフラト

第2曲：ブルタバ（モルダウ）

第3曲：シャルカ

第4曲：ボヘミアの森と草原から

第5曲：ターボル

第6曲：ブラニーク

(2)「ブルタバ（モルダウ）」にはボヘミアを南北に流れるブルタバ川（ドイツ語でモルダウ川）の様々な姿，その周りの景色や人々の生活が表現されている。

〈楽曲構成〉

A：ブルタバの2つの水源

〈第1の水源〉

フルート

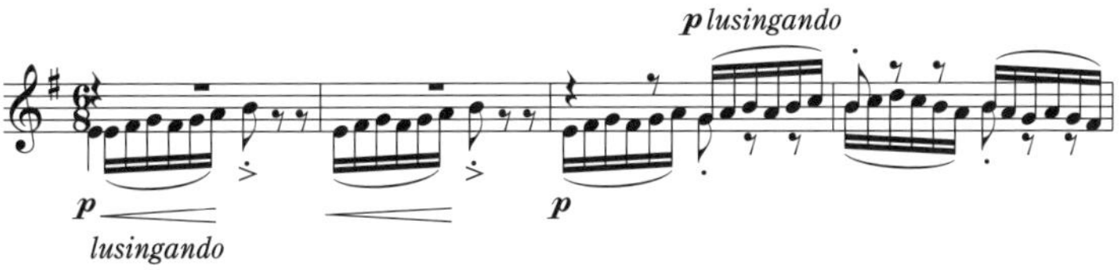

〈第2の水源〉

クラリネット

B：ブルタバの主題

第1ヴァイオリン，オーボエ

C：森の狩猟

ホルン

D：農民の結婚式

第1ヴァイオリン，クラリネット

E：月の光，水の精の踊り

フルート

第1ヴァイオリン

F：ブルタバの主題

G：聖ヨハネの急流

ホルン，チェロ，コントラバス

H：ブルタバは堂々と流れていく

木管，第1ヴァイオリン

Ｉ：ビシェフラト

フルート

Ｊ：コーダ（終結部）

(3)(4)(5)　スメタナ（1824～84年）は，チェコのボヘミア地方に生まれ，プラハなどでピアノと作曲を学んだ後，スウェーデンで指揮者として活躍した。1861年，チェコの独立を目指す民族運動に参加するために帰国し，新しい民族音楽の創作につとめた。晩年のスメタナは，ベートーヴェンと同じく聴覚を失ってしまったが，祖国愛をうたった傑作を書き続けた。

例題2　ヴァイオリン・ソナタ，管弦楽曲，ピアノ曲

楽曲の冒頭4小節を示した次の楽譜を見て，各問いに答えよ。なお，楽譜3はシェーンベルク作曲「5つのピアノ曲 作品23」の第5曲である。

楽譜1

楽譜2

楽譜3

(1)　楽譜1について

問1　作曲者名を答えよ。

問2　この曲の形式は何か，最も適切なものを答えよ。

(2)　楽譜2について

問1　この楽譜の旋律を演奏する楽器として，この曲の作曲者が指定した楽器名を答えよ。

問2　冒頭に書かれたTrès Modéréの意味を答えよ。

問3　*doux et expressif*の意味を答えよ。

(3)　楽譜3を，右手と左手の音の使われ方に着目して，楽曲分析せよ。

(4)　楽譜1の作曲家，または，楽譜2の作曲家から一人を選び，その作曲家が西洋音楽史上で果たした役割と以後の音楽に与えた影響について述べよ。

〈群馬県改題〉

解答　⑴　問１　ベートーヴェン　　問２　ソナタ形式

⑵　問１　フルート　　問２　より中くらいの速さで

問３　柔和にそして表情豊かに

⑶　〔解答例〕

右手はこの４小節で12の異なる音による原音列からなり，これに対する左手はその第６番目の音，嬰へ（※変トと書かれている）から始まって，順に12の音を使っている。

⑷　〔解答例〕

〈楽譜１（ベートーヴェン）〉

役割：ハイドンとモーツァルトの伝統を受け継いで，ソナタ形式の改革，変奏曲に大きく寄与し，ウイーン古典派音楽を完成させ，次のロマン派時代への扉を開いた。

影響：宮廷のサロンではなく，広い会場で演奏することから，オーケストラの規模は拡大し，各楽器の音量も増大していったベートーヴェンの音楽形式論，分析論，音楽美学は，後世の作曲家にとって規範となり，避けて通ることができないものである。

〈楽譜２（ドビュッシー）〉

役割：インドのガムラン，スペインのフラメンコなど，東方の音楽と接することにより，ドイツ，オーストリア音楽の呪縛から脱するヒントを獲得。さらには，象徴派とよばれている新しい音楽を生み出した。

影響：機能和声や調性から完全に脱却することができた最初の作曲家であり，真の意味での近代の扉はドビュッシーによって開かれたことになる。

解説　楽譜１は，ベートーヴェン作曲「ヴァイオリン・ソナタ第５番 へ長調」である。明るくのびやかな楽想から，「春」の名でよばれる。

楽譜２は，ドビュッシー作曲管弦楽曲「牧神の午後への前奏曲」である。マラルメの詩『牧神の午後』の夢幻的な印象をとらえた作品である。

楽譜３を含む「５つのピアノ曲 作品23」は，この曲を作曲したシェーンベルクの十二音技法確立の時期の最初の作品である。十二音技法の主な考えである音列による構成（ある音程の連続を主要想念として展開する）を用いており，特に第５曲は，完全な十二音技法によるものである。

⑴　問２　この曲の第１楽章はソナタ形式，第２楽章は自由な変奏曲形式，第３楽章は複合三部形式，第４楽章はロンド形式である。

例題3　オペラ

次の楽譜は，ある合唱曲の一部分である。この曲について，以下の問いに答えよ。

(1)　この楽譜の曲は，あるオペラ作品の中で歌われる合唱曲である。そのオペラ作品名を答えよ。

(2)　この楽譜の曲の作曲者名と出身国を答えよ。

(3)　①～⑤の和音のコードネームを答えよ（ただしその和音が転回形であっても，／などを使ってそのことを示す必要はない）。

(4) この曲の調を答えよ。
(5) (A) の部分で一時的に転調しているとすれば，何調に転調しているか答えよ。
(6) (4)の調と(5)の調の関係を何というか答えよ。

〈京都市〉

解答 (1) アイーダ
(2) 作曲者名：ヴェルディ　出身国：イタリア
(3) ① E♭　② F7　③ A♭m　④ B♭7　⑤ E♭m
(4) 変ホ長調
(5) 変ホ短調
(6) 同主調

解説 「アイーダ」は，ヴェルディが作曲した４幕のオペラである。
古代エジプトとエチオピアとの戦いを背景にした，エジプトの若い武将ラダメスと捕らえられて奴隷となっているエチオピアの王女アイーダとの恋物語である。
(1) 第２幕第２場は，エチオピアとの戦いに勝利を収めたラダメスの凱旋の場である。楽譜は，「凱旋の行進曲」の前後に歌われる「凱旋を祝う大合唱」(「エジプトに栄光あれ！喜びの歌を王にささげよう！」という内容が歌われている) である。
(2) ヴェルディは，1839年，「オベルト」でオペラ作曲家として第一歩を踏み出し，第３作「ナブッコ」で大成功を収めた。代表作には，オペラ「リゴレット」，「トロヴァトーレ」，「椿姫」などがある。

演習問題

1 ★★☆

次の楽譜について，各問いに答えよ。

⑴　この曲の楽曲名と作曲者名を答えよ。

⑵　この曲は，本来何という楽器で演奏されるか。楽器名を答えよ。

⑶　この楽譜は，何調から何調に転調しているか答えよ。

⑷　この作曲者の他の代表的な作品を１つ答えよ。

⑸　この曲はどんな形式で作曲されているか。また，その形式の特徴を簡潔に説明せよ。

⑹　楽譜中の空欄に，当てはまる音符を書け。

〈鳥取県〉

2 ★☆☆

次の楽譜について，各問いに答えよ。

主題ア

主題イ

⑴　この２つの主題をもつ曲名と作曲者名を答えよ。

⑵　この曲は，小太鼓のリズムにのせて２つの主題が延々とくり返される。小太鼓のリズムを２小節書け。

⑶　この曲の冒頭部分で，主題アを最初に演奏する楽器名を答えよ。

⑷　次の文は，この曲の作曲者について説明したものである。空欄に当てはまる作曲者名や楽曲名を答えよ。

この曲の作曲者はフランスに生まれた。パリ音楽院の時代には，ピアノ組曲「ドリー」や宗教曲「レクイエム」などで知られている作曲家（　A　）に師事して作曲を学んだ。1901年には，噴水，滝，水の流れに聞かれる水音などに霊感を受けて作曲したといわれるピアノ独奏曲「（　B　）」を作曲し，この曲によって名声は一段と確かなものとなった。また，彼は巧みな管弦楽法によりムソルグスキーが作曲したピアノのための組曲「（　C　）」をオーケストラに編曲したことでも知られている。

〈北海道・札幌市〉

3　★☆☆

次のＡ～Ｃの楽譜は，ある組曲の旋律の一部である。各問いに答えよ。

（　①　）

A.

（　②　）

B.

（　③　）

C.

⑴　Ｂの楽譜は，第４曲の第３主題である。この旋律を最初に演奏する楽器の名称を答えよ。

⑵　Ｂの楽譜の旋律をクラリネット（変ロ調管）でユニゾンで演奏する場合，クラリネット（変ロ調管）に合った楽譜を調号を用いて答えよ。

⑶　ＡとＣの楽譜は，第何曲の旋律を表したものか，その数字をそれぞれ答えよ。

⑷　この組曲の曲名と作曲者名を答えよ。

⑸　A～Cの楽譜の（　①　）～（　③　）に入る音楽用語をア～カから選び，記号で答えよ。

ア．Allegro　　イ．Allegro gentile　　ウ．Allegro giocoso
エ．Andante　　オ．Andante con moto　　カ．Grave

〈茨城県〉

4　★★☆

次の楽譜は，オーケストラスコアの一部分である。各問いに答えよ。

⑴　この楽譜は，F管の楽器で演奏されるが，この楽器名を答えよ。

⑵　この曲は，4つの部分からできているが，上記の旋律を含む部分の標題名，全体の作品名及び作曲者名を答えよ。

⑶　上記楽譜部分をヴィオラで演奏したい。調号を用いてアルト譜表上に，実音による表記で書き改めよ。

〈香川県〉

5　★★☆

次の各問いに答えよ。

⑴　次の文は，ある楽曲についての説明である。空欄に最も適切な語句を答えよ。

この曲は（　A　）を独奏楽器とした協奏曲で，3つの楽章から成り立っている。中でも第2楽章は，ポピュラー音楽にも編曲され，世界中の多くの人々に愛されている。この楽章では，印象的な主題が（　B　）で演奏され，終盤に独奏者による「カデンツァ」とよばれる独奏部分が演奏される。

17世紀頃までのヨーロッパでは，（　C　）とよばれる（　A　）と似た構造をもつ楽器が主に用いられていたが，18世紀末頃から（　A　）の名演奏家が多数現れ作品もたくさん出てきた。さらに19世紀末から20世紀にかけて，スペインを中心に優れた（　A　）曲がたくさん書かれるようになった。

作曲者の（　D　）はスペインに生まれた。3歳の時に病気により失明したが，苦しみを乗り越え努力を続けた。彼はこの曲名にもなっている（　E　）宮殿を訪れた際，見えない目のうちに美しい情景を感じ，この曲をつくったといわれている。

⑵　この曲に関わって，生徒にスペイン音楽の特徴を感受させたい。参考曲として聴かせる曲と，その曲から感じ取らせる特徴を答えよ。

⑶　次の曲を鑑賞する場合，生徒に感受させたいその曲のよさをそれぞれ答えよ。また，比較鑑賞のために，それぞれどのような教材を取り上げたらよいか，選んだ理由も答えよ。

1．「魔王」（シューベルト作曲）

2．「交響曲第５番 ハ短調」（ベートーヴェン作曲）

〈長野県改題〉

6　★☆☆

次の楽譜１・２は，シューベルト作曲「魔王」の一部分である。各問いに答えよ。

1．

2．

⑴　楽譜１・２のそれぞれの登場人物が正しいものを，次の①～⑤から１つ選び，番号で答えよ。

①　1．魔王　　　2．語り手

②　1．魔王　　　2．子ども

③　1．父　　　　2．魔王

④　1．子ども　　2．父

⑤　1．父　　　　2．語り手

⑵　伴奏楽器と伴奏の特徴について答えよ。

⑶　用いられている詩は誰の作品であるかを答え，詩の内容を簡潔に答えよ。

〈岐阜県，鳥取県改題〉

7 ★★☆

次の楽譜１～３を見て，各問いに答えよ。

1．

2．

3．

(1)　楽譜１・２・３は，ヴェルディ作曲のオペラで歌われる曲である。そのオペラの作品名を答えよ。

(2)　楽譜１でみられる３拍子のリズムを何というか答えよ。

(3)　楽譜２・３を参考にして，「Recitativo」と「Aria」の意味をそれぞれ答えよ。

(4)　次の３人はこのオペラに出てくる主な登場人物である。どのパートの歌手が適切か，語群から選び答えよ。

　ア．娼婦・ヴィオレッタ

　イ．青年・アルフレード

　ウ．青年の父・ジョルジュ

〔語群〕

ソプラノ　　メッゾ・ソプラノ　　アルト　　テノール　　バリトン　　バス

(5)　ヴェルディの他の作品を，次の①～④から１つ選び，番号で答えよ。

①　リゴレット　　　②　トスカ

③　セビリアの理髪師　　④　フィデリオ

(6)　ヴェルディと同じイタリア生まれの作曲家を，次の①～④からすべて選び，番号で答えよ。

①　ワーグナー　　②　ロッシーニ

③　プッチーニ　　④　モーツァルト

〈三重県〉

8　★★☆

次の楽譜は，ある雅楽の冒頭部分を五線譜に表記したものである。各問いに答えよ。

(1)　この曲の曲名を答えよ。

(2)　雅楽は，演奏形態から３つに分類される。その名称を答えよ。

(3)　雅楽を鑑賞指導する際に，アジアの民族音楽と関連させて指導したい。指導内容を２つ答えよ。ただし，そのうち１つは，関連するアジアの楽器を例示して記述せよ。

(4)　楽譜中のア～エを演奏する楽器名を，ア・イ・エについては①～⑦の番号で，ウについては漢字で答えよ。

①　釣太鼓　②　楽箏　③　鉦鼓　④　楽琵琶　⑤　篳篥

⑥　竜笛　⑦　鞨鼓

〈島根県〉

9 ★☆☆

長唄「勧進帳」について，次の各問いに答えよ。

(1)　次の記述は，この長唄の歌詞の一部分である。歌詞中の下線部の意味を答えよ。

旅の衣は　すずかけの　露けき袖やしおるらん

(2)　この長唄に使われる三味線の種類を答えよ。

(3)　この長唄の作曲者名を漢字で答えよ。

〈佐賀県〉

10 ★☆☆

尺八曲「鹿の遠音」について，次の各問いに答えよ。

(1)　この曲は，何本の尺八によって演奏される曲か答えよ。

(2)　この曲は，どういう様子を表現したものといわれているか説明せよ。

(3)　この曲は，江戸時代中期の尺八の名手が収集した尺八曲の中の１つであるといわれている。その名手の人名を答えよ。

〈青森県〉

11 ★☆☆

次の①～⑤の楽譜について，曲名をＡ～Ｊから選び，記号で答えよ。また，その作曲者名を答えよ。

①

②

③

④

⑤

Ａ．ピアノ協奏曲第２番　　Ｂ．歌劇「セビリアの理髪師」序曲
Ｃ．バイオリン協奏曲　　Ｄ．スペイン奇想曲
Ｅ．ブランデンブルグ協奏曲第６番　　Ｆ．交響曲第３番「英雄」
Ｇ．交響曲第８番「未完成」　　Ｈ．組曲「王宮の花火の音楽」
Ｉ．幻想交響曲　　Ｊ．交響詩「魔法使いの弟子」

〈愛媛県〉

12 ★☆☆

次の楽譜⑴～⑽の曲名と作曲者名を，各語群からそれぞれ選び，記号で答えよ。

⑴

(2)

(3)

(4)

(5)

(6)

(7)

(8)

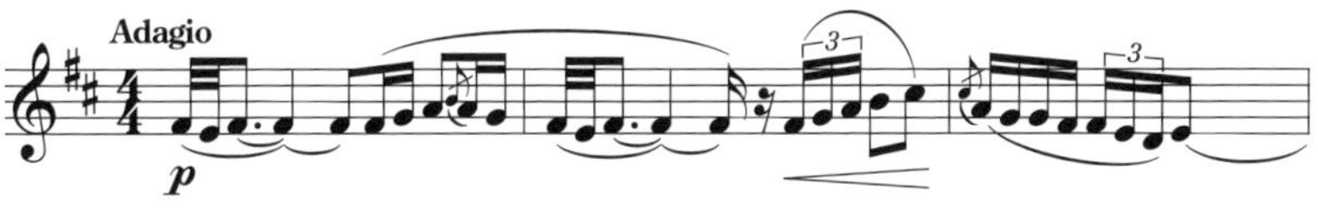

(9)

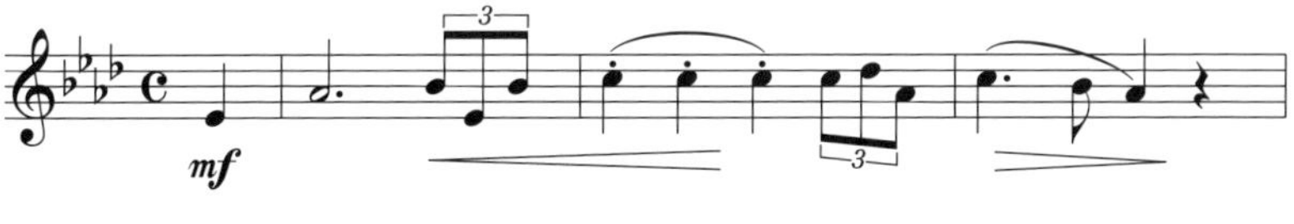

(10)

〔語群：曲名〕

a．アランフェス協奏曲
b．ピアノ組曲「展覧会の絵」
c．魔王
d．バレエ音楽「ガイーヌ」
e．小フーガ ト短調
f．バレエ音楽「火の鳥」
g．交響曲第５番「運命」
h．オペラ「アイーダ」
i．協奏曲「四季」
j．ピアノ曲「水の戯れ」
k．ヴァイオリン協奏曲 ホ短調
l．連作交響詩「我が祖国」
m．パリのアメリカ人

〔語群：作曲者名〕

ア．ヴィヴァルディ
イ．ベートーヴェン
ウ．ショパン
エ．シューベルト
オ．スメタナ
カ．ラヴェル
キ．ロドリーゴ
ク．Ｊ．Ｓ．バッハ
ケ．メンデルスゾーン
コ．シベリウス
サ．ヴェルディ
シ．ムソルグスキー
ス．ボロディン

〈福島県〉

13 ★☆☆

次の楽譜１～４は，鑑賞教材の一部分である。各問いについて，それぞれ適切なものを，①～⑤から１つずつ選び，番号で答えよ。

１．

２．

３．

４．

⑴　楽譜１の作品の作曲者名

①　ミリイ・バラキレフ
②　アレクサンドル・ボロディン
③　ツェザリ・キュイ
④　マジェスト・ムソルグスキー
⑤　ニカライ・リムスキー＝コルサコフ

⑵　楽譜２の作品を含む組曲名

①　組曲「子供の情景」　②　組曲「動物の謝肉祭」

③　組曲「展覧会の絵」　④　組曲「子供の領分」

⑤　組曲「大峡谷」

⑶　楽譜３の作品の作曲者の愛称

①　音楽の父　②　交響曲の父　③　歌曲の王

④　ピアノの詩人　⑤　ワルツの王

⑷　楽譜４の作曲者の交響曲作品

①　交響曲「ジュピター」　②　交響曲「田園」　③　交響曲「悲愴」

④　交響曲「新世界より」　⑤　交響曲「巨人」

〈福岡県・福岡市・北九州市〉

14 ★☆☆

次の楽譜１～４について，各問いに答えよ。

1．

2．

3．

4．

⑴　楽譜１～４の曲名と作曲者名をそれぞれ答えよ。

⑵　楽譜１～４を作曲者の生誕順に早い方から並べ替えたときの順を，番号１～４で答えよ。

⑶　楽譜４の曲の演奏形態を答えよ。

〈新潟県〉

15 ★☆☆

次の楽譜(1)～(10)を見て，曲名と作曲者名を各語群から選び，それぞれ記号で答えよ。

(1)

(2)

(3)

(4)

(5)

(6)

(7)

(8)

(9)

(10)

〔語群：曲名〕

a．交響詩「はげ山の一夜」　　b．歌曲「すみれ」
c．交響詩「ローマの松」　　d．組曲「冬のかがり火」
e．歌劇「愛の妙薬」　　f．交響曲第94番「驚愕」
g．弦楽六重奏曲第１番　　h．ピアノ協奏曲第１番
i．歌曲「夢のあとに」　　j．歌劇「ラ・ボエーム」
k．ウエストサイド物語　　l．組曲「惑星」
m．ピアノ協奏曲第２番　　n．「スカラムーシュ」
o．交響曲第25番　　p．交響曲第５番「革命」
q．歌劇「アイーダ」　　r．歌曲「野ばら」
s．無伴奏チェロ組曲第１番　　t．ピアノソナタ第８番「悲愴」

〔語群：作曲者名〕

ア．スカルラッティ　　イ．ショスタコーヴィチ　　ウ．Ｊ.Ｓ.バッハ
エ．ミヨー　　オ．プロコフィエフ　　カ．ラフマニノフ
キ．レスピーギ　　ク．ホルスト　　ケ．バーンスタイン
コ．モーツァルト　　サ．ブラームス　　シ．ショパン
ス．ムソルグスキー　　セ．シューベルト　　ソ．ヴェルディ
タ．フォーレ　　チ．ベートーヴェン　　ツ．ドニゼッティ
テ．プッチーニ　　ト．ハイドン

〈福島県〉

16 ★☆☆

次の楽譜(1)～(9)の作曲者を，それぞれ答えよ。また，曲名とその作曲された時代を語群から選び，記号で答えよ。

(1)

(2)

(3)

(4)

(5)

(6)

(7)

(8)

(9)

〔語群：曲名〕

ア．牧神の午後への前奏曲
イ．交響曲第６番 へ長調「田園」
ウ．交響曲第101番 ニ長調「時計」
エ．ヴァイオリン協奏曲
オ．バレエ音楽「ペトルーシュカ」
カ．交響曲第６番 ロ短調「悲愴」
キ．アランフェス協奏曲
ク．交響曲第４番 ホ短調
ケ．組曲「水上の音楽」
コ．管弦楽組曲第３番 ニ長調
サ．交響曲第１番 ニ長調「巨人」
シ．序曲「フィンガルの洞窟」
ス．交響曲第41番 ハ長調「ジュピター」
セ．交響詩「ツァラトゥストラはかく語りき」

〔語群：時代〕

A．バロック　B．古典派　C．ロマン派　D．近代・現代

〈山口県〉

17 ★★☆

次の楽譜1～5について，各問いに答えよ。

1．

2．

3．

4．

5．

⑴　楽譜1～5の作曲者名を，それぞれ答えよ。

⑵　楽譜1～3は，それぞれ同じリズムが全曲通してくり返される。楽譜1と楽譜3のリズム譜を書け。また，楽譜1と楽譜2のリズムは，ある国の舞曲である。その国名をそれぞれ答えよ。

⑶　楽譜1～5のうち，曲の始めが弱奏で曲の最後の強奏に向かって1つのクレシェンドでできているものはどれか，番号で答えよ。

⑷　楽譜3と楽譜4は，ともに組曲の中の1曲である。しかし，その組曲はそれぞれ違う種類のものである。その違いについて説明せよ。

⑸　楽譜5の曲は，リストが確立した形式で作られている。その形式の名前を答えよ。また，その形式について簡潔に説明せよ。

〈三重県改題〉

18 ★☆☆

次の楽譜は，ある楽曲の旋律の一部である。この曲の冒頭から8小節目の2拍目まで（弱起の小節は数えない）の歌詞を，すべてひらがなで書け。

〈兵庫県〉

19 ★★★

長唄「勧進帳」を，中学校第3学年の鑑賞教材として選択する場合を想定して，各問いに答えよ。

⑴　本教材の楽曲の特徴について答えよ。

⑵　本教材を主教材として2単位時間を使って指導する題材を，次の形式に沿って構成せよ。

第3学年○組　音楽科学習指導案

題材 --

教材 --

目標

○ --

○ --

○ --

○ --

時	指導内容	学習活動
第一時		
第二時		

〈福岡県・福岡市・北九州市〉

20 ★★☆

効果的な音楽学習にするために，コンピュータを活用することとする。創作の学習において活用する指導事例を答えよ。

〈広島県・広島市改題〉

演習問題　解答・解説

1

(1)　楽曲名：小フーガ ト短調
作曲者名：Ｊ．Ｓ．バッハ

(2)　パイプオルガン（オルガン）

(3)　ト短調からニ短調

(4)　「トッカータとフーガ ニ短調」，「イタリア協奏曲」，「マタイ受難曲」などから１つ

(5)　形式：フーガ
特徴：冒頭に提示される主題が対位法によって，模倣・反復されつつ発展していく形式。

(6)

解説

(1)　Ｊ．Ｓ．バッハ（1685～1750年）は1708～1717年までワイマールの宮廷礼拝堂でオルガニストを務めた。オルガンのための作品の大半は，このワイマール時代に作曲されている。この曲は主題が魅力的で，Ｊ．Ｓ．バッハが作曲した数多くあるフーガの中でも最も広く親しまれている。

(2)　パイプオルガンは，大小様々なパイプに空気を送って音を出す鍵盤楽器で，発音原理はリコーダーと同じである。手鍵盤と足鍵盤で色々な音色を出すことができ，独立した旋律の組み合わせや，豊かな和音の響きを表現するのに適した楽器である。

(3)　第１部のしくみは，主題（１～５小節：ソプラノ），応答（６～10小節：アルト），主題（12～17小節：テノール），応答（17～22小節：バス）と続き，主題（ト短調）と応答（ニ短調）がくり返し現れる。

(5)　フーガは多声音楽の代表的な形の１つで，主題を基に複数の声部が様々にからみ合って展開していく。この曲は４つの声部でできており，合唱と同じく各声部は高い方からそれぞれソプラノ，アルト，テノール，バスとよばれる。

2

(1)　曲名：ボレロ
作曲者名：ラヴェル

(2)
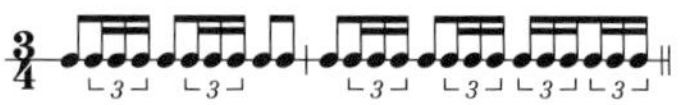

(3)　フルート

(4)　Ａ．フォーレ
Ｂ．水の戯れ
Ｃ．展覧会の絵

解説

(1)　ラヴェル（1875～1937年）は，フランス南西部に生まれた。作曲家フォーレから作曲を学び，サティやシャブリエの新しい音楽は，ラヴェルの作風に大きな影響を与えた。

(2)　ボレロとは，18世紀にスペインで発祥した舞曲のリズム名である。このボレロのリズムにのせて，２つの主題を展開することなく延々とくり返すという大胆で画期的な発想は，色彩豊かなオーケストレーションを得意とするラヴェルならではのものである。

(3)　主題イを最初に演奏する楽器はファゴットである。

3

(1)　ホルン

(2)　P.264参照

(3)　Ａ．第１曲　　Ｃ．第７曲

(4)　曲名：惑星　　作曲者：ホルスト

(5)　①　ア　　②　ウ　　③　エ

解説

組曲『惑星』は，イギリスの作曲家ホルスト（1874～1934年）が占星術にヒントを得て作曲した，「火星」「金星」「水星」「木星」「土星」「天王星」「海王星」の全7曲からなる作品である。

演奏は，大規模なオーケストラで行われ，終曲の「海王星」では，女声合唱も加えられている。

各楽譜については次の通りである。

A．第1曲「火星」“戦争をもたらすもの”第3主題

B．第4曲「木星」“よろこびをもたらすもの”第3主題

C．第7曲「海王星」“神秘なるもの”第1主題

4

(1)　イングリッシュホルン（コール・アングレ）

(2)　標題名：アッピア街道の松

全体の作品名：交響詩「ローマの松」

作曲者名：レスピーギ

(3)　P.264参照

解説

(2)　交響詩「ローマの松」は，イタリアの作曲家レスピーギ（1879～1936年）が45歳のときに作曲した。楽曲は，4つの部分から構成されていて，それぞれローマにある有名な松が題名になっている。「アッピア街道の松」は，この4つ目の部分である。この曲は，ローマをこよなく愛したレスピーギが，古代ローマの栄光をたたえる思いを込めて書いた作品である。

5

(1)　A．ギター

B．イングリッシュホルン（コール・アングレ）

C．リュート

D．ロドリーゴ

E．アランフェス

(2)　〔解答例〕

参考曲：「アランブラの想い出」（タレガ作曲）

スペイン音楽の特徴：スペイン特有の繊細なリズムや情熱的で哀愁を帯びた旋律などが，民族色にあふれるギター独奏により表現されている。

(3)　〔解答例〕

1．感受させたい曲のよさ：情景を表す音楽表現の効果を感じ取らせることができる。

取り上げる教材：「春」（ヴィヴァルディ作曲）

選んだ理由：「春」のソネットと音楽の結び付きなどから，情景を表す音楽表現の効果を感じ取らせることができる。

2．感受させたい曲のよさ：オーケストラの豊かな表現力を感じ取らせることができる。

取り上げる教材：「ヴァイオリン協奏曲ニ長調」（チャイコフスキー作曲）

選んだ理由：交響曲と協奏曲を通して，オーケストラの豊かな響きを味わわせるとともに，感じ取らせることができる。

解説

(1)　文は，ロドリーゴ作曲「アランフェス協奏曲」についての説明である。

(3) 様々な演奏や形態などを比較鑑賞することで，より分かりやすくそれぞれの音楽の特徴を感受することができるようになる。同じ楽曲を異なる演奏者や演奏形態で比較する他に，同じ詩に作曲された複数の作品を比較するなど色々な方法がある。

6

(1) ②

(2) 伴奏楽器：ピアノ

伴奏の特徴：3連符の連打による伴奏が続き，場面によって伴奏の形が変化する。

(3) 作詞者：ゲーテ

内容：父親に見えない魔王の声におびえる子どもが，父親にうったえるが聞こえず，息絶えてしまった。

解説

(1) この曲は，1815年にシューベルト（1797～1828年）がドイツの詩人ゲーテの詩に作曲したもので，語り手と父・子・魔王の対話で構成されている。

7

(1) 「椿姫」

(2) ワルツ

(3) Recitativo：叙唱ともいわれ，話し言葉のように歌われる。Recitativoで物語が進行し，Ariaへの導入部分となる。

Aria：詠唱ともいわれ，オペラの中で歌われる1つのまとまりをもった独唱曲。旋律の美しさと声の魅力が最大限に引き出されている。

(4) ア．ソプラノ　イ．テノール

ウ．バリトン

(5) ①

(6) ②，③

解説

「椿姫」は，1853年にヴェルディ（1813～1901年）がフランスのデュマ・フィス（1824～95年）の小説に作曲したオペラである。女主人公ヴィオレッタの薄幸な半生を描いたもので，3幕4場から成り，第1幕の「乾杯の歌」(楽譜1：アルフレード)，「ああ，そは彼の人か」(楽譜3：ヴィオレッタ）などのアリアは特に有名である。

(5) 各作品の作曲者は次の通りである。

② プッチーニ　③ ロッシーニ

④ ベートーヴェン

(6) 各作曲家の出生国は次の通りである。

① ドイツ　④ オーストリア

8

(1) 「越天楽」

(2) 舞楽，管絃，歌物（歌曲）

(3) 〔解答例〕

・アジアとの関わりが強くみられる大陸から導入した雅楽を鑑賞し，アジアの民族音楽に触れる。

・竜笛とバーンスリー，篳篥とズルナ，笙とケーン，楽琵琶とウード，楽箏とカヤグムなど，雅楽「越天楽」で使用されている楽器と民族音楽に使用されている楽器との関連から，世界各地の音楽表現の多様さや多彩さを感じ取る。

(4) ア．⑥　イ．⑦

ウ．笙　エ．②

解説

(1) この曲は，楽器だけで演奏する管絃のうちの代表的な作品である。管絃では，吹きものとよばれる管楽器（笙，篳篥，竜笛)，弾きものとよばれる弦楽器（楽琵琶，楽箏)，打ちものとよばれる打楽器（鞨鼓，釣太鼓，鉦鼓）が用いられる。

9

(1)　山伏が着る麻の法衣。首の周りにかけるボンボンのような白い房の梵天が付いているもの。

(2)　細棹

(3)　四世杵屋六三郎

解 説

「勧進帳」は，1840年（天保11年）に能楽「安宅」を基に三世並《なみ》木《き》五《ご》瓶《へい》が作詞，四世西《にし》川《かわ》扇《せん》蔵《ぞう》が振り付け，四世杵屋六三郎が作曲したもので，七世市川団十郎（当時は海老蔵）が歌舞伎十八番の１つとして初演した。長唄「勧進帳」は，その音楽の部分だけを綴ったものである。

10

(1)　２本

(2)　２頭の鹿が互いに呼び合う様子。

(3)　初世黒沢琴古

解 説

「鹿の遠音」は，江戸時代中期の尺八の名手初世黒沢琴古（1710？～71年）が収集した尺八曲の中の１つである。２本の尺八によって演奏される曲で，２頭の鹿が互いに呼び合う様子を表現したものといわれている。

11

①　I，ベルリオーズ

②　J，デュカス

③　E，J.S.バッハ

④　G，シューベルト

⑤　C，メンデルスゾーン

12

(1)　b，シ　　(2)　l，オ

(3)　e，ク　　(4)　c，エ

(5)　k，ケ　　(6)　j，カ

(7)　g，イ　　(8)　a，キ

(9)　h，サ　　(10)　i，ア

13

(1)　④　　(2)　①

(3)　③　　(4)　④

解 説

各楽譜については次の通りである。

1．曲名：組曲「展覧会の絵」からプロムナード

2．作曲者名：シューマン
　曲名：組曲「子供の情景」から「見知らぬ国」

3．作曲者名：シューベルト
　曲名：交響曲第８番ロ短調「未完成」第１楽章

4．作曲者名：ドボルザーク
　曲名：弦楽四重奏曲「アメリカ」第１楽章

14

(1)　1．曲名：交響曲第９番「新世界より」
　作曲者名：ドボルザーク

2．曲名：交響詩「フィンランディア」
　作曲者名：シベリウス

3．曲名：アイネ・クライネ・ナハトムジーク
　作曲者名：モーツァルト

4．曲名：幻想即興曲
　作曲者名：ショパン

(2)　3→4→1→2

(3)　ピアノ独奏

15

(1)　o，コ　　(2)　n，エ

(3)　k，ケ　　(4)　l，ク

(5)　s，ウ　　(6)　g，サ

(7)　r，セ　　(8)　a，ス

⑼　e，ツ　　　⑽　h，シ

16

⑴　ハイドン，ウ，B
⑵　ドビュッシー，ア，D
⑶　J.S.バッハ，コ，A
⑷　ブラームス，ク，C
⑸　モーツァルト，ス，B
⑹　ストラヴィンスキー，オ，D
⑺　チャイコフスキー，カ，C
⑻　ヘンデル，ケ，A
⑼　メンデルスゾーン，シ，C

17

⑴　1．ビゼー　　　2．ラヴェル
　3．ホルスト　　4．J.S.バッハ
　5．デュカース

⑵　1．リズム譜：

　国名：キューバ
　2．国名：スペイン
　3．リズム譜：

⑶　2

⑷　楽譜3は，バロックの組曲のような定形をもたず，性格の異なる曲を随意に組み合わせたものである。
　楽譜4は，バロック時代の重要な器楽形式で，同一の調による舞曲の性格をもった楽曲が組み合わさった多楽章構成である。

⑸　形式名：交響詩
　説明：主に単一楽章制からなる管弦楽曲で，標題音楽の一種。文学作品，絵画などが題材となる。

解 説

各楽譜の曲名は次の通りである。

1．オペラ「カルメン」から第1幕「ハバネラ」
2．バレエ音楽「ボレロ」
3．管弦楽組曲「惑星」から第1曲「火星」第2主題
4．無伴奏パルティータ第2番 ニ短調から第5楽章「シャコンヌ」
5．交響詩「魔法使いの弟子」から「序奏」

18

からたちの　はながさいたよ
しろいしろい　はながさいたよ

19

⑴　〔解答例〕
・楽曲のしくみは，「次第の囃子」「謡いがかり」「外記がかり」「寄せの合方《あいかた》」というように，性格の異なる音楽がつながってできている。
・「次第の囃子」「謡がかり」「外記がかり」は，それぞれ能楽や外記節からその音楽の特徴的なところを取り入れたものである。
・長唄音楽は，三味線の加速度的なリズムを奏する「ながし」や旋律の最後を2度下降させる終止形などが特徴的である。

⑵　P.264参照

解 説

平成29年告示中学校学習指導要領において，第2学年及び第3学年における鑑賞の指導では，批評などの活動を取り入れ，曲や演奏に対する評価やその根拠を明らかにできるよう工夫することとされている。

20　〔解答例〕

自分でつくった作品を自分で演奏して発表することや記譜することに苦手意識をもつ生徒において，演奏や記譜をコンピュータや教育機器に任せることによって，音楽をつくる学習に主体的に取り組

めるようにする。

解 説

指導に当たっては，コンピュータや教育機器自体を操作することが活動の目的とならないようにし，指導のねらいを明確にすることが大切である。

3

(2)

4

(3)

19

(2)〔解答例〕

第 3 学年○組　音楽科学習指導案

題　材　長唄「勧進帳」に親しもう

教　材　歌舞伎「勧進帳」，長唄「勧進帳」，常磐津節「松島」，義太夫節「木遣の段」

目標

○　日本の伝統音楽の鑑賞を通して，その特徴について理解する。

○　DVD で舞台を鑑賞し，歌舞伎のよさや美しさを味わう。

○　調べ学習を通して，背景となる日本の文化や歴史について理解する。

○　曲や演奏に対し評価をし，その根拠を考える。

時	指導内容	学習活動
第一時	・長唄「勧進帳」を聴かせる。	・歌舞伎の歴史的背景を理解する。 ・長唄の特徴を感得する。 ・伴奏楽器を理解する。
第二時	・歌舞伎「勧進帳」を鑑賞させる。 ・歌舞伎について調べ学習を行う。 ・「勧進帳」の鑑賞，調べ学習について批評をする。	・「勧進帳」の舞台部分の鑑賞をする。 ・三味線以外の楽器，役者，舞台など詳しく知りたいテーマについて調べる。 ・「勧進帳」の音楽固有のよさや特徴を捉え，この音楽への評価とその根拠について発表をし，共有する。

9 実践問題

1 ★☆☆

著作権について，次の各問いに答えよ。

(1) 次の文中の空欄に当てはまる語句を，語群から選び，記号で答えよ。

楽曲，小説，絵画，写真などの文化的創造物は，私的使用などの場合を除いて，許可なく複製したり，放送したりしてはいけないことになっている。この法律を（　A　）という。

著作者の権利は，人格的な権利を保護する（　B　）と，財産的な利益を保護する著作権の２つに分けられる。

著作権は，著作物を創造した時点で自動的に権利が発生し，以後原則的に著作者の死後（　C　）年まで保護される。

また，著作者が持っている著作権に対して，レコード会社や放送事業者，ミュージシャン（演奏者）などが持っている権利を，（　D　）という。

〔語群〕

ア．著作者人格権　イ．50　ウ．70　エ．100　オ．著作隣接権
カ．知的財産基本法　キ．著作権法　ク．演奏権

(2) 次の①～⑦のうち，正しいものを２つ選び，番号で答えよ。

① 著作権者から著作権を買ってしまえば，その作品のタイトルや中身を自由に改変することができる。

② 歌の場合，著作権料は作詞者よりも作曲者の方が多くもらえる。

③ ジャズなどの即興演奏は，楽譜に残さなくても著作権が発生する。

④ 著作権は，誰であっても，何ら手続きをとらずに得ることができる。

⑤ 著作権は，誰であっても，所定の手続きをとらなければ得ることができない。

⑥ 著作権は，作曲家や小説家など著作を職業とする人のみ，何ら手続きをとらずに得ることができる。

⑦ 著作権は，作曲家や小説家など著作を職業とする人のみ，所定の手続きをとって得ることができる。

〈岩手県改題〉

2 ★☆☆

著作権が保護されている楽曲について，次の(1)〜(4)の場合は著作権者の許諾を得る必要があるか。必要がある場合は「あり」，必要がない場合は「なし」と答えよ。

(1)　文化祭で，プロの演奏家に報酬を支払って演奏してもらう場合

(2)　昼休み時間の校内放送で，市販の音楽CDをそのまま使って放送する場合

(3)　校内合唱コンクールでの各クラスの演奏を録音したCDを，生徒に配布する場合

(4)　部活動の練習のために楽譜を一部購入し，それを部員の人数分コピーして配布する場合

〈石川県〉

3 ★★☆

次の楽譜は，「赤とんぼ」である。各問いに答えよ。

(1)　移動ド唱法の階名を［　　　］に書き入れよ。

(2)　平成29年告示中学校学習指導要領では，「相対的な音程感覚などを育てるために，適宜，移動ド唱法を用いること」と示している。移動ド唱法を用いることによって，どのような効果があるか，1つ答えよ。

(3)　第1学年において，この曲を歌唱教材として取り扱う際，下記の平成29年告示中学校学習指導要領の指導事項を達成するための主な学習活動を，2つ箇条書きせよ。

〔指導事項〕

次の(ア)及び(イ)について理解すること。

(ア)　曲想と音楽の構造や歌詞の内容との関わり

(イ)　声の音色や響き及び言葉の特性と曲種に応じた発声との関わり

〈鹿児島県改題〉

4 ★★☆

次に示すものは，平成30年告示高等学校学習指導要領における「音楽Ⅰ」の内容のうち，「A表現」の(3)　創作の部分である。各問いに答えよ。

(3)　創作

創作に関する次の事項を身に付けることができるよう指導する。

ア　創作表現に関わる知識や技能を得たり生かしたりしながら，自己の（　A　）をもって創作表現を創意工夫すること。

イ　音素材，音を連ねたり重ねたりしたときの響き，音階や音型などの特徴及び構成上の特徴について，表したい（　A　）と関わらせて理解すること。

ウ　創意工夫を生かした創作表現をするために必要な，次の(ア)から(ウ)までの技能を身に付けること。

(ア)　反復，変化，対照などの手法を活用して音楽をつくる技能

(イ)　旋律をつくったり，つくった旋律に（　B　）な旋律や和音などを付けた音楽をつくったりする技能

(ウ)　音楽を形づくっている要素の働きを変化させ，変奏や編曲をする技能

(1)　空欄A・Bに当てはまる適切な語句を答えよ。

(2)　下線部の「音階」について，次の各問いに答えよ。

問1　次の旋律の調の音階の上行形を，アルト譜表上に調号を用いて1オクターヴ書け。ただし，短調の場合は和声的短音階とする。

問2　西洋の音階である教会旋法のうち，長調・短調以外のものをバス譜表上に1つ書き，その名称を答えよ。

問3　我が国の近世邦楽に用いられる音階の1つである「都節音階」を，ト音譜表上1点ニ音～2点ニ音のオクターヴ内に書け。

〈群馬県改題〉

5 ★★★

次の楽譜１～４は，声楽を伴う作品の主要な旋律の一部分を示したものである（移調して書かれているものもある）。各問いに答えよ。

1. 

2. 

3. 

4. 

(1)　楽譜１の曲の作曲者名を答えよ。

(2)　楽譜２の曲は，「リート（Lied）」とよばれる。リートの音楽的な特徴について説明せよ。

(3)　楽譜３の曲の原詩の作者名を答えよ。

(4)　楽譜４の曲は，我が国の民謡である。次の各問いに答えよ。

問１　どこの地域の民謡か，都道府県名を答えよ。

問２　我が国の民謡は，その音楽的な特徴から「八木節様式」と「追分様式」に分類されることがある。「追分様式」について説明せよ。

〈群馬県改題〉

6 ★☆☆

次の文中の空欄に当てはまる，適切な語句を答えよ。

⑴　中世ヨーロッパの音楽には，長調・短調といった調性は生まれていなかった。教会内で歌われていた音楽は教会旋法による単旋律の音楽であった。この教会旋法には，ドリア旋法，（　A　）旋法，（　B　）旋法，ミクソリディア旋法，エオリア旋法，イオニア旋法がある。

⑵　半音よりも狭い音程を（　C　）音程とよぶ。半音の半分である四分音をはじめ，三分音，六分音などがある。元来，インドや西アジアなどでは，（　C　）音が音楽の重要な構成要素として存在していた。

⑶　日本の音階の分類には諸説があるが，今日では，都節音階，（　D　）音階，（　E　）音階，沖縄音階の４つに分けて説明されることが多い。

⑷　ドイツ音名のHisは，日本音名で（　F　），英語では（　G　）と記される。

⑸　速さを示す用語であるAllegro moderatoの意味は，（　H　）である。

〈愛媛県〉

7 ★★☆

次の各問いに答えよ。

⑴　複合三部形式について説明せよ。

⑵　オラトリオについて説明せよ。また，代表的な作品を１曲挙げ，その作曲者名も答えよ。

⑶　ポリフォニーについて説明せよ。

⑷　ナポリの六の和音について説明せよ。

⑸　次の１～５の意味を答えよ。

１．brillante　　２．sostenuto　　３．ritenuto　　４．in tempo
５．tranquillo

⑹　次の旋律を，短３度高く高音部譜表上に調号を用いて書け。

〈青森県〉

8 ★★☆

次の各問いに答えよ。

⑴　次の音を構成音とする音階は何調か答えよ。

1．

2．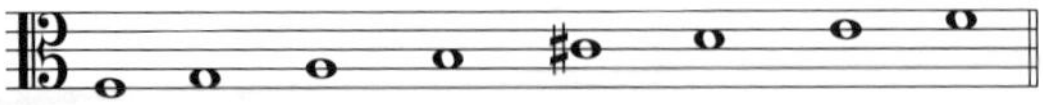

3．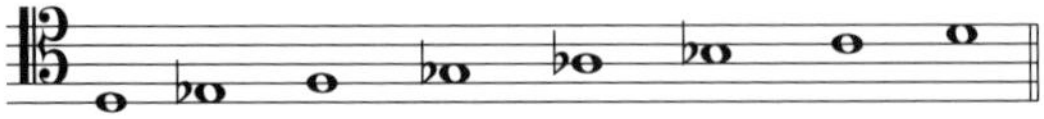

⑵　次の楽譜中の＋印は和声外の音（非和声音）である。その名前を答えよ。

1．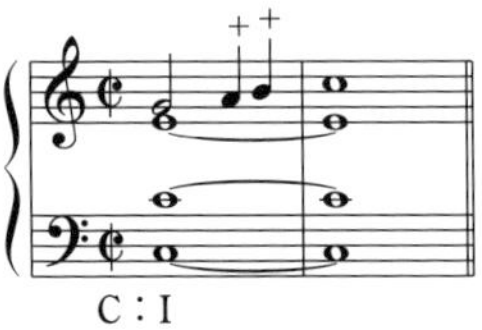

2．

3．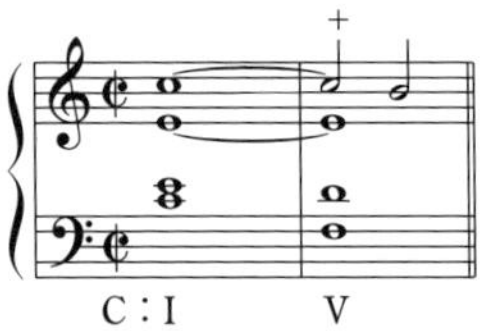

⑶　和音の進行法の中で重要なものに終止法があるが，次の説明1～3は何という名前の終止法か。例にならって答えよ。

〔例〕　曲の終わりに使われる。Ⅴ－Ⅰの形………答：完全終止

1．楽句の終わりに使われ，Ⅴの和音で安定する終止法。曲の終わりにあることはほとんどない。

2．下属系の和音から基和音に進む終止法。Ⅳ－Ⅰが普通。

3．基音系の他の和音で終わる終止法。Ⅴ－Ⅵで終わるものが多い。

⑷　次の楽譜を見て，各問いに答えよ。

問1　ヴァイオリンとチェロの開放弦の実音を低音から並べて全音符で書け。

問2　ヴァイオリンⅠの第1小節目から第5小節目までを，クラリネット（B♭管），ホルン（E♭管）用の楽譜にそれぞれ書き換えよ。その際，実音が前の楽譜と同じになるようにせよ。そして，ヴィオラの第1小節目から第5小節目までをトロンボーン（C管）用の楽譜に実音が前の楽譜と同じになるように書き換えよ。

(5)　音楽の授業で取り上げられる次の語句を，簡潔に説明せよ。

1．DTM

2．サウンドスケープ

〈三重県〉

9　★☆☆

次の表は，音楽史上の有名な作曲家と合唱を含む作品を整理したものである。空欄に当てはまる適切な作品名を語群から選び，記号で答えよ。

	中世・ルネサンス	バロック	古典派	ロマン派	近代・現代
作曲家・ 合唱を含む作品	パレストリーナ （ ① ）	ヘンデル （ ② ）	モーツァルト （ ③ ）	プッチーニ （ ④ ）	オルフ （ ⑤ ）
作曲家・ 合唱を含む作品	ジョスカン・デプレ （ ⑥ ）	J．S．バッハ （ ⑦ ）	ベートーヴェン （ ⑧ ）	ブラームス （ ⑨ ）	R.シュトラウス （ ⑩ ）

〔語群〕

ア．サロメ　　イ．三角帽子
ウ．教皇マルチェルスのミサ曲　　エ．トリスタンとイゾルデ
オ．交響曲第5番　　カ．トスカ
キ．アルルの女　　ク．ドイツ・レクイエム
ケ．森の歌　　コ．フィガロの結婚
サ．ミサ・パンジェ・リングァ　　シ．幻想交響曲
ス．メサイア　　セ．魔弾の射手
ソ．カルミナ・ブラーナ　　タ．ノヴェンバー・ステップス
チ．ファウスト　　ツ．交響曲第9番
テ．ピーターと狼　　ト．マタイ受難曲

〈山形県〉

10 ★☆☆

次の西洋音楽史上のできごと(1)〜(5)と同時期の日本音楽史上のできごとを，語群ア〜カからそれぞれ選び，記号で答えよ。

(1) チャイコフスキーが生まれる。
(2) モーツァルトが生まれる。
(3) サティが「ジュ・トゥ・ヴー」を作曲する。
(4) シューベルトが「野ばら」や「魔王」を作曲する。
(5) J．S．バッハが生まれる。

〔語群〕
ア．「勧進帳」が初演される。
イ．近世箏曲の開祖，八橋検校が亡くなる。
ウ．「京鹿子娘道成寺」が初演される。
エ．清元延寿太夫が清元節を成立させる。
オ．滝廉太郎が「荒城の月」を作曲する。
カ．雅楽寮が設置される。

〈愛知県〉

11 ★☆☆

次のａ〜ｆの文章は，様々なオペラについて説明したものである。これらの文章を読んで，後の各問いに答えよ。

ａ．オペラは17世紀初頭のイタリア（　A　）の町で誕生したとされている。当時の（　A　）では，様々な芸術家達が大金融業者の（　B　）家に支援され，華やかに活動していた。（　C　）（仲間）とよばれる詩人や音楽家，文化人達のグループは，（　D　）悲劇を復興させるため試行錯誤を重ね，新しいスタイルの音楽劇を創り出した。これがオペラの始まりといわれ，その流れはヴェルディやプッチーニに引き継がれることになる。

ｂ．18世紀にイタリアで発展した喜劇的なオペラの総称である。17世紀におこった正歌劇が（　E　）や史劇等を題材にしたのに対し，世俗的な内容を登場人物の感情を豊かに表現した。フィナーレに声楽アンサンブルを配置するなどのスタイルが特徴的である。

ｃ．オペラの一形式で，（　F　）が創始した。彼は歌唱中心の従来のオペラではドラマの流れが損なわれると考え，歌詞の詩的内容を重んじ，音楽と舞踏・演技・舞台装置などの融合を図った。また（　G　）とよばれる特定の人物や概念を象徴する旋律を繰り返し用いる手法を導入するなどして，総合芸術としての音楽劇を追求した。

d．元々は小規模なオペラを意味する用語である。19世紀半ばには，歌唱に加え演技と舞踏を主要な要素とした作品が発表され，ヨーロッパ各国で大衆的な人気をよんだ。特にパリ，ウィーン，ロンドン，ベルリンなどでは市民生活に密着した盛り上がりを見せた。（　H　）での英語による作品やベルリンでのクルト・ヴァイルの功績はその後のアメリカにおけるミュージカルへとつながっていく。

e．18世紀にフランスでおこった，台詞と歌を併用するオペラの総称である。「喜歌劇」という意味であるが，悲劇的な内容の作品もある。

f．18世紀にドイツでおこった，台詞に音楽が挿入された明るい内容の歌芝居である。

(1)　上の文章の中の空欄に当てはまる最も適切な語句を次の①～⑳から１つずつ選んで，番号で答えよ。

①　ウェーバー	②　ヴァーグナー	③　ドニゼッティ
④　メディチ	⑤　ロッシーニ	⑥　ロマノフ
⑦　ギリシア	⑧　ナポリ	⑨　パリ
⑩　フィレンツェ	⑪　ブルゴーニュ	⑫　ローマ
⑬　ロンドン	⑭　カメラータ	⑮　ミンネゼンガー
⑯　神話	⑰　恋愛劇	⑱　イデ・フィクセ
⑲　オルゲル・プンクト		⑳　ライト・モティーフ

(2)　a～fのそれぞれの文章は，下の①～⑥のどれを説明しているか。記号で答えよ。

①　オペラ・ブッファ	②　オペレッタ	③　オペラ・コミック
④　ジングシュピール	⑤　オペラ・セリア	⑥　楽劇

(3)　次のⅠ～Ⅲの作品は上の(2)①～⑥のどのオペラに該当するか。記号で答えよ。

Ⅰ　「カルメン」（ビゼー作曲）　　Ⅱ　「魔笛」（モーツァルト作曲）

Ⅲ　「こうもり」（J.シュトラウス作曲）

(4)　aの時代にはモノディー様式を採り入れるなど，それまでに見られなかった新しい手法が開発されていた。その内の「数字付低音」について簡単に説明せよ。

〈香川県〉

12★☆☆

次の1～14の文を読み，その内容が正しいものには○印を，誤りがあるものには×印をそれぞれ書け。

1．17世紀，イタリアにおいてレチタティーヴォとダ・カーポ形式のアリアとが交互に組み合わされた「オペラ・セリア」のスタイルが確立した。

2．ルネサンス時代の器楽では，新しい器楽形式の発生とそれにともなう様式の発達，各楽器に固有な演奏法の確立と演奏技巧の発達，ポリフォニーのホモフォニーに対する優先，合奏形式の進歩，そして通奏低音とよばれる特殊な奏法が生まれた。

3．J．S．バッハの「聖マタイ」と「聖ヨハネ」の2つの受難曲は，彼がケーテンのトーマス教会合唱長時代の作品である。

4．14世紀には新しい音楽の流れを求めて，アルス・ノヴァが興った。イタリアでは多声の世俗声楽曲のマドリガーレが生まれた。

5．ロシア国民楽派はグリンカを筆頭にチャイコフスキー，リムスキー・コルサコフ，ムソルグスキー，ボロディンらの，いわゆる「五人組」の活躍によって有名である。

6．ミサ曲やオラトリオは通常サンクトゥス，キリエ，アニュス・デイ，クレードの4章からなっている。

7．W．A．モーツァルトの歌劇「魔笛」はジングシュピールの様式によるものである。

8．メヌエットは，ルイ14世時代にヨーロッパ各地の宮廷で愛好された4分の2拍子の舞曲である。

9．楽劇はワーグナーが創始したもので，レチタティーヴォとアリアが中心となって進行し，オーケストラが人の行為や感情及び事件を示導動機で表したものである。この手法はレハールによって受け継がれた。

10．交響詩はリストが案出した標題付の一楽章形式の管弦楽曲で，標題の内容を詩的に，あるいは絵画的に音楽で表現しようとした標題音楽である。

11．催馬楽は室町時代に生まれた歌曲で，現在でも雅楽の1つとして残っている。

12．雅楽は平安時代に中国，朝鮮から渡来したもので，後に宮廷音楽として栄えてきた日本の伝統的な音楽である。

13．平家物語を詞章とする平曲は，琵琶を伴奏楽器として鎌倉時代に隆盛をみた。

14．新内節は浄瑠璃の流派の1つで，豊後節の系統に属し，中棹の三味線を使用し，棹に「枷」（かせ）とよぶギターでいうカポタストを付け，上調子で高音演奏する。

〈香川県〉

13 ★★☆

音楽史に関する次の各問いについて，それぞれ適切なものを，①～⑤から1つずつ選び，番号で答えよ。

(1)　古墳時代後半から奈良時代にかけて中国東北地方から日本に輸入された外来音楽。

①　高句麗楽　②　渤海楽　③　百済楽　④　伎楽　⑤　林邑楽

(2)　20世紀の作曲家リゲティの作品「アトモスフェール」の音楽様式。

①　十二音音楽　②　ミニマル・ミュージック　③　クラスター音楽

④　電子音楽　⑤　偶然性・不確定性の音楽

〈福岡県・福岡市・北九州市〉

14 ★★☆

次の各問いに答えよ。

(1)「能」の音楽的要素に関する次の文を読んで，各問いに答えよ。

能の音楽的要素は立方と地謡によって歌われる謡と，器楽の囃子によって構成されるが，囃子には（　A　）とよばれる横笛と大小の鼓と太鼓を使う。また，立方は，人物等を演じ物語を展開させるが，主役のシテを中心に，シテの相手役をつとめる（　B　），子供の役を演じる子方などからなる。

問1　空欄A・Bに当てはまる適切な語句を答えよ。

問2　能を大成させた世阿弥が著した芸能に関する理論書を答えよ。

(2)　次の説明文1・2に，それぞれ適当なアジアの諸民族の音楽に用いられる楽器名を答えよ。

1．中国において，劇の伴奏音楽や地方の民俗音楽，また合奏などで用いられる擦弦楽器で，2本の弦をもつ。

2．インドの古典音楽であるシタールの即興音楽で用いられる打楽器で，木製と金属製からなる一対の片面太鼓。ターラにのっとり，様々な音高や音色をたたき分ける。

(3)「ミニマル・ミュージック」について，次の各問いに答えよ。

問1　1960年代にこの作風により創作を行った作曲家を一人答えよ。

問2　「ミニマル・ミュージック」の音楽的な特徴を説明せよ。

(4) 次の楽譜の旋律が実音として得られるように，Es管のアルト・サクソフォーン用の楽譜に書き換えよ。ただし，譜表は高音部譜表とし，必要に応じて調号を書き改めること。

(5) 「純正律」と「十二平均律」を利点と欠点を踏まえて，それぞれ説明せよ。

〈群馬県〉

15 ★★☆

次の音楽用語の意味を，それぞれ簡潔に答えよ。

(1) レチタティーヴォ
(2) アッラ・ブレーヴェ
(3) 只拍子
(4) 延拍子

〈千葉県・千葉市〉

16 ★☆☆

次の(1)〜(5)の音楽用語の意味を簡潔に説明せよ。

(1) 甚句
(2) ミニマル・ミュージック
(3) パーランクー
(4) オルティンドー
(5) ベタ付け

〈岩手県〉

17 ★☆☆

次の各問いに答えよ。

(1)　次の説明文１～５は，「世界の声による音楽」の特徴について述べたものである。各説明に該当するものを，語群ア～サからそれぞれ選び，記号で答えよ。

１．ジャズからの影響を受け，叫ぶような歌唱表現やソロ歌手にグループが応答する表現等に特徴がある。

２．高い塔の上から祈りの時を知らせる呼びかけで，独特の発音や装飾的な節回しに特徴がある。

３．斉唱で母音を長く引き延ばして装飾的に歌われるが，一人ひとりの微妙なずれが独特の効果を生んでいる。

４．独唱と斉唱を交互にくり返しながら，比較的高い音域の声を駆使して物語を展開していく。

５．喉の奥で発せられるドローンとよばれる低音の上に，高音の旋律を響かせる。

〔語群〕

ア．声明	イ．ホーミー	ウ．ヨーデル
エ．長唄	オ．ブルガリアンボイス	カ．アザーン
キ．ケチャ	ク．グレゴリオ聖歌	ケ．シャンソン
コ．ゴスペル	サ．ニグロ・スピリチュアル	

(2)　次の説明文１～４は，「日本の伝統的な音楽」の特徴について述べたものである。各説明に該当する音楽の名称を，それぞれ答えよ。

１．琵琶の伴奏により，平家物語を語る音楽である。

２．農耕の儀礼に由来し，祭礼奉納用の芸能として発達した音楽である。

３．奈良時代に大陸より伝来した散楽から発展し，滑稽な要素をもつ音楽である。

４．無伴奏の語り物音楽が三味線と結び付いて発展し，義太夫節，常磐津節等の流派を生んだ音楽である。

〈長野県〉

18★☆☆

次の楽譜A・Bは，ある長唄の一部分を五線譜に表したものである。各問いに答えよ。

A.

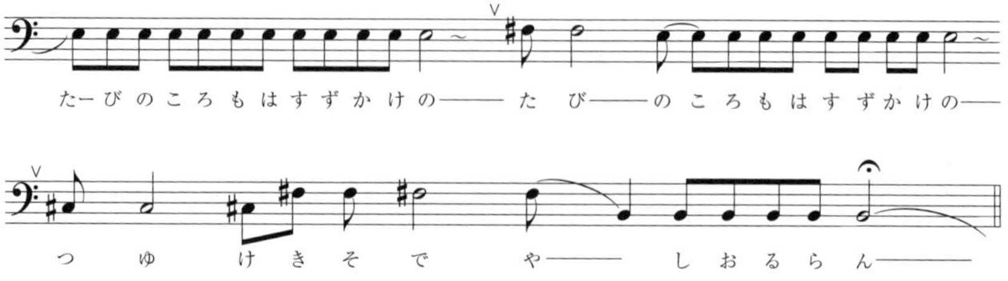

B.　本調子

(1)　楽譜A・Bの長唄が演奏される歌舞伎名を漢字で答えよ。

(2)　楽譜Bの曲名を5文字で答えよ。

(3)　楽譜Bの中の「チンチン」「ドツツル」は唱歌である。三味線の唱歌のことを，何というか答えよ。

(4)　楽譜Bを演奏するために，三味線を「本調子」で調弦する。一の糸をロ音に調弦した場合，二の糸，三の糸はそれぞれ何の音に調弦するか，次の五線譜に全音符で書け。

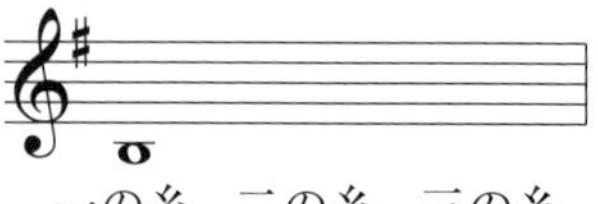

一の糸　二の糸　三の糸

(5)　一の糸は，上駒に乗せず棹の一部分にわずかに触れるようになっている。そのため，糸と棹が触れ合い，三味線独特のビリビリと響くような音が出る。この響きのことを，何というか答えよ。

(6)　次のア～エの三味線の奏法名を答えよ。

ア．ある勘所を押さえて弾いた後に，指を棹に沿って滑らせるように移動させ，余韻の音程を上げたり下げたりする。

イ．左手の指で糸をはじく。

ウ．バチ先で糸を下から上にすくい上げる。

エ．左手の指先で糸を強く打ち，打った勘所の音を出す。

(7)　楽譜Aの長唄を，「日本の伝統的な音楽の特徴を生かして唄う」をねらいに表現させたいと思う。生徒に模範演奏を鑑賞させるときに，着目させる特徴を2つ答えよ。

〈名古屋市〉

19 ★★☆

次のA～Eの楽譜は，日本の民謡を五線譜等に表したものである。問いに答えよ。

A.

B.

C.

D.

E.

(1)　A・Dの曲名をア～カから選び，記号で答えよ。

ア．会津磐梯山　　イ．かりぼし切り歌　　ウ．こきりこ節

エ．斎太郎節　　オ．ソーラン節　　カ．谷茶前

(2)　B・Cの曲はどこに伝わる民謡か。それぞれ都道府県名を答えよ。

(3)「中学校学習指導要領音楽（平成29年３月)」の「第３　指導計画の作成と内容の取扱い」には次のような表記がある。

> 我が国の伝統的な歌唱や和楽器の指導に当たっては，言葉と音楽との関係，姿勢や身体の使い方についても配慮するとともに，適宜，口唱歌を用いること。

Ａの曲を，下線部に着目して中学生に指導したいと思う。具体的な指導内容を書け。

(4) Ｂ・Ｄの曲の音階を，五線譜に全音符で書け。また，その音階名を書け。

(5) Ｂの曲を篠笛（八本調子：七孔）で吹く場合，例にならって①の運指を書け。

例 [●●●|●●●○]（●指孔をふさぐ場所）
　　左手　　右手

(6) 篠笛の低い音域を呂とよぶが，１オクターヴ高い音域のよび方を答えよ。

(7) ②のように同じ音が続くとき，篠笛ではそのつど吹き直さずに，押さえている指を指孔から一瞬離してすぐにふさぐ。その奏法名を答えよ。

(8) Ｃの曲の③を三味線で前弾きしたいと思う。最も基本的な調弦法を答えよ。

(9) Ｅの曲のように，はっきりとした拍を持たないリズムを何というか答えよ。

〈名古屋市改題〉

20 ★☆☆

次のア～エの説明に該当する郷土の伝統音楽の名称と場所（地図中のＡ～Ｉ）の正しい関係のものを選び，番号で答えよ。

ア．漁師たちが船を漕ぎながら歌う櫓漕ぎ歌。「エンヤートット，エンヤートット」という掛け声が特徴。

イ．「アラ，エッサッサー」の掛け声とともに始まり，“どじょうすくい”の歌として知られる。

ウ．「シュラシュシュシュ」という掛け声が特徴で，追い風を帆に受けて波の上を穏やかに進んでいく様子を歌っている。

エ．先祖の霊を供養する行事。太鼓踊り，京太郎，地謡などが隊列になって踊り，練り歩き，勇壮な掛け声や太鼓，三線が鳴り響く。

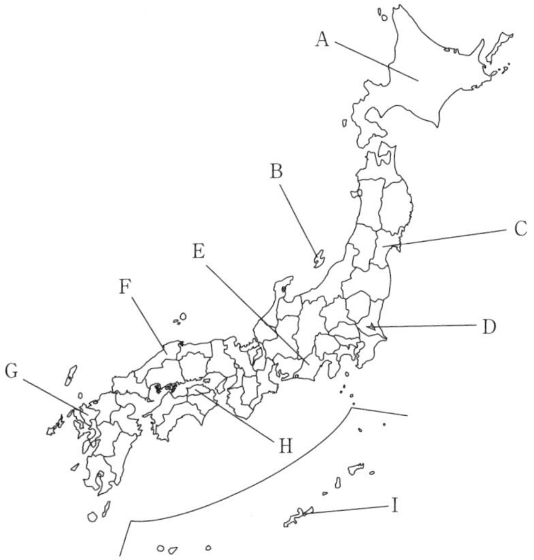

1．安来節（D）　2．安来節（F）　3．谷茶前（E）
4．谷茶前（I）　5．金毘羅船々（H）　6．金毘羅船々（B）
7．斎太郎節（C）　8．斎太郎節（A）　9．エイサー（I）
10．エイサー（G）

〈愛知県〉

21 ★☆☆

次の郷土の音楽・世界の諸民族の音楽について，各問いに答えよ。

(1)　次の民謡1～5は，どこの民謡か。都道府県名を語群ア～タから選び，それぞれ記号で答えよ。

1．貝殻節　2．かりぼし切り歌　3．五木の子守歌
4．南部牛追歌　5．斎太郎節

〔語群〕

ア．鳥取県　イ．青森県　ウ．徳島県　エ．山形県
オ．千葉県　カ．宮崎県　キ．熊本県　ク．群馬県
ケ．栃木県　コ．宮城県　サ．長野県　シ．福岡県
ス．和歌山県　セ．福島県　ソ．島根県　タ．岩手県

(2)　次の1～4は，曲種・楽器名に関する語句である。曲種に関する語句にはAを，楽器名に関する語句にはBを記入せよ。また，各語句が関係する国名を，語群ア～シからそれぞれ選び，記号で答えよ。

1．ケチャ　　2．カヤグム　　3．ジンジュ　　4．ホーミー

〔語群〕

ア．イラン　　イ．トルコ　　ウ．ハンガリー　　エ．中国

オ．インドネシア　　カ．ロシア　　キ．韓国　　ク．インド

ケ．アルゼンチン　　コ．マレーシア　　サ．モンゴル　　シ．ドイツ

〈富山県〉

22 ★☆☆

次の世界の民謡・民族楽器について，各問いに答えよ。

(1)　次の楽譜１～５は，世界の民謡である。国名（地方）をＡ群①～⑧から，曲名をＢ群ア～クから，適当なものを選び，それぞれ記号で答えよ。

1．

2．

3．

4．

5．

〔A群〕

①　朝鮮半島　②　アイルランド　③　イスラエル
④　アメリカ　⑤　スコットランド　⑥　ポーランド
⑦　インドネシア　⑧　ブラジル

〔B群〕

ア．グリーンスリーヴス　イ．アリラン　ウ．踊ろう楽しいポーレチケ
エ．マイムマイム　オ．一週間　カ．ロンドンデリーの歌
キ．アニー・ローリー　ク．ラサ・サヤンゲ

(2)　C群a～gの楽器について，適切な説明文をD群あ～きより選び，それぞれ記号で答えよ。

〔C群〕

a．ズルナ　b．タブラー　c．ダルシマー
d．ムックリ　e．カヤグム　f．ハーディーガーディー
g．バンドネオン

〔D群〕

あ．12弦の箏琴類の楽器でパンソリやサンジョーで用いられる。
い．紐でしめた木製の樽型片面太鼓。
う．チェンバロやピアノの前身にあたるツィター型の楽器。
え．1840年代に当時のアコーディオンなどに基づいて発明された楽器。
お．トルコのダブル・リードの円錐状の管楽器。
か．楽器のリードの部分を指ではじいて口腔に共鳴させる楽器。
き．鍵盤が付いており，ハンドルを回すと円盤状の車輪が回転，弦をこすって音を出す。

(3)　C群a～gを，すべて「体鳴楽器」「膜鳴楽器」「弦鳴楽器」「気鳴楽器」の4つに分類し，それぞれ記号で答えよ。

〈静岡県・静岡市〉

23 ★☆☆

諸外国の様々な音楽について，各問いに当てはまる最も適当なものを，それぞれ①～④のうちから1つ選び，番号で答えよ。

(1)　中国の楽器フーチンの代表的なものとして（　　　）（二胡）がある。（　　　）に入るものはどれか。

①　カヤグム　②　アルフー　③　バリンビン　④　カーヌーン

(2)　モンゴルの民謡において，拍節感のない自由なリズムで歌われる，「長い歌」という意味をもつものはどれか。

① カッワーリー　② モリンホール　③ ヒメネ
④ オルティンドー

(3) 楽器名と国名の組合せとして，適当なものはどれか。
① カンテレ――――フィンランド
② バンドネオン――ペルー
③ ツィンバロム――スペイン
④ チャランゴ―――ナイジェリア

(4) 楽器の分類と楽器名の組合せとして，適当ではないものはどれか。
① 膜鳴楽器――〔タブラー，小鼓〕
② 体鳴楽器――〔ゴング，グラスハーモニカ〕
③ 弦鳴楽器――〔ダルシマー，琵琶〕
④ 気鳴楽器――〔サウンガウ，ムックリ〕

(5) ジャズの種類と演奏家の組合せとして，適当ではないものはどれか。
① ニューオリンズ・ジャズ――――Louis Armstrong
② スウィング・ジャズ――――――Benny Goodman
③ ウェスト・コースト・ジャズ――Miles Davis
④ フリー・ジャズ―――――――Ornette Coleman

〈神奈川県・横浜市・川崎市・相模原市〉

24 ★☆☆

次の諸民族の特色ある声や歌についての説明文に当てはまる言葉を語群より選び，記号で答えよ。

(1) 我が国の仏教儀式において僧侶が唱えるもの。近年，その音楽性の高さが注目され，国立劇場などの舞台でも上演される機会が増えている。母音を長く引き延ばして装飾的に歌うところに特徴があり，後の「語り物」とよばれる音楽形式に大きな影響を与えた。

(2) インドネシアのバリ島で行われる声による芸能。本来は災害や疫病の流行時に，村人が集団催眠状態となり神のお告げを聴くためのものであったが，現在は芸能として整理され，村の男たちが寺院の庭でかがり火を囲んで円陣を組み複数のパートに分かれて口々に「チャッ」という声を出す。男声の斉唱や語りなどを交え，リーダーの掛け声によって進行する。独特の緊張感と宗教的な陶酔感は，他に類を見ない。

(3) スイスやオーストリアのアルプス山脈一帯で行われる，胸に響かせる声と高い声を巧みに使い分ける独特の歌い方で，牧童が遠く離れた場所からもよく通る声を通信手段として使ったのが始まりとされる。現在では，一般的な合唱に組み込まれたり，家族的な集団で楽しみのための音楽として演奏されている。

(4)　イスラム教では規定の時間に寺院付属の高い塔の上から人々に礼拝を知らせる呼び掛けが行われる。この大音量の声は，アラビア語特有の発音や細かく装飾的な節回しに特徴がある。

(5)　モンゴルで行われる，自然倍音を活用した独特の歌い方。普通は，男性が行い，低音で一定の音をうなるように歌う時，のどや口の開け方を工夫することで歌っている音に含まれる自然倍音を強調して響かせる技法である。発声のしくみは金管楽器で音階を作る原理と同じで，世界各地に分布する口琴類とも共通している。

(6)　イスラム教徒の宗教的な歌の一種で，同じ旋律を何度も繰り返す。その繰り返しの間にリーダーによる即興的な歌が挿入される。地声を用いて熱狂的に歌うのが特徴である。

(7)　タヒチ島などのポリネシアにおいて，キリスト教の賛美歌の影響を受けた合唱のスタイルで演奏される。張りのある独特の声で，独唱と合唱が呼び交わすように歌われる。

(8)　モンゴル特有の歌で「長い歌」という意味があり，声を長くのばして歌う民謡の形式をとっている。拍節感のない自由なリズムで歌われ，日本の追分節によく似ている。

(9)　元禄時代に江戸で隆盛した三味線を伴って歌われる歌舞伎の伴奏音楽。独唱と斉唱の交代を繰り返しながら比較的高い声域を駆使して物語を展開していく声が特徴的である。芝居の背景音楽として用いられる場合と舞踊の伴奏に用いられる場合とがあり，特に後者では舞台上に大勢の奏者が並び，視覚的にも華やかである。

(10)　セネガルなどの西アフリカの職業楽士のことを意味する。彼らは村から村へと旅しながら王家の歴史やおふれを語り伝えたり，祭りや結婚式に招かれては人気を博してきた。コラなどの弦楽器を伴って弾き語ったり，歌を中心に太鼓打ちその他の少人数で楽団を組むこともある。

〔語群〕

ア．カッワーリー　　イ．ヨーデル　　ウ．ホーミー　　エ．グリオ
オ．長唄　　カ．声明　　キ．オルティンドー
ク．アザーン　　ケ．ヒメネ　　コ．ケチャ

〈神戸市〉

25 ★★☆

「浜辺の歌」について，次の各問いに答えよ。

⑴　この歌曲の作曲者名を答えよ。

⑵　この楽譜では，旋律の曲想を生かすという視点から伴奏が工夫されている点とその効果を，伴奏の音型と和音という観点から，それぞれ簡潔に記せ。

⑶　この旋律を，アルト・リコーダーで演奏する。楽譜中のア及びイの音の運指を，押さえる穴を黒く塗りつぶして答えよ。

〈島根県改題〉

26 ★★★

次の楽譜について，各問いに答えよ。

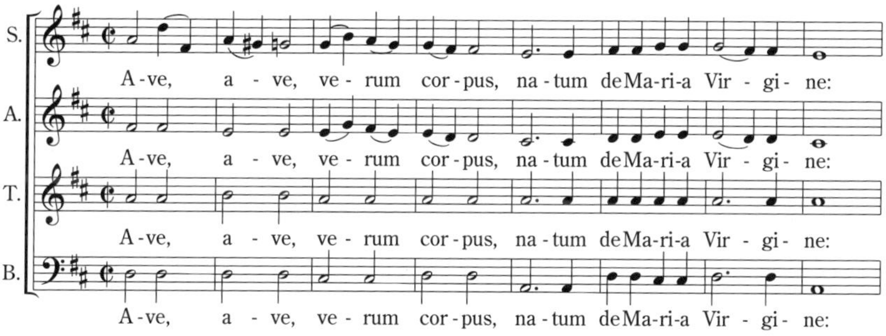

⑴　この楽譜を含む楽曲について，各問いに答えよ。

問１　曲名と作曲者名を答えよ。

問２　この楽譜の演奏形態を答えよ。

問３　歌詞は何語で書かれているか答えよ。

問４　この楽譜をピアノ譜に書き換えよ。

⑵　この曲をトロンボーン，テューバ，トランペット，ホルンの金管四重奏で演奏するために，ヘ長調に移調して編曲をすることになった。次の各問いに答えよ。

問１　ヘ長調に編曲する場合，上の楽譜を何度高く移調するか答えよ。

問２　ホルン（F管）について，最もふさわしいパートを楽譜から選択し，パート譜を書け。

⑶　この曲を，表現と鑑賞の一体化を目指した授業展開の中で，「響きの美しさを感じ取らせ，表現を工夫させる」という指導目標を立てた。「音楽表現の技能」と「鑑賞の能力」の観点について，それぞれ１つずつ評価規準を答えよ。

〈宮城県・仙台市改題〉

27 ★★☆

次の楽譜は，ミュージカル「キャッツ」の中で歌われる曲の一部分である。各問いに答えよ。

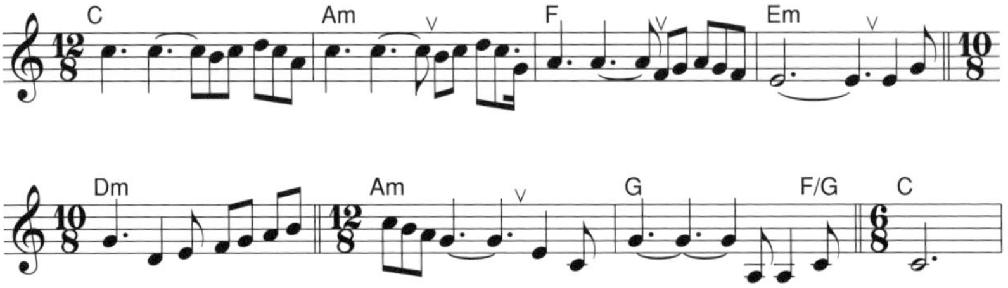

⑴　この曲の曲名を答えよ。

⑵　この楽譜の拍子の「８分の12拍子」，「８分の10拍子」は，「４分の２拍子」のような「単純拍子」に対して，それぞれ何拍子とよぶか，答えよ。

⑶　この曲を，中学校２年生の授業で合唱教材として使用することになった。生徒の状況に配慮をしながら，五線譜に，この楽譜の最初の４小節を混声三部合唱に編曲せよ。

⑷　ミュージカル「キャッツ」のビデオ鑑賞の後に，この曲を歌唱教材として取り上げたいと思う。鑑賞と関連付けて歌唱指導する場合の指導目標を２つ答えよ。

〈宮城県・仙台市〉

28 ★☆☆

次の各曲について，各問いに答えよ。

⑴「七色の谷を越えて　流れて行く風のリボン」（作曲：團伊玖磨）

問１　この歌詞の旋律を五線譜に書け。ただし歌詞は書かなくてもよい。

問２　この曲の曲名及び作詞者名を答えよ。

問３　この曲を歌唱指導する上で留意する点を答えよ。

(2)

問１　この曲の曲名を答えよ。

問２　この曲のようなイタリアのポピュラー・ソングのことを何というか，答えよ。

問３　この曲は何調から何調へ転調しているか。また，この２つの調の関係を何というか答えよ。

(3)

問１　この曲の曲名を答えよ。

問２　この曲を歌ったロック・グループは，どこの国の出身で，何というグループか答えよ。

問３　次の文は，ロックについての説明文である。空欄に当てはまる適切な語句を，語群ア～サから選べ。

（　A　）年代半ば，（　B　）と（　C　）が融合して生まれた（　D　）の音楽。はじめはロックン・ロールとよばれ，（　E　）が若者の熱狂的な支持を得た。

〔語群〕

ア．1950　　イ．1960　　ウ．ジャズ
エ．カントリー＆ウェスタン　　オ．フォーク　　カ．リズム＆ブルース
キ．４ビート　　ク．８ビート　　ケ．ボブ・マーリー
コ．エディット・ピアフ　　サ．エルヴィス・プレスリー

問４　この楽譜に示したコードネームに従って，この部分のピアノ伴奏を大譜表に書け。

問５　次のコードネーム１～３のダイヤグラムを，①～⑥からそれぞれ選び，番号で答えよ。

１．G7　　２．Am7　　３．Dm7

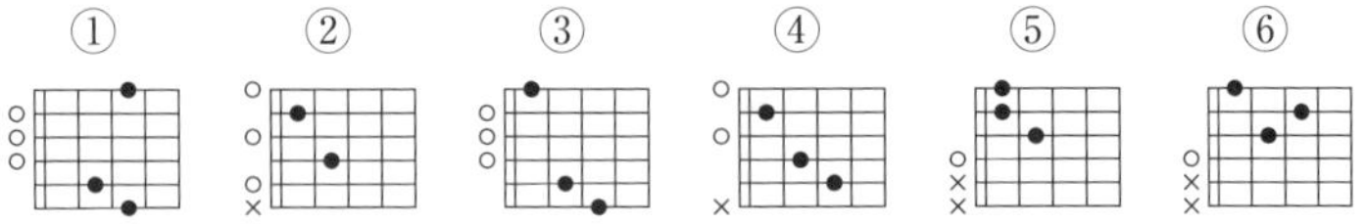

〈兵庫県〉

29 ★★☆

次の楽譜は，ある器楽曲の一部分である。各問いに答えよ。

(1)　この曲の曲名を答えよ。

(2)　この曲でよく使われる，この地方独特の伝統的な楽器（笛）の名称を答えよ。

(3)　この地方の民族楽器として知られるチャランゴは，ある国の人々がもたらした楽器を改変したものである。その国名を答えよ。

(4)　この曲のような始まり方を何というか，答えよ。

(5)　楽譜中アの記号の読み方を答えよ。また，その奏法を譜面上に記せ。

(6)　楽譜中イの記号の意味を答えよ。

(7)　楽譜中ウ～カに適するギターのコードネームを答えよ。

(8)　楽譜中キ～ケのリコーダーの運指を，例にならって示せ。ただしリコーダーはバロック式とする。

例

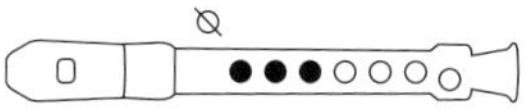

（○…開ける　●…閉じる
⦰…サミング　◒…少し開ける）

(9)　この曲のＳ１のパートを，「クラリネット in B♭」で演奏した場合の移調譜は何調になるか，答えよ。

〈神戸市〉

30 ★☆☆

次の楽譜を見て，各問いに答えよ。

(1)　この曲の曲名を答えよ。

(2)　この曲の原曲の第1楽章冒頭に使われる独奏楽器の名前を答えよ。

(3)　この曲の原曲の作曲者名を答えよ。

(4)　楽譜中Aの旋律を，階名（移動ド）で答えよ。

(5)　Adagio の読み方と意味を答えよ。

(6)　楽譜中ア～エのリコーダーの運指を，例にならって示せ。ただし，リコーダーはバロック式とする。

例

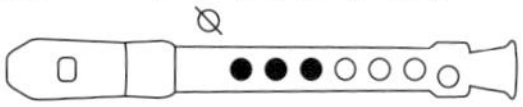

(○…開ける　●…閉じる　⦰…サミング)

(7)　楽譜中①・②のギターのコードネームを答えよ。

(8)　楽譜中③・④・⑤のコードをギターで演奏する場合の押さえ方を，ギターのダイヤグラムに準じて書き表せ。

ギターのダイヤグラム：D7

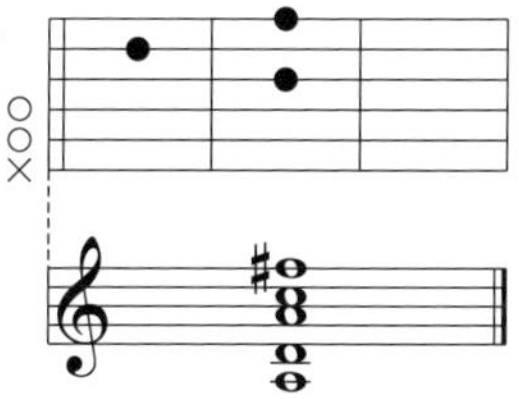

(●…押さえる
○…開放弦
×…弾かない)

〈神戸市〉

31 ★☆☆

次の楽譜(1)〜(3)は，日本の伝統楽器の楽譜である。それぞれ語群Aのうちどの楽器の楽譜か，また，楽譜の曲名はそれぞれ語群Bのうちどれか，記号で答えよ。

(1)

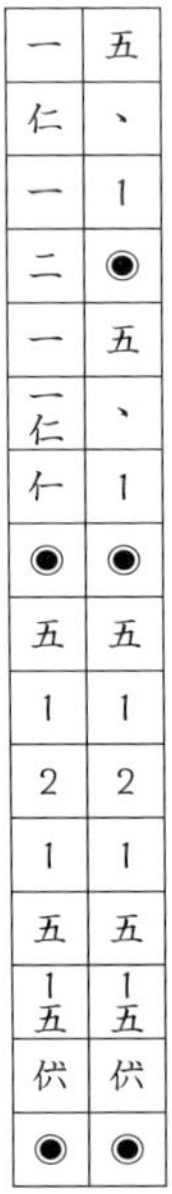

(2)

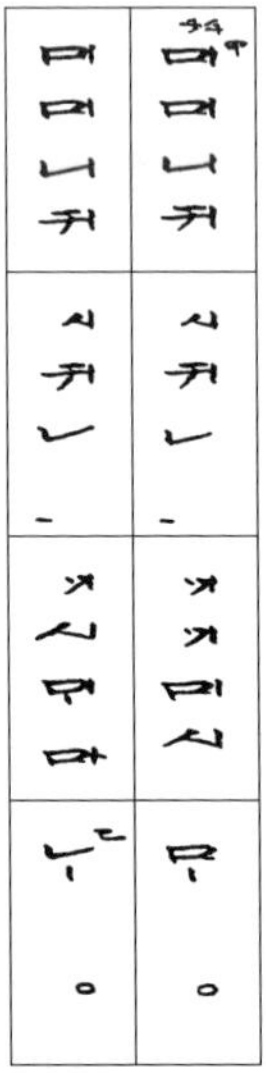

(3)

〔語群A〕

ア．琵琶　　イ．尺八　　ウ．三味線　　エ．篠笛　　オ．笙　　カ．箏

〔語群B〕

① 荒城の月　　② 越天楽今様　　③ さくらさくら

④ 六段の調　　⑤ 鹿の遠音　　⑥ 子もり歌（日本古謡）

〈鹿児島県〉

32 ★☆☆

雅楽「越天楽」（管絃）で用いられる楽器名を8種類答えよ。

〈茨城県〉

33 ★★☆

右の楽譜について，各問いに答えよ。

⑴　この楽譜の曲名と作曲者を答えよ。また，この楽譜はどのような楽器のためのものか。楽器名を答えよ。

⑵　この楽譜を，五線譜で書き表した場合の２小節目，４小節目，10小節目を書け。ただし，一の弦をホとする。

⑶　この楽譜では，○と◉は何を表す記号となっているか，簡潔に説明せよ。

⑷　次の文の，空欄に当てはまる語句や人名等を，語群ア～テから選び，記号で答えよ。

　この作曲者が活躍した時代は（　A　）時代であり，没した年にドイツでは（　B　）が生まれている。この曲は（　C　）とよばれる調弦法であるが，この調弦法もこの作曲者が制定したものである。またこの曲は，（　D　）あるいは「調べ物」とよばれるいくつかの部分からできている。

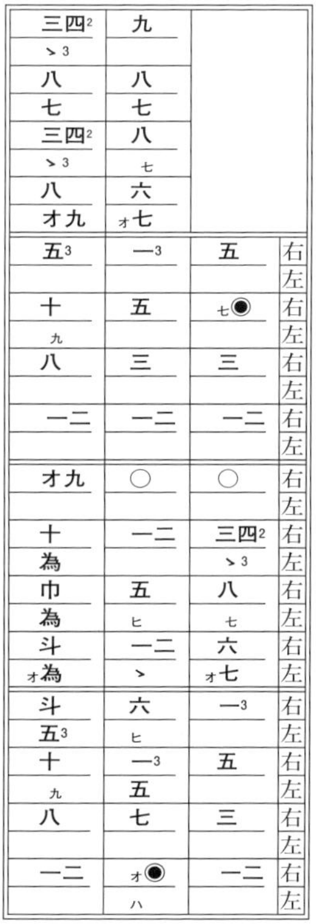

〔語群〕

ア．二上がり	イ．明治	ウ．江戸
エ．琴	オ．三味線	カ．平調子
キ．段物	ク．本雲井調子	ケ．琴古流
コ．Ｊ.Ｓ.バッハ	サ．ウェーバー	シ．生田流
ス．室町	セ．三線	ソ．和物
タ．調子物	チ．京調子	ツ．大正
テ．ベートーヴェン		

⑸　この曲を演奏する場合の調弦を下の五線譜に全音符で書け。ただし，一の弦を一点ニ音とする。

⑹　この曲を鑑賞教材として取り扱う場合の指導のポイントを簡潔に書け。

⑺　この楽譜を演奏する楽器の特長を生かして創作の授業をする場合の学習活動の一例を書け。

〈新潟県，奈良県改題〉

34 ★★☆

次の１～５は，それぞれある組曲に属している曲である。各問いに答えよ。

１．① 古城　② カタコンブ　③ こびと
④ ファランドール　⑤ キエフの大門

２．① オーゼの死　② 白鳥　③ 山の魔王の宮殿にて
④ 朝　⑤ アニトラの踊り

３．① 海とシンドバッドの船　② 若き王子と王女
③ カッチェイ王の魔の踊り　④ カランダール王子の物語
⑤ バグダッドの祭り，海，青銅の騎士の立つ岩での難破，終曲

４．① ゴリウォッグのケークウォーク　② 見知らぬ国と人々から
③ 詩人のお話　④ 鬼ごっこ
⑤ トロイメライ

５．① アラゴネーズ　② アルカラの竜騎兵　③ 前奏曲
④ 水星　⑤ 第３幕への間奏曲

⑴ 上記の１～５には，それぞれ１曲だけ異なる組曲のものが入っている。その曲を抜き出して，番号で答えよ。

⑵ ⑴で抜き出した曲が入っている組曲名を，それぞれ答えよ。

⑶ ⑴で抜き出した以外の４曲は，何という組曲に属しているか。組曲名を，それぞれ答えよ。

⑷ ⑶で答えた組曲の作曲者名を，それぞれ答えよ。

〈兵庫県〉

35 ★★★

次の楽譜は，ある管弦楽曲の一部分である。各問いに答えよ。

(1)　次の文の空欄に当てはまる，適切な語句を答えよ。

この曲は（　A　）が作曲した，組曲「（　B　）」の第4曲で，題名を「（　C　）」という。

(2)　楽譜中アの意味を答えよ。

(3)　楽譜中イの楽器名を答えよ。

(4)　ホルンはF管の楽器である。楽譜中ウに付ける調号を答えよ。

(5)　楽譜中エの音程を答えよ。

(6)　楽譜中オは略語で示されている。省略せずに正しい綴りで書け。

(7)　楽譜中カの部分を，次の条件に従って，リコーダー四重奏に編曲し，五線譜に書け。

〔条件〕

・「ソプラノ」「アルト」「テノール」「バス」の各リコーダーを使用する。

・リコーダー技能が中位の中学1年生が，20分ほど練習して演奏できる程度の難易度とする。

・ハ長調とし，原曲で使用されている音の構成を十分生かして編曲する。記譜（特に音の長さ）については，楽譜中キの複縦線以前の部分も楽譜中キの複縦線以後の記譜の方法とし，楽譜中カの部分全体を4分の3拍子で表す。

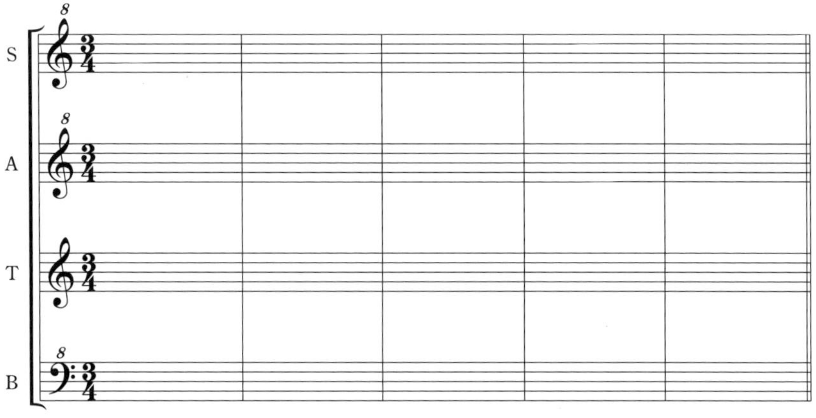

〈名古屋市〉

36 ★★☆

次のオーケストラのスコアを見て，各問いに答えよ。

⑴　楽譜中ア～オの2音間の実音音程を答えよ。

⑵　楽譜中カ～コに当てはまる楽器名，または，ドイツ音名を答えよ。また，次の1～3の楽器について，日本で一般的によばれている名称を答えよ。

1．Tromba　　2．Posaune　　3．Pauken

⑶　次の各問いに答えよ。

問1　楽譜中709小節目の四角で囲まれた部分の和音について，例にならって答えよ。

例　G dur：V^2

問2　楽譜中712小節目の四角で囲まれた部分の和音は何調に含まれるかを，ドイツ語ですべて答えよ。

⑷　次の文の空欄に当てはまる，適切な語句を答えよ。ただし空欄A・B・Eについては，それぞれ原語で答えること。

この曲は（　A　）（　B　）と並んで（　C　）派三巨匠の一人で（　D　）派の先駆者である（　E　）により作曲され，大規模な（　F　）形式で作曲されている。この形式は普通，1つまたは2つの主題をもち（　G　）部・（　H　）部・（　I　）部からなり，序奏や（　J　）を付けることもある。なお，独唱とコーラスの歌詞は（　K　）によるもので，「（　L　）」として知られている。

同じ作曲家のSymphonyで，第3番「（　M　）」，第5番「（　N　）」，第6番「（　O　）」などがある。

⑸　楽譜中707小節目から710小節目までのコーラス譜を，最高音がd^2音になるように移調し，ソプラノとアルトをヴァイオリン譜表に，テノールとバスを低音部譜表に調号を用いて書け。ただし，歌詞を記入する必要はない。

〈岡山県〉

実践問題　解答・解説

1

(1)　A．キ　　B．ア　　C．ウ
　　D．オ

(2)　③，④

解説

著作権法の改正（平成30（2018）年12月30日から施行）により，原則として著作者の死後70年までとなった。

2

(1)　あり　　(2)　なし　　(3)　あり
(4)　あり

3

(1)　ソドドレミソドラソ

(2)　〔解答例〕
・歌唱における読譜力を伸ばすことができる。
・音と音とのつながり方を捉えて，フレーズなどを意識して表現を工夫する力を養うことができる。
などから１つ

(3)　〔解答例〕
・詩情を味わい，詩の内容にふさわしい表情を工夫して歌わせる。
・言葉と旋律の自然な結びつきに気付き，日本語の美しさを感じ取らせる。

解説

(2)　指導に当たっては，全ての歌唱教材において階名唱をすることを求めているものではないことに留意する必要がある。

4

(1)　A．イメージ
　　B．副次的

(2)　問１

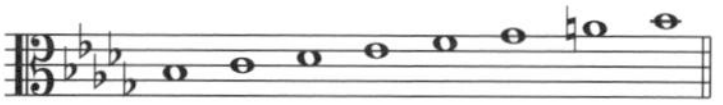

問２

・ドリア旋法：

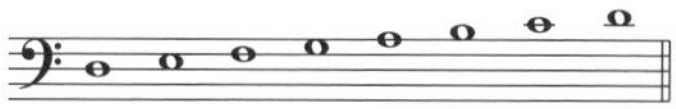

・フリギア旋法：

・リディア旋法：

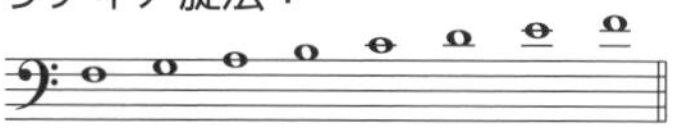

・ミクソリディア旋法：

などから１つ

問３

5

(1)　ヴェルディ

(2)　〔解答例〕
詩と音楽が一体になっており，詩のすべての節が同じ旋律で１番，２番と歌っていく有節歌曲と，詩の各節に異なる旋律が付けられ，反復しないスタイルで書かれた通作歌曲とがある。

(3)　シラー

(4)　問１　北海道
　　問２　〔解答例〕
リズムが不明確で拍節的でない。装飾的な節回しが多く，音域が一般的に広い。伴奏楽器として尺八が用いられ，１人で歌うものが多い。

6

A．フリギア　　B．リディア
C．微分　　　　D．律
E．民謡　　　　F．嬰ロ
G．B♯　　　　 H．ほどよく速く
（A・B，D・E順不同）

7

(1)　全体が３つの部分からなり，各々の部分は二部形式，または，三部形式の構造をもつ。
(2)　〔解答例〕
説明：聖書やその他宗教的道徳的内容の物語を基につくられた，叙情的な大規模声楽曲。
代表的な作品（作曲者名）：
天地創造（ハイドン），救世主《メサイア》（ヘンデル）
などから１つ
(3)　多声音楽。複数の声部がそれぞれの独立性を保持しつつ動向する形態。
(4)　長調・短調の２度上の三和音の根音を半音下げて第１転回し，六の和音にしたもの。
(5)　１．輝かしく，はなやかに
２．音の長さを十分に保って
３．すぐに遅く
４．正確なテンポで
５．静かに，穏やかに
(6)　P. 309参照

8

(1)　１．e moll（ホ短調）
２．d moll（ニ短調）
３．es moll（変ホ短調）
(2)　１．経過音　　２．倚音
３．掛留音
(3)　１．半終止
２．アーメン終止（変格終止・変終止）
３．偽終止
(4)　問１
ヴァイオリン：
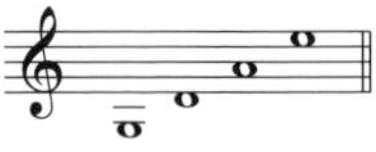
チェロ：

問２
クラリネット：

ホルン：

トロンボーン：

(5)　１．デスク・トップ・ミュージックの略。パーソナル・コンピュータを使用して作曲や編曲を行ったり，パーソナル・コンピュータ上で演奏したりすること。
２．「音の風景」を意味する。1960年代末にカナダの作曲家マリー・シェーファーによって提唱された。音楽環境全体が１つの作品として捉えられる。

9

①　ウ　　②　ス　　③　コ　　④　カ
⑤　ソ　　⑥　サ　　⑦　ト　　⑧　ツ
⑨　ク　　⑩　ア

10

(1)　ア　　(2)　ウ　　(3)　オ

⑷　エ　　⑸　イ

11

⑴　A．⑩　B．④　C．⑭
　　D．⑦　E．⑯　F．②
　　G．⑳　H．⑬

⑵　a．⑤　b．①　c．⑥
　　d．②　e．③　f．④

⑶　Ⅰ　③　Ⅱ　④　Ⅲ　②

⑷　通奏低音のバス旋律の下に和音を数字で表して付したもの。チェンバロなどの鍵盤楽器演奏者は左手の部分については音符のとおり演奏するが，楽譜に書かれていない右手の部分は，付けられている数字に従って適切に即興しながら演奏を行う。

12

1．×　2．×　3．×
4．○　5．×　6．×
7．○　8．×　9．×
10．○　11．×　12．×
13．○　14．×

解 説

1．「ダ・カーポ形式のアリア」ではなく，「アリア」である。

2．「ルネサンス時代」ではなく，「バロック時代」である。

3．「ケーテン」ではなく，「ライプツィヒ」である。

5．「グリンカ」「チャイコフスキー」ではなく，「バラキレフ」「キュイ」である。

6．「4章」ではなく，グロリアを加えた「5章」である。

8．「4分の2拍子」ではなく，「4分の3拍子」である。

9．「レハール」ではなく，「R.シュトラウス」「プフィッツナー」らである。

11．「室町時代」ではなく，「平安時代」である。

12．「平安時代」ではなく，「飛鳥時代」である。

14．上調子と「本手」の2本で演奏する。

13

⑴　②　　⑵　③

14

⑴　問1　A．能管　　B．ワキ
　　問2　風姿花伝

⑵　1．アルフー（二胡）
　　2．タブラー・バーヤーン（タブラー・バーヤ）

⑶　問1　ライヒ，ライリー，ヤング　などから一人
　　問2　〔解答例〕
　　短い旋律のパターンを反復する音楽で，メロディアスでリズミカルである。全く同じリズムやビートを延々にくり返すのではなく，コードや音色などが進行に伴って微妙に変化し，展開していく。

⑷　P. 309参照

⑸　〔解答例〕
　　純正律：全ての音程間隔を数学的に正確に計算して決めた音律。主要三和音においてはうなりのない最も美しい響きであるが，オクターヴ12音の音程間隔が固定の場合はしわ寄せが生じてしまうため，声以外の楽器での実演は困難が伴う。
　　十二平均律：オクターヴ内を12の半音に等分して構成する音律。12音ですべての音を代表するので，鍵盤楽器による演奏が可能である

が，オクターヴが12の等しい半音であるため，異音同名が生ずる。

15

(1)　オペラやオラトリオなどに歌われる叙唱。劇の進行を促す。

(2)　2分の2拍子。

(3)　2拍の小拍子と4拍の小拍子（または4拍の小拍子と8拍の小拍子）が交互に現れる雅楽の拍節法。

(4)　1小節が8拍からなる拍節法。

16

(1)　7・7・7・5の詞型を持つ日本民謡の種類

(2)　音の動きを最小限に抑え，パターン化した音列やリズム型を反復して構成する作曲法や音楽

(3)　沖縄の鋲打ち片面太鼓でタンブリン型

(4)　拍を感じさせない自由なリズムで演奏される，モンゴルを代表する民謡の一種

(5)　我が国及び郷土の伝統音楽において，2つの声部が同じ旋律，同じリズムで作曲又は演奏されること

17

(1)　1．コ　　2．カ
　　3．ア　　4．エ
　　5．イ

(2)　1．平曲（平家琵琶）　　2．田楽
　　3．猿楽　　4．浄瑠璃

18

(1)　勧進帳

(2)　寄せの合方

(3)　口三味線

(4)

(5)　サワリ

(6)　ア．スリ　　イ．ハジキ
　　ウ．すくいバチ（スクイ）
　　エ．ウチ

(7)　合唱とは違う発声の仕方，声の音色，長くのばす音の節回し，母音をのばす産字　　などから2つ

解説

楽譜B：合方とは，楽器だけで演奏される長い間奏のことである。合方では，特に三味線のいろいろな技巧が発揮され，聴かせどころの一つとなっている。

舞台でせりふのない動作や，場面の転換が行われるときに合の手（歌の合間に入る短い間奏）が用いられるが，「寄せの合方」は，人物が舞台に現れるときのものである。長唄「勧進帳」では，三味線と鼓で演奏され，だんだん早くなる鼓の調子のよいリズムに乗って，華やかな三味線の演奏がくり広げられる。

19

(1)　A．エ　　D．カ

(2)　B．富山県　　C．北海道

(3)〔解答例〕

仕事をしている様子を想起させ，船の櫓を漕ぐ動きに合わせて歌わせる。

大漁を祝いながら，船の櫓を漕ぐ動きに合わせて歌わせる。

(4)　B．

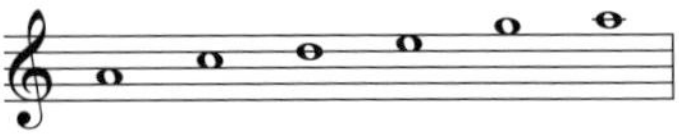

音階名：民謡音階

D.

音階名：沖縄音階（琉球音階）

(5)〔●●●｜●●○○〕
　左手　　右手

(6) 甲（かん）

(7) 指打ち

(8) 本調子

(9) 非拍節的リズム

20

ア．7　イ．2　ウ．5　エ．9

21

(1) 1．ア　2．カ
3．キ　4．タ
5．コ

(2) 1．A，オ　2．B，キ
3．A，エ　4．A，サ

22

(1) 1．⑤，キ　2．①，イ
3．⑥，ウ　4．③，エ
5．⑦，ク

(2) a．お　b．い
c．う　d．か
e．あ　f．き
g．え

(3) 体鳴楽器：d
膜鳴楽器：b
弦鳴楽器：c，e，f
気鳴楽器：a，g

23

(1) ②　(2) ④　(3) ①　(4) ④
(5) ③

24

(1) カ　(2) コ　(3) イ　(4) ク
(5) ウ　(6) ア　(7) ケ　(8) キ
(9) オ　(10) エ

25

(1) 成田為三

(2)〔解答例〕
工夫されている点：8分の6拍子の揺れ動く柔らかいリズムにのった旋律の美しさと，波を思わせるピアノの分散和音。
効果：浜辺の情景が見事に描写されている。

(3) ア．

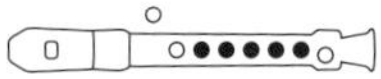

イ．

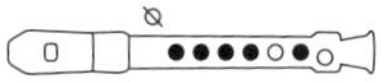

（バロック式）

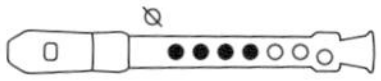

（ジャーマン式）

（●…閉じる　○…開ける　⦰…サミング）

26

(1) 問1　曲名：Ave verum corpus
（救主《すくいぬし》への祈り）
作曲者名：モーツァルト
問2　混声四部合唱
問3　ラテン語
問4　P. 309参照

(2) 問1　短3度
問2　P. 309参照

(3)〔解答例〕
〈音楽表現の技能〉
　楽曲の曲想，声域に合った響きのある発声を生かして表現することができる。
〈鑑賞の能力〉
　映像資料や鑑賞教材を通して，楽曲の美しさ，歌声や声域などの表現方法を感じ，聴き取ることができる。

27

(1)　メモリー

(2)　8分の12拍子：複合拍子
　　8分の10拍子：混合拍子

(3)　P. 309参照

(4)　〔解答例〕
・美しく自然なメロディの世界の名曲に興味をもたせ，曲のよさを感じ取らせる。
・曲にふさわしい歌い方を工夫させ，美しい響きで歌わせる。

28

(1)　問1　P. 309参照
　問2　曲名：花の街
　　作詞者名：江間章子
　問3　〔解答例〕
　　日本語の歌詞を生かし，八分休符によって自然な流れが途切れないように伸び伸びと歌わせたい。また，曲の盛り上がりを感じながら各フレーズを歌わせるなど，表現の工夫にも留意したい。

(2)　問1　帰れソレントへ
　問2　カンツォーネ
　問3　転調：ハ短調からハ長調へ
　　関係：同主調（同名調）

(3)　問1　ヘイ　ジュード
　問2　国名：イギリス
　　グループ名：ビートルズ
　問3　A．ア　　B．カ
　　C．エ　　D．ク
　　E．サ
　　（B・C順不同）
　問4　P. 310参照
　問5　1．③　　2．②
　　3．⑤

29

(1)　コンドルは飛んで行く

(2)　ケーナ（シーク，サンポーニャ）

(3)　スペイン

(4)　弱起

(5)　読み：プラルトリラー
　奏法：

(6)　常にスタッカートを続けて

(7)　ウ．F　　エ．A7
　オ．Dm　　カ．B♭

(8)　キ．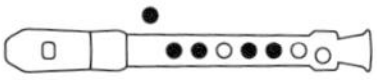

ク．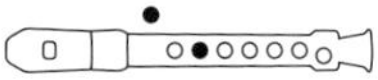

ケ．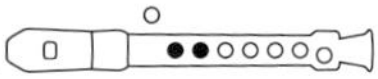

（キ．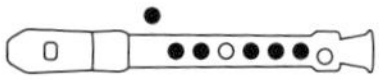

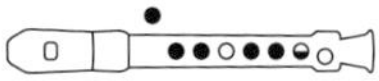

ク．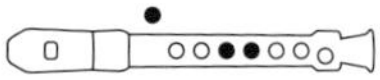

ケ．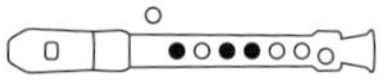

などデも可）

(9)　ホ短調（e moll）

30

(1)　アランフェス協奏曲

(2)　ギター

(3)　ロドリーゴ

(4)　ミレミミファソラソファ

(5)　読み方：アダージョ
　意味：ゆるやかに

(6)　ア．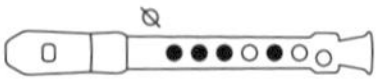

イ．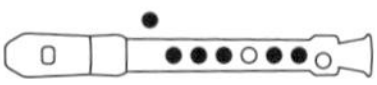

ウ．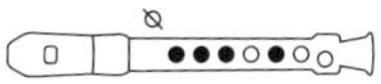

エ．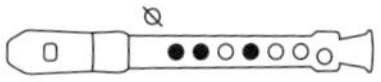

(7)　①　Em　　②　Am

(8)　③ 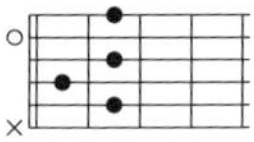　④ 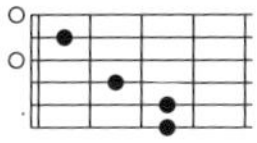

⑤ 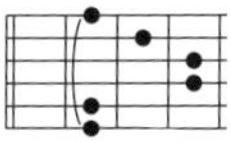

31

(1)　ウ，③

(2)　イ，①

(3)　カ，⑥

32

竜笛，笙，篳篥，楽琵琶，楽箏，鞨鼓，鉦鼓，釣太鼓

33

(1)　曲名：六段の調
作曲者：八橋検校
楽器名：箏

(2)　2小節目：

4小節目：

10小節目：

(3)　○：休符
◉：前の音を保つ

(4)　A．ウ　B．コ
C．カ　D．キ

(5)　P.310参照

(6)　〔解答例〕

・さまざまな奏法による音色や余韻の変化を聴き取らせる。

・速度やリズムの変化から「序破急」を理解させ，日本の伝統音楽の特徴を感じ取り，そのよさを味わわせる。

(7)　〔解答例〕

この曲を演奏する楽器は箏である。箏は，爪を使って弾く奏法も多くあり，さらに指で弾くことによってまた違った音色を出すことができる。そこで，自然の様子を音楽で表したり，「さくらさくら」の曲の前奏をつくったりする学習活動が考えられる。

34

(1)　1．④　2．②
3．③　4．①
5．④

(2)　1．アルルの女
2．動物の謝肉祭
3．火の鳥
4．子どもの領分
5．惑星

(3)　1．展覧会の絵
2．ペール・ギュント
3．シェエラザード
4．子供の情景
5．カルメン

(4)　1．ムソルグスキー
2．グリーグ
3．リムスキー・コルサコフ
4．シューマン
5．ビゼー

35

(1)　A．ホルスト　B．惑星
C．木星

(2)　荘厳に，威厳をもって

(3)　ファゴット（バスーン）

(4)　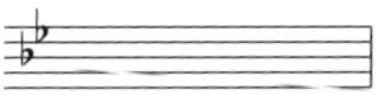

(5)　増４度

(6) pizzicato

(7) P.310参照

36

(1) ア．短6度　イ．長2度

ウ．長7度　エ．短2度

オ．完全5度

(2) カ．A

キ．ファゴット

ク．D

ケ．第2ヴァイオリン

コ．ヴィオラ

1．トランペット

2．トロンボーン

3．ティンパニ

(3) 問1　h moll：I

問2　E dur，H dur，Fis dur，Dis dur，e moll

(4) A．Haydn　B．Mozart

C．古典　D．ロマン

E．Beethoven　F．ソナタ

G．提示　H．展開

I．再現　J．コーダ

K．シラー

L．歓喜に寄す（歓喜の歌）

M．英雄　N．運命

O．田園

（A・B順不同）

(5) P.311参照

7

(6)

14

(4)

26

(1)　問 4

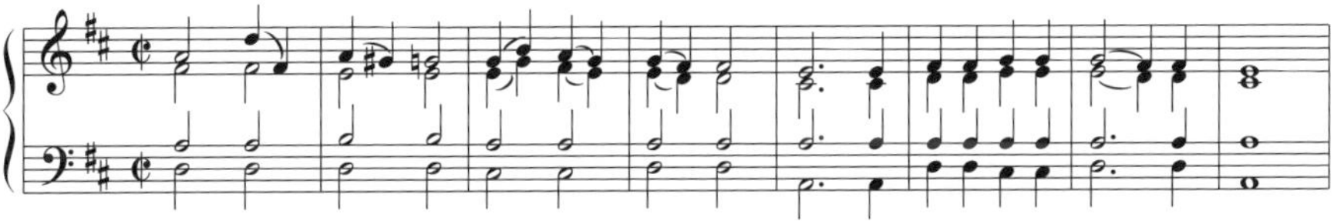

(2)　問 2

27

(3)　〔解答例〕

28

(1)　問 1〔解答例〕

(3)　問 4〔解答例〕

33

(5)

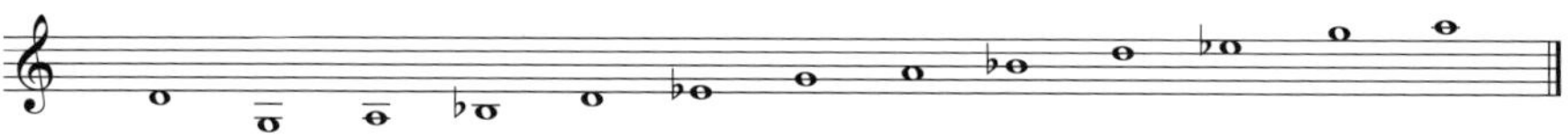

35

(7)〔解答例〕

36

(5)

教員採用試験対策　オープンセサミシリーズ
ステップアップ問題集⑦　専門教科　中学・高校　音楽

発　行　2023年10月20日　第1版第1刷

編　著　東京アカデミー
発行人　佐川泰宏
発行所　株式会社ティーエーネットワーク
〒450-6306 名古屋市中村区名駅1-1-1
ＪＰタワー名古屋６Ｆ
電話 ：052-586-7805㈹
FAX：052-563-2109
発売元　東京アカデミー七賢出版株式会社
〒171-0021 東京都豊島区西池袋1-11-1
メトロポリタンプラザビル13F
電話 ：03-6852-0803
FAX：03-6852-0180

ISBN978-4-86455-625-5　C7337

●出版案内，テキストの追補等の情報については東京アカデミー七賢出版のホームページをご覧ください。

https://www.shichiken.co.jp